JN241322

治療共同体実践ガイド

トラウマティックな共同体から回復の共同体へ

藤岡淳子 編著

Ψ
金剛出版

トラウマティックな共同体から 回復の共同体へ

藤岡淳子

はじめに

　平成最後の年末に，刑務所内治療共同体に2泊3日で仕事に行った。友人とともに行ったので，役得の温泉につかり，ハイボールで飲んだくれていると，友人が自身の「野望」を語った。それをここで明かすことは境界線の侵害なので控えておくが，"私の「野望」は何かな？"と考えて，まず思い浮かんだのが，「刑務所を変える」ことであった。一介の臨床家である私が制度を変えるなど確かに野望にすぎると思いもするが，制度そのものを直接変えるのはその任ではなくとも，実践と研究・教育を通じて，少しずつでも社会を望ましいと考える方向に動かしていく力の一端を担うことができるのではないかとも思う。

　「刑務所を変える」というのは，そのなかの支配的な関係性を，一人ひとりが尊重され，それぞれが持てる力を発揮できる関係性に変えていくということである。犯罪の加害と被害の背後には，無数の日常生活における暴力的でトラウマティックな関係性が潜んでいる。刑務所は，私にとっては，いわばその象徴ともいうべき存在である。仕事を終えた刑務所からの帰途，今回あったことを振り返りながら高速道路を走行していると，同行したその友人が言った。「楽しかった。基本，あの人たちみんないい人たちだから」と。「いい人たちって，みんな受刑者だよ。あなたも世間とずれてきちゃったね。気の毒に」と私は笑った。彼女によれば，「成人男性たちが，真摯に自身の行動や過去の被害

体験に向き合い，仲間たちと回復のための共同体を支え合い，語り合っているなんて，外の社会ではなかなか見られない」とのことである。

犯罪行為の責任と個人の責任

　犯罪行為といってもさまざまであるから，確かに怒りを覚えざるをえない極悪非道な行為から，「バカ？」と言いたくなるような軽率な行為，そしてかわいそうに感じてしまう行為まで幅広く，一概には言えない。とはいうものの，長く加害行為と向き合ってきて思うのは，現代社会の法律では一応，犯罪行動は個人の責任ということになっているが，そして一つひとつの小さな選択は確かにその人が行っているのだが，特定の個人がその責任を背負いきれるものなのかということである。

　もちろん自分が行った行為を認めること，その行為が被害者に与えた結果を認めること，そして被害者の損傷を回復させる責任が自身にあると認めること，といった「責任」は求めていくのだが，その行為に至ったプロセスについては，彼（女）に関わる人々をはじめとして，直接には関わらない人も含め，絡まり合う縁ゆえとしかいいようがない気がしてくることがある。絡まり合う縁であれば，それは個人で負える責任を超えている。

　非行・犯罪行為に至った人々の話を聞いていると，背景にはさまざまな被害体験，トラウマ体験があるとわかる。小児期逆境体験（Adverse Childhood Experiences : ACEs）研究によれば，一般人口でもACEs得点が少なくとも1点はある人が約3分の2を占めると言われるが，一般におけるACEs得点が4点以上の者は12％程度であるのに対し，フロリダ州の非行少年では50％に達する（Baglivio et al., 2014）。さらに男性性犯罪者では，4点以上は45.7％というデータもある（Levenson et al., 2016）。降り積もる被虐待と機能不全家族は確実に非行・犯罪行動の発現に寄与していると考えるべきであろう。

　もちろん被害体験があるからといって犯罪行為を許容せよと言っているわけではない。しかし，これまでの犯罪行為への対応は，自身の犯罪行為を振り返り，生き直すという責任をないがしろにしてほとん

ど問わず，ただ刑務所に閉じ込め，辛い思いをさせ，働かせるというように，ある特定の行為をその人そのものとみなして，個人が負えない責任を追及してきたように思う。なんだか無駄なことにお金と労力を費やしているように思えてならない。

　非行・犯罪行動を行う者たちには，そうした行動を起こすだけの力がある。それが非行・犯罪行動として表出されるのは，むしろ彼らの「見えない傷」の症状であることがほとんどである。彼らが自身の来し方と非行・犯罪行為，そしてそれが被害者に与えた甚大な悪影響に気づき，被害者と社会に与えた損傷の回復のために生き直し，行動を起こしていけるように，責任を問い，それを果たせるようなサポートと教育・環境を整えることが，非行・犯罪臨床に関わる我々の責任ではあるまいか。

　その目標のためには，個人に働きかけるだけでは不十分である。その個人が生きる集団と環境にも働きかけることが不可欠である。すなわち，回復のためのコミュニティをつくりあげ，そのなかで個人の生き直しを促すことである。私が知る限り，治療共同体にはそのための英知が集積されている。

個人を生かす集団を創る

　私は長く大きな組織のなかで働いてきた。そこで思うように自身の力を生かし，周囲からも受け入れられ，評価されていると感じた時期もあったし，思うようにいかず，外に活路を求めたこともある。そうした経験のなかで，自分自身は変わらないのに，周囲の状況によって自分のあり方，活かされ方もずいぶん違うものだと実感した。畢竟，うまくいってもそれは自分の力というよりも周囲の人々や状況に恵まれたからであり，うまくいっているからといってうぬぼれるのは勘違いだし，逆にうまくいかないからといって自分を駄目だと思う必要もなく，ここが駄目ならどこか自分を生かせるところへ行けばいいだけだと思った。と同時に，できるだけ自分を生かしてもらえる状況をつくることも大切で，そのコツは自分だけを生かすのではなく，共に生

かし合うことにあると考えた。

　しかし，刑務所や福祉施設にいる人々は，活路を外に求めることができない。であれば，そこに生かし合うコミュニティをつくるほかない。ところが残念なことに，施設というものは往々にして個人を生かし合うコミュニティにはなっていない。それどころか，時に，外の社会の暴力的な関係性が先鋭化した形で表れる。ある集団に生じる関係性は，その集団を含むより大きな集団の関係性を反映する（これを並行プロセスと呼ぶ）。施設内の対人関係は，施設職員の対人関係を反映し，さらには，より大きな社会の対人関係を映している。刑務所内の受刑者同士の集団で起きていることは，職員間で起きていることであり，広く日常生活で起きていることと変わらない。

　実際には，私たちも逃れられない見えない檻のなかにいるのかもしれない。良い集団を創ることこそが，一人ひとりを生かすことに直結する。治療共同体は，専門家が「治す」という古い医療モデルに対するアンチテーゼとして出発した側面がある。治療共同体では，誰かに治してもらうというよりは，回復の場としての共同体を創り，他と学び合い，助け合いながら，自身を回復させ，成長させていく。

　刑務所や福祉施設といった施設のなかでは，職員たちも傷を負う。いわゆる代理受傷と呼べるものかもしれない。受刑者や子どもたちの傷に触れ，それと同時に彼らの否定的な言動や攻撃にさらされ，自分には何もできないと無力感に陥りやすい。このとき，そこで起きている傷つきという現象を否認して，彼らは自分たちと違うとして切り捨てるのか，それとも自身の傷つきを認め，彼らの傷つきに気づいて，そこからの回復を模索するのかによって，道は分かれるように思える。

　私自身は，そこで人々とつながり，人々と自身によって傷を癒し，学び続け，実践し続けることを選択したと考えている。気がつくと，周囲には同様の選択をしている仲間がたくさんいて励まされる。本書は，支援者たちの間ではまだあまり知られていないように思われる治療共同体という方法について，現時点で最善と思われる執筆者の方々に依頼し，アディクション回復支援，精神医療，刑務所内加害者支援，被害者支援，児童心理治療施設，地域社会におけるNPOの実践を土台

に論じていただいた。編者の限界もあり，刑務所での実践に重点が置かれすぎているようにも思われるが，治療共同体は，あらゆる場面での対人援助職にとって，必要不可欠な常識でありスキルであると確信している。

　最後になるが，本書に寄稿してくれた同じ方向性の志を持つ仲間たち，実践の場でさまざまなことを教えてくれたグループや共同体メンバーのみなさん，そしてあまり売れそうにない治療共同体というテーマでの出版に力を貸してくださり，いつも我々の原稿にきちんと目を通して励みとなるコメントをくださった金剛出版の藤井裕二さんに深謝申し上げる。

　令和元年8月

一般社団法人「もふもふネット」代表理事

藤岡淳子

文献

Baglivio, M. et al. (2014) The prevalence of adverse childhood experiences in the lives of juvenile offenders. OJJDP Journal of Juvenile Justice 3-2 ; 1-23.

Levenson, J.S., Willis, G., & Prescott, D. (2016) Adverse childhood experiences in the lives of male sex offenders : Implications for trauma-informed care. Sexual Abuse 28-4 : 340-359.

［目次］

対人援助と治療共同体

第1章

［総論］

対人援助のための治療共同体

藤岡淳子

はじめに

　「治療共同体」という言葉は，多くの対人援助者が聞いたことがあるかもしれない。とはいうものの，その輪郭ははっきりしない。ある人にとっては，一時代昔に学んだ概念で，創始者の一人が自ら「治療共同体を超えて」（ジョーンズ，1976）と言っているくらいだから，「もう終わっている」ものかもしれない。ある人にとっては，意気揚々と「治療共同体」をやっているぞと喧伝しているが，ほかから見ると「本当に治療共同体なのか？」と疑われてしまうものかもしれない。

　ちなみに，島根あさひ社会復帰促進センターでの実践が「治療共同体」であることを筆者たちは疑っていなかったのだが，そこでの効果評価論文をとある学会誌に投稿した際，「この実践が『治療共同体』であるとどうやって証明するのか」という査読委員からの評を受け，驚いた。だが，「なるほど」とも思った。筆者自身，「少年院は治療共同体である」などと聞くと，「それはちょっと……」と思わざるをえない。では，何が「治療共同体」の中核となるのか？──それを明確にして共通認識としていく必要がある。たしかに，治療共同体という言葉はやや一人歩きし，何が治療共同体なのかについての一定の合意や議論の基盤が現状では弱いように思える。

　本書は，治療共同体の歴史的展開を振り返ったうえで，その概念や方法を整

理し，日本での実践を踏まえて，今後日本における発展と展開に向けて共有できる基盤をつくることを目的のひとつとしている。ただ，なかなか一筋縄ではいかない。そもそもイギリス発祥のものとアメリカ発祥のものという2つの流れが治療共同体にはあり，それが現在では合流しつつさまざまに発展し，かつ後者は薬物依存症の当事者たちの実践から発展してきた経緯があって，理論的枠組みは弱い傾向がある。何より「プディングの味は食べてみなければわからない。治療共同体は体験してみなければわからない」と言ってしまいたくなるような，暗黙知の塊であるように思える。したがって，まずは初めての治療共同体「アミティ」での「体験」談から始めたい。

　その前に，本書のもうひとつの目的を明らかにしておきたい。それは，日本に治療共同体をつくり運営するという狭い意味での実践にとどまらず，対人援助職として活動する者にとってきわめて有効と考えられる治療共同体の視点，方法，スキルといったものを整理することである。それによって，一人ひとりを大切にしながらも，人とのつながり（コミュニティ，グループ）をつくり，その力を活用して，対人援助の効果を上げる「治療共同体」という方法を再考し，広く共有していくことである。このことは，心理臨床，社会福祉，医療といった専門分野を超えて，ある意味では対人援助職のあり方にまで有益な影響を及ぼすと確信している。

　なお本書において，精神医療における治療共同体を論ずる古賀恵里子，および児童心理治療施設における治療共同体的アプローチを論じる石坂好樹は，イギリス（ヨーロッパ）系治療共同体を基盤としており，その他の執筆者は，アメリカ系治療共同体のなかでも「アミティ」の実践に基づいていることをお断りしておく。アメリカの治療共同体は，プロバイダーと呼ばれる民間団体によって提供・運営されており，プロバイダーによってかなり雰囲気は異なる。たとえば，プロバイダーのひとつである「デイ・トップ」には，はっきりとした階層があり（オブライエンとヘニカン，2008），その流れを受けたタイの治療共同体も明確な階層制によって動いている（Perfas, 2003）。

　治療共同体は，いわば「入れ物」のようなものである。ボストンバッグもあれば，ハンドバッグ，巾着袋等々，見た目や大きさは異なるが，すべて「入れ物」という意味での共通項を持つと考えれば，日本にはその文化に馴染む，あるいは日本に必要な治療共同体があると思われる。現時点では，日本の多くの

実践は，アメリカ系の「アミティ」をモデルにしており，これは坂上香氏（NPO法人out of frame代表）の映像作品「ライファーズ」による影響も大きい。現在，多くの日本人が「アミティ」を訪れ，感銘を受け，その実践をモデルに日本においても展開しようと試みている。階層性が強いアメリカ系治療共同体のなかでも「アミティ」は比較的階層制が弱く，「教育」を重視しており，被害者性や「感識」（感情の認識／第Ⅱ部第2章参照）を扱うことなどを特徴としている。現代の日本社会で受け入れられやすい，あるいは望まれる理念を有していることが，広く受け入れられている背景にあると考える。

　余談ではあるが，既述の論文審査の際は，治療共同体「アミティ」のワークブックを翻訳して使用していること，スタッフの現地での研修，および治療共同体「アミティ」の創始者であるNaya Arbiter氏とRod Mullen氏を日本に招聘した研修を複数回行ったこと，アメリカ治療共同体学会に認められて報告したことなどを挙げて，我々の実践は治療共同体であると主張した（毛利・藤岡，2018a）。本書により，「治療共同体」の概念と方法とが共有され，こうした傍証を用いずとも，「治療共同体」と呼ぶか否かが明確にできるようになることを期したい。

Ⅰ 治療共同体「アミティ」の体験

　本書の座談会（第Ⅰ部第2章）では，要約すると「アミティ」の体験が以下のように語られている。

> 藤岡　見学してみると雰囲気がよくて。ワークブックもあって。短い時間なのにみんながべらべらしゃべりだして，毛利さん，泣き出して。毛利さん，どんな体験だったの？
>
> 毛利　みんながウェルカムの儀式で，（自分の）過去を紹介して，ゲストも自分の話をする。アミティ（の人たち）はこれまでのことや傷を話してくれるので，自分の生い立ちも話した。言えてしまった。場が言わせてしまった。言えば大したことなかったのだけど，それで感情がわっと出た。
>
> 藤岡　デモンストレーターが大事なんだ，と思った。専門家というと自分のことはしゃべらないというスタンスなので，それでは治療共同体，こういう話す場はできないと強く思った。自分がちゃんと語ることが大事なんだ

なと。ナヤさんとロッドさんに，ファーストサークルが大事と言われたことも心に残っている。

引土　（治療共同体作りは）最初にコアなメンバーを募ることから，やってみせていくことからでした。そこで回復した患者さんを見せるのがいちばんのきっかけになったと思う。私もアミティの愛にあふれた空気に触発されて，初めて自分のことを語ることができた。言ってみれば大したことない。話すまでが怖い。話してみるとそんなものなのだと実感できる。

　どういう仕組みになっているのかはわからないが，何か雰囲気が良くて，神聖かつ暖かで，自分の話を率直にしてくれるデモンストレーターがいて，それまで話せなかったことを，感情を込めて，ワーッと話せて，その後は大したことなかったと思えるようなスッキリ感が残る。実は，デモンストレーターの技術がすごいんじゃないか？　それが治療共同体内で伝えられているんじゃないか？　ファーストサークルをまずつくろう。どうなっているのか，どうやればよいのか知りたい……というのが体験の内実であろうか。理屈も理論もあったものではないが，まずはこうした「体験」とそれをつくりたいという欲求とが最初の一歩であったと考えている。だが，いわゆる狭義の「当事者」ではない，「対人援助専門職」である筆者たちが，なぜそこまで治療共同体「アミティ」の実践に魅かれたのであろうか？

Ⅱ ｜ なぜ治療共同体（アミティ）か？

　臨床心理の訓練を受けていると，何やら密室における個人対個人の二者関係だけのなかで，生きていることのうちの心理的側面ばかりを扱っているような歯がゆさを感じることがある。研修会や学会では，「フラスコのなかで二人の関係性を煮詰める」とか「深い解釈」といった言葉を聞くことが多い。「深い解釈」がセラピストの「妄想」にすぎないのではないかと思うことはしばしばあるし，「フラスコのなかの二人の関係性」を煮詰めるより，外の人たちとの関係をいかにつないでいくかという工夫や話のほうが，ずっと来談者の役に立つのではないか，自分が「治した」と思いたいだけの治療者の自己満足でないとどうしたらわかるのかと思ってしまうのは，筆者が「なんちゃって」臨床心理士だからであろうか？

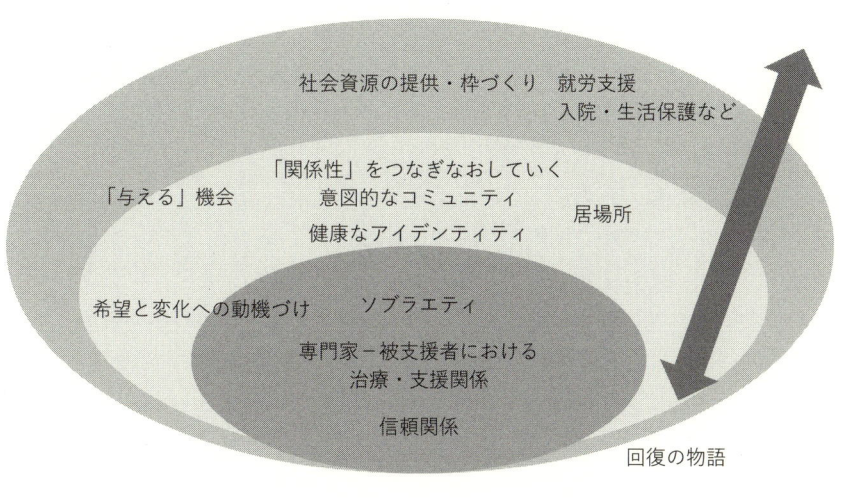

図1　回復を支える対人援助の相（毛利・藤岡，2018b）

（図中のテキスト）

社会資源の提供・枠づくり　就労支援
入院・生活保護など

「関係性」をつなぎなおしていく
「与える」機会　意図的なコミュニティ
健康なアイデンティティ　居場所

希望と変化への動機づけ　ソブラエティ
専門家－被支援者における
治療・支援関係
信頼関係

回復の物語

　一方，ソーシャルワーカーたちと話していると，何やら制度とそれをどう使うかということばかりに陥りがちに思えてくる。いつの間にか本人の意思や欲求，感情と思考が見えないまま，置き去りにされているような気がしてしまうことがある。

　もちろん個の内面を見るのと，大きな社会制度のなかに個を置いてみるのと，どちらも大切であるが，一人の人が生き方を模索し，それを確立していくには，身近な顔の見える対人関係と安全な生活環境，そしてそのなかで自身の思考や感情をモニターし，人に伝え，人のそれを受け取り，交流していくことが不可欠であり，そうした自己モニタリングと対人交流を行う「場」をどのようにつくるかということが肝となる。

　家族にせよ，友人関係にせよ，あるいは職場にせよ，そこで人がどのように認められ，受け入れられ，役割と責任を果たし，社会的存在として生きていけるかは，二者関係から三者関係あるいは顔の見える小集団関係をいかに習得していくかにかかっているといっても過言ではあるまい。治療共同体には，まさにそうした人が育つ「場」をいかにつくるかについての知恵が詰まっている。

　図1は「回復を支える対人援助の相」を示したものである。たとえば，一対

一の治療的関係については，医療，心理，福祉の現場で中心的に学ぶし，社会資源の提供については，最終目的としては援助であったとしても，基本的には「人」と関わるというより制度を扱うことになる。人が育ち，社会に出ていくための関係と環境をどのようにつくるのかについてのまとまった知見を学び，訓練を受ける機会は，意外にも乏しいように思う。現実には，この部分は，家庭や学校で人が育つ環境と関係をつくるにあたって最重要なのだが，あまりに当たり前すぎて，それぞれのやり方に任されているのだろうか？

　治療共同体は基本的に，共に暮らし，その暮らしのなかで役割と責任を果たし，共同体の一員として認められることと，人との関わりのなかで自身を知り，つくりあげていく過程に焦点を当てている。治療共同体ではしばしば「ファミリー」という言葉が使われる。日本語の語感として「血縁家族」と考えると違和感があるが，「似たもの同士，仲間」の集まりに近い「ファミリー」のなかで存在そのもの（Being）を是認され，ありのままの感情や欲求，考えを尊重され，それを基盤に達成や成果（Doing）が求められる大きな社会に出立し，今度は次の世代を育てる安全基地となる「ファミリー」をつくる準備をする基地となる。

　特に，残念ながら幼少期から児童期・思春期にかけて，自立・自律するための安全基地を得られなかった人々にとっては，人間として大きく育つための「ファミリー」や「学校のクラスやクラブの仲間」，あるいは「親戚や近所のおじさん，おばさん，おいっこ，めいっこ」といった関係を提供することになる。治療共同体に関わる対人援助職は，専門職であると同時に，「良き隣人」である。援助しようとする人を中心として，良き隣人のネットワークをたくさんつくっていくことが不可欠である。方法としての治療共同体には，そうしたコミュニティ，ヒューマン・ネットワークを形成していくための智慧が詰まっている。では，治療共同体とは具体的にどのようなものなのであろうか？　それは本当に智慧の宝庫なのであろうか？

III │ 治療共同体とは何か？

治療共同体の定義にはさまざまなものがあり，列挙するとかえってわかりにくくなる恐れがあるため，本章では，アメリカ系とイギリス（ヨーロッパ）系の代表的な定義を各ひとつずつ示し，それに付随する運営指針といったものを述べて治療共同体について考える。より詳しい定義を知りたい場合は，毛利（2018）あるいはDe Leon（2000）を参照されたい。

1 アメリカ系の治療共同体──De Leonの定義とSEEQ

治療共同体に関する著名な研究者であるDe Leon（2000）は，治療共同体を以下のように定義している。

> 「個人のライフスタイルとアイデンティティの変化を促進するように意図したミクロな社会（共同体）のなかで，個人を情緒的に治療し，健全な生活に向けた行動や態度および価値を身に付けさせる方法」
> 「〔特定の理論に基づく介入ではなく〕『方法としてのコミュニティ（community as method）』と呼ばれる，自分自身を変化させるためにコミュニティを使うよう個人に教えていく，意図的なコミュニティの使用を中心とした心理社会的・社会的学習のアプローチ」

繰り返すまでもないが，中核として，①「共同体」を意図的につくり，それを個人のライフスタイルとアイデンティティの変化を促進するための方法とすること，②個人の情緒的癒しと健全な生活に向けた行動や態度および価値を身に付けさせるのが目標であること，という2点が挙げられている。治療共同体という名称の通り，個人が癒され変化・成長するために共同体を活用することが肝になる。とはいうものの，共同体のために個人がいるというより，個人のために共同体があるということを押さえておく必要があろう。目標は個人の癒しと変化・成長にある。

De Leonの定義をより具体的にイメージするには，De Leon & Melnick（1993）によるSEEQ（The Survey of Essential Elements Questionnaire）を参照するの

がよいかもしれない。SEEQは，治療共同体の「中核となる技術」を特定し，コード化するために開発され，治療共同体の調査・研究に使用されている。以下はその短縮版である。

*

(1) 治療共同体の視点
①アディクションをどう見るか
　物質乱用は，コーピングにおけるより一般的な問題を反映している。
②アディクトをどう見るか
　物質乱用は，他のより一般的な発達や心理的問題に根がある。
③回復をどう見るか
　回復は，アイデンティティ，行動，ライフスタイルにおける全体的変化を含む。
④正しい生活をどう見るか
　自律と肯定的な社会上・就労上の態度を含む正しい生活は，物質乱用からの回復に不可欠である。

(2) 機関（agency）——治療的アプローチと構造
①機関の組織
　構造が強調されている。一日中参加を義務づけられている活動とミーティングがあり，行動ルールとそれを破ったときの結果が定められている。
②機関としての治療へのアプローチ
　治療的アプローチの中心は，メンバーがコミュニティに参加することにある。
③スタッフの役割と機能
　スタッフはまずコミュニティメンバーとして，コミュニティの価値を強化し，受容できない行動と対峙し，他のロールモデルとなる。
④クライエントの役割と機能
　クライエント，特に先輩メンバーは，コミュニティの健康を維持する責任を分かち持ち，コミュニティのルールを順守し，他のロールモデルとなるメンバーとして機能する。

⑤ヘルス・ケア

プログラムでは，健康に良い習慣を教える。具体的には，定期健診，健康教育，エイズ予防研修などである。

(3) 治療機関としてのコミュニティ

① ゲートキーパーとしてのピア

ピア，特に先輩メンバーは，他のメンバーをサポートし，肯定的に説得し，必要であれば対峙して，コミュニティの価値を守る。

② 互助

メンバーが深い個人的関係を結び，助け合うことが，回復のプロセスに不可欠である。

③ コミュニティへの所属感を強化する

ミーティングのような毎日の活動があり，コミュニティへの参加を強化する。

④（居住プログラムの場合）外のコミュニティとの接触がある

外のコミュニティとの接触の拡がりと種類が，メンバーの臨床的進展の目標である。

⑤ コミュニティ／臨床的マネジメント──褒賞

地位と褒賞は，プログラムの進展と関係している。

⑥ コミュニティ／臨床的マネジメント──罰

コミュニティの規範違反に対しては罰がある。

⑦ コミュニティ／臨床的マネジメント──監視

プログラムは，定期的なドラッグ・テストや不定期の持ち物検査といった何らかの監視を含む。

(4) 教育と作業

① 教育的要素

特別なテーマについてのセミナー，教科教育，職業訓練といった教育活動がある。

② 治療的教育の要素

感情コントロール，葛藤解決，決断，コミュニケーションスキルといった個人の発達に焦点を当てた教育がある。

③治療としての作業

治療的プログラム（自尊心と社会的責任感を育成するなど）の一部として作業が用いられる。

(5) 形式的な治療的要素

①一般的な治療的テクニック

メンバーは，肯定的行動を強化され，否定的行動に直面化することを促される。

②治療機関としてのグループ

コミュニティの価値を強化し，否定的行動に直面化する多くのグループ活動がある。

③カウンセリングのテクニック

カウンセラーは，コミュニティに認められる態度と行動のロールモデルとなることが治療的課題の中心にある。

④家族の役割

適切であれば，家族も治療計画に含まれる。

(6) プロセス

①治療の段階

治療は，主として3段階からなる。オリエンテーション，主治療，そしてリエントリー（社会再参加）である。各段階に特定の目標と期待がある。

②導入段階

導入段階の主な目標は，レジデントをコミュニティに同化させることである。

③主な治療段階

主な治療段階の主な目標は，コミュニティと一致する価値を発展させることである。

④コミュニティ復帰段階

リエントリー段階の主な目標は，治療共同体の外への移行と自立の準備である。

*

次に，どのような共同体が個人の癒しと変化・成長に役立つのか？　SEEQ
の冒頭には，「治療共同体の視点」という項目が置かれ，アディクションは単に
物質乱用の問題ではなく，生き方の問題であること，回復は物質乱用という行
動あるいは症状の消失というよりは，全体的変化および全人的成長を意味する
こと，そして回復には，自律と肯定的な社会上・就労上の態度を含む「正しい
生活（Right Living）」が不可欠であることが強調されている。De Leon による
定義の「健全な生活に向けた行動や態度および価値を身に付けさせる」に当た
るのであろうが，「正しい生活」と言われると，それを送っているとは思えない
我が身としては，身の縮む思いがして，「けっこう厳しい……」と感じる。一定
の態度や価値を強く方向づけているのはいかがなものかと思う人もいるかもし
れない。

　対人援助専門職としては，一定の価値にとらわれず，クライエントに自身の
価値を押しつけず，いわば中立的であることを求められる面もある。とはいう
ものの，筆者としては，対人援助を態度や価値から離れて自由にできるものな
のかという疑問も日頃から感じていた。そして，押しつけないと言いながら，
本当に押しつけていないのかということも自問自答している。知らず知らずの
うちに自身の生きている社会や文化や階層の価値をクライエントに押しつけて
いるのではないかと感じることが多々ある。人間が価値を離れて生きることが
できず，支援の場においても同様であるなら，むしろより普遍的な価値を意識
し，掲げ，その活動を方向づけることもありうる選択ではないか。生きていく
うえで離れられない価値と態度に自覚的であること，考え続けることこそが，
対人援助専門職に求められていることなのではあるまいかと考えるに至った。

　たとえば，修復的司法（Restorative Justice : RJ）は「レンズを替える」こと
を志向し，グッドライフモデルは犯罪行動を「普通の欲求を，不適切な手段で
充足させようとした行動」とみなすなど，視点の転換を含む枠組みが現代社会
の対人援助のなかで受け入れられつつある。（不）適切を考慮に入れないという
よりは，何が適切で何が不適切かを考え続けること，態度や価値を含む枠組み
をつくることが大切であるのかもしれない。「大麻をやってどこがいけないんで
すか？」といった問いに対し，「そうですね〜。あなたはそう考えるんですね〜」
などと言っているのであれば，それは単なる逃げにすぎないように思える。「ど
うして大麻はいけなくないのか（あるいは，いけないのか）」を「共に考え続け

ていく」ことが不可避になる。

　続いてSEEQでは，変化を取り次ぐエージェンシー（機関）について述べられている。強調されているのは「構造」とルールである。さらに，活動とミーティングを中心とする共同体への参加が義務づけられ，スタッフもメンバーも，ロールモデルとなることを求められている。ということは，専門職としてのスタッフも，ロールモデルとして「正しい生活」を送り，自身の態度や価値を検討・追求し続けることが，大前提として求められているということである。クライエントを治療するとか，変えるとか，呑気なことは言っていられない。ここは重要なトピックであると考えるので，本書の後続の章であらためて考察するが，治療共同体は智慧の宝庫ではあるものの，宝を得るには「虎穴」に入らないわけにはいかないとなると，そう簡単には手を出せないような気にもなってくる。

　第3項「治療機関としてのコミュニティ」では，「方法としての共同体」について述べられ，メンバー同士の互助と信賞必罰が強調されている。治療共同体というと，自由な楽園のようなイメージを持つ人もいるかもしれないが，実際には躾をするといった厳しい面がある。家庭や学校といった人間を育てる場は，愛と信頼，安らぎとともに，型にはめていくという教育や躾の面もあるということだろう。ルール違反や自他の尊厳を損なう言動に対して，スタッフとしての専門職は毅然として対峙し，葛藤を乗り越え，学ぶべきことを学んでいく覚悟と態度，そして問題解決能力を要求される。

　筆者の場合，大学院を出てすぐ少年鑑別所に勤めはじめた当初，子どもを叱るのがとても難しかった。寮の先生（教官）たちがきちんと指導しているからこそ，子どもたちに慕われているのを見て憧れたものである。叱るのに慣れ切って叱るだけになっては困るが，必要なときにびしっと対峙する毅然とした態度は，専門職として身に付けておくべき態度・スキルであると考えている。また同時に，個人の回復は共同体の在り方にかかっているので，その共同体を破壊するような言動は，厳に戒められる。安心と信頼，愛情を基盤として，自他を害する行動に対峙することによってこそ，社会で生きる人間として成長すると考えられる。

　第4項から第6項は，治療共同体にのみ当てはめるべき項目ではなく，一般の治療機関にも共通する項目について述べているため，詳しい検討は省略する。

② ヨーロッパ系の治療共同体——定義と運営基準

ヨーロッパの治療共同体の認証団体である Community of Communities (2015) は，治療共同体の原則と根拠を9項目にわたって挙げ，その言葉を含む形で治療共同体を定義している。

治療共同体は，社会およびグループのプロセスを治療上の価値を有するものとして利用する，計画された環境を指す。それは，多様で (8)，寛容であり (2)，安全な (3) 環境における，公平 (7) かつ民主的な (1) 集団生活 (9) である。対人関係と感情的な問題はオープンに議論され (4)，メンバーは信頼関係を形成することができる (6)。相互フィードバックは，メンバーが自分の問題に直面し，対人行動の認識を高めるのを助ける (5)。

同じく Community of Communities (2005) による，アディクションを対象とする治療共同体の運営基準は，①物理的環境，②スタッフ，③入所と退所，④治療的環境，⑤治療的プログラム，⑥外部との関係，という6項目について定めているが，それに先立って，中核的基準を置いている。中核的基準は，以下の16項目である。

①定期的にコミュニティ全体のミーティングがある。
②日常の仕事はコミュニティ全員で共に行う。
③社交の時間を全員で分かち合う。
④コミュニティメンバーは食事を共にする。
⑤コミュニティメンバーは，さまざまな役割と責任を負う。
⑥日常生活のインフォーマルな側面はコミュニティの作業に統合される。
⑦すべてのコミュニティメンバーは，コミュニティ内のいずれの生活面についても話し合える。
⑧すべてのコミュニティメンバーは，互いへの態度や感情を定期的に検討する。
⑨すべてのコミュニティメンバーは，互いへの責任を分かち持つ。
⑩すべてのコミュニティメンバーは，コミュニティの課題に対して情緒的に安全な環境を創る。

⑪コミュニティメンバーは，新しいスタッフの選択に関与する。

⑫すべてのコミュニティメンバーは，新しいメンバーがコミュニティに加わる過程に参加する。

⑬プログラムを完遂したメンバーは，他のメンバーのプラン作成に関与する。

⑭迷惑な行動や感情表出を理解し，それらに対して寛容である。

⑮前向きにリスクを取ることは，変化にとって不可欠な部分とみなされる。

⑯治療共同体は，すべてのメンバーに理解されている明確な境界線，限界，ルールを有している。

　ヨーロッパの定義あるいは運営基準においても，治療共同体は，治療の方法として集団を活用できるように環境を計画的につくることを目標とする。さらに，その集団は，多様で，寛容で，安全で，公平かつ民主的な集団であると価値と方向性が明記されている。このような集団生活のなかで，相互にフィードバックを行い，率直に議論して，自身の問題に直面し，対人関係を築く力を育てていくことが強調されている。運営基準においても，メンバーは，生活と活動を共有し，役割と責任を分かち合い，互いに助け合いつつ，ルールを守って自身の問題に主体的に取り組んでいくといったことが求められている。

　アメリカ系かヨーロッパ系かを問わず，治療共同体は，その名称の通り，共同体での他者との関わりと役割および責任を果たすことを通じて，個人の課題解決と成長・回復を目指すことが中核にある。具体的には，多くのミーティングと日々の暮らし，共同体維持のための役割と責任（作業と他者へのフィードバックなど）で成立する「場」，およびその方法を示している。

Ⅳ 　対人援助専門職と治療共同体
　　──当事者であること，専門家であること

　治療共同体は，「正しい生活」あるいは寛容・安全・公平な民主的集団であることを掲げており，かつスタッフもロールモデルであることを求められているため，当然スタッフは，成長と変化の場をつくっていく一員として，メンバーに求めることを率先垂範しなければならない。これがけっこう大変なことであ

るように筆者には感じられる。それは，正しく生きるとかロールモデルとなるということ以上に（それも大変ではあるが），共同体の「一員」であることを意味するからである。「私は専門家で，あなたたちとは違います」「あなたは援助が必要で，私には必要ありません」「あなたは変わらなければならない，私は変わる必要はない」というスタンスはありえないということである。より端的に言えば，対象者との距離の取り方，専門家としての立ち位置が問われ，つまりは対人援助専門職としてのアイデンティティ・クライシスや，仲間であったはずの対人援助専門職からの孤立感が生じる可能性がある。

　以下は，第I部第2章の座談会で語られたことである。

　　引土　大事なのは［…］施設長もグループに参加して自分について語り続けること。［…］もちろん外部講師としての私も一員として参加します。それが病院のPSWとしてグループをやっているときと，ダルクでエンカウンターグループをやっているときの大きな違いで，今は一人の当事者として父のことや母との関係を語ってその場にいる。その場に専門職としているのではありません。

　　加藤　専門職のよろいを脱ぐのに10年以上かかるのですか？

　　引土　私はかかりました。脱ぐと，ものすごく楽です。グループの一員として迎えられていると思える。特に，エンカウンターグループで私自身がトピックを出して，みんなに介入してもらったときは，仲間になれたとお互いに実感できる経験になりました。

　　毛利　［…］専門家が訓練生を指導更生させたいという考え方と，私のように訓練生と一緒に治療共同体のコミュニティをつくりたいという考え方との間にギャップがありました。

　　藤岡　島根あさひのグループを始めたときにもう50代になっていて，大学の先生という立場もあった。50歳を超えてあまり迷いたくないじゃないですか！「くたびれるなぁ〜」と思って。刑務所の職員として管理人のように対等なグループをつくることと，TCユニットの一員としてコミュニティに入ることは少し違ったのですね。

「アミティ」では，スタッフのことをデモンストレーターと呼ぶ。まず自分が
やってみせるということである。それはサークルで話すときも，自己開示のモ
デルとなることも含む。教育の分野であれば，率先垂範にあまり異論はないと
思われるが，なぜか臨床心理の分野では，「自身のことは語らない」が当然とさ
れる。もちろん，クライエントが話せないくらいにセラピストが自分の話ばか
りしていたり，クライエントのための時間と場をセラピストのために使うなど
は言語道断であるが，「アミティ」のロールモデルとしてのデモンストレーター
は，必要なときにメンバーの行動のモデルとなるべく，たとえば自己開示を率
先して行って，どのようにするのか，自己開示するとどうなるのかなどの見本
となる。つまり基本は，メンバーやサークルのために行う自己開示である。

　対人援助専門職としてのあり方にはいろいろな意見がありうる。個人的には，
最初はスタッフとして治療共同体の一員であることには迷いやしんどさもあっ
たが，10年余にわたって治療共同体に関わってきて，つくづくよかったと思っ
ている。対人援助専門職がみずからの職業アイデンティティを守るために同様
の利害・関心・意見・価値観をもつ人たちだけと固まっている時代は終わりつ
つある。サービスのユーザーや課題を共有できる人々と協働してこそ，目指す
目標に近づけることに気づき，それを行うだけの自信と基盤をもちはじめたこ
とが，今，当事者の声に耳を傾けることや，多職種協働が唱えられるようになっ
てきたことの背景にあろう。方法としての「治療共同体」は対人援助職に必須
と考える所以である。

　さらに言ってしまえば，「治療共同体」の根底には，「受刑者だろうと，精神
障害があろうと，対人援助専門職であろうと，老若男女誰であろうと，一人の
人間として，私とあなたと誰も変わらない」という思想がある。少なくとも筆
者はそう考えているし，方法としての治療共同体とそれを裏打ちする思想とし
ての治療共同体を広く知ってほしいと願う所以である。

文献

Community of Communities (2005) Service standards for addiction therapeutic communities.
　(file:///C:/Users/Junko% 20Fujioka/Downloads/INT05_Service% 20Standards% 20for%
　20Addiction% 20Therapeutic% 20Communties% 201st% 20edition% 202006% 20(2).
　pdf [2018年9月22日取得])

Community of Communities (2015) Service Standards for Therapeutic Communities. 9th Edition. Royal College of Psychiatrists. (https://www.rcpsych.ac.uk/pdf/Service%20 Standards%20for%20Therapeutic%20Communities%209th%20Ed%20FINAL%20-%20 For%20%20Website%20-%20Copy.pdf [2017年8月7日取得])

De Leon, G. (2000) The Therapeutic Community : Theory, Model, and Method. New York : Springer.

De Leon, G., & Melnick, G. (1993) Therapeutic community survey of essential elements questionnaire (SEEQ) short form. Center for Therapeutic Community Research (CTCR) at National Development and Research Institutes. (http://www.dldocs.stir.ac.uk/documents/ seeqshor.pdf [2018年9月22日取得])

マックスウェル・ジョーンズ［鈴木純一＝訳］(1976) 治療共同体を超えて――社会精神医学の臨床. 岩崎学術出版社.

毛利真弓 (2018) 日本の刑務所における治療共同体の可能性――犯罪からの回復を支える「共同体」と「関係性」の構築に関する現状と課題. 大阪大学大学院人間科学研究科博士論文.

毛利真弓・藤岡淳子 (2018a) 刑務所内治療共同体の再入所率低下効果――傾向スコアによる交絡調整を用いた検証. 日本犯罪心理学会誌56-1 ; 29-46.

毛利真弓・藤岡淳子 (2018b) 支援者は罪を犯した人の「変化の物語」にどう関われるのか――刑務所出所者へのインタビュー調査から（司法福祉学会報告）.

ウィリアム・オブライエン＋エリス・ヘニカン［吉田暁子＝訳］(2008) 薬物依存からの脱出――治療共同体デイトップは挑戦する. 日本評論社.

Perfas, F.B. (2003) Therapeutic Community : A Practice Guide. Lincoln, NE : iUniverse.

第2章

［座談会］
サンクチュアリ（聖域）としての
治療共同体

［メンバー］
藤岡淳子・引土絵未・毛利真弓・坂東 希

［進行］
加藤直人

座談会趣旨

加藤　治療共同体（Therapeutic Community : TC）の理念や技法は，矯正・精神医療・教育の各領域でのさまざまな当事者にとって，自らの生きづらさを包み込むサンクチュアリ（聖域）となり，同じ境遇を持つ仲間との出会いや語りによって，新たな生活やコミュティでの繋がりの基盤となる可能性があると思います。

　この座談会では，メンバー各自の問題意識・経験について触れながら，治療共同体の理念にもとづくコミュニティでの活動や今後の展望について話し合いたいと思います。

　まず，藤岡さんから，治療共同体の概略，修復的司法（Restorative Justice : RJ），島根あさひ社会復帰促進センターでの経験についての説明をお願いします。

矯正の現場から治療共同体へ——修復的司法の理念と
島根あさひ社会復帰促進センターの取り組み

藤岡　私は20年間，矯正機関で働いていたので，再犯率を下げることを目指す教育プログラムを官民協働刑務所でつくるときに，実証データのある方法を探していました。ひとつは認知行動療法（Cognitive Behavior Therapy：CBT），もうひとつは治療共同体で，治療共同体はアメリカのアミティなどで薬物事犯者の再犯率をかなり下げていました。

　栃木の刑務所に勤めていたとき，アミティのナヤ・アービターさんが来日され，治療共同体について話を聞きました。仲間たちも「すごいけど，日本では無理だよね」と話していて，当時，私もできるとは思いませんでした。それから10年以上経って，大学の教員になって官民協働刑務所でプログラムをつくるとき，仲間と「みんなで一緒に治療共同体を見に行こう」ということになりました。見学してみると雰囲気が良くて，ワークブックもあるからやれるかなと思うようになりました。

　そのとき，デモンストレーターがとても大事なのだと思いました。心理の専門家というと中立的な立場で自分のことは話さないというスタンスなのですが，それでは治療共同体はできないと強く思いました。まず，自分たちが自分自身に目を向けて，デモンストレーターとなり語ることが大切なのだと学びました。アミティのナヤさんとロッドさんから，最初に仲間をつくって支え合う「ファーストサークル」が大事と言われたことが心に残っています。

加藤　刑務所在職中に治療共同体を新たにつくることは難しかったですか？

藤岡　やはり当時は難しかったと思います。

加藤　刑務所職員から大学教員になられて，関西でRJに取り組んだNPO法人被害者加害者対話支援センター（Victim Offender Mediation：VOM／2004年設立，2013年解散）についても話していただけませんか？

藤岡　VOMは実のところ，私としてはやりきれた感がありません。被害者と加害者は暴力という威圧的人間関係のなかにいる表裏一

体の存在なので，被害者と加害者が分断されず，共に話し合って暴力に対処したかったのですが，時期尚早でした。特に被害者から批判も受けていたので……。

加藤　僕も弁護士や少年司法の関係者と一緒にVOMの活動をしていたのですが，たしかに，時期尚早でしたね。しかし，うまくいかなかったことも，違った形で理念を吸収して活用できたのではないでしょうか。具体的には，島根あさひの理念に，RJの考え方を取り入れられているのと思うのですが……。

藤岡　それはあります。被害と加害の問題は一筋縄ではいかず，私のなかでも迷いつづけていて，RJの理念を具体化することは難しいのですが，理念としては絶対に必要だと思いました。

加藤　今，振り返れば，VOMでは理念先行で，さまざまな現場での汎用化までには至っていなくて，10年くらい早かったのかなと思います。

藤岡　たしかに早かったです。当時，RJのマクドナルド化と言われたように，手続きが先行していて，被害と加害を統合する理念を具現化できなかった。だからもう一度，別の形で実行したいと考えていました。VOMは直接対話でしたが，サークルとかカンファレンスなどでコミュニティに入れ込んで，もう少し広く考えたほうが現実的だと思うようになり，島根あさひでも取り入れ，今の活動にも活用しています。

加藤　島根あさひでは，どのようにRJの理念を具現化することに取り組んだのでしょうか？

藤岡　まずは訓練生（島根あさひ受刑者の呼称）にRJの理念を伝え，被害者の置かれた立場を考えることから始めました。治療共同体では自分自身の被害性についても見つめ直すことが重要ですから，被害からどう加害に転換し，加害によってどう被害を出したのか，被害と加害を両面から考えていきました。

加藤　取り組みの手応えはどうでしたか？

藤岡　訓練生は，自分自身の振り返りが進むと，被害者に謝りたい，償いたいと思う人が多いです。ただ，現実問題として手段がない。それをどうすればよいのかまだ見えていない。刑務所に勤めているときに，ある女性の受刑者が殺害した人の遺族に償いたいと思っ

ていたのですが，いっさい遺族から拒否されていました。しかし，刑務所としては「昔のことは一切忘れなさい，ここで服役することが大事です」という言い方しかできなかった。ただ，被害者の思いを伝え，被害者の視点を入れる教育が刑務所でもちょうど始まった時期で，忘れて作業だけしていればいいという話じゃないと強く思ったのです。そこで，武蔵野大学の小西聖子先生のトラウマ研究会にも参加して，被害者のことをまず学びはじめました。加害者側に立っていると，つい目の前のこの人のことを何とか助けたいと思い，被害者のことを忘れがちになってしまうところがあるからです。

加藤　人の情としてそれは普通の感覚ですね。

藤岡　でも，初めてそれはちょっと違うなと思うようになったのは，女子高生コンクリート詰め殺人事件を担当して，被害者の遺体が入っていたコンクリートの写真をたくさん見て鑑別をしたときです。「加害者のことだけを考えている場合じゃない。このご遺族はどうしているのだろうか？」と思いました。当時，17歳の凶行などが多く，いろいろな鑑別を担当したこともあって，そのたびに「被害者はどうしているか」「被害者の遺族がどうしているか」「加害者の家族がどうしているか」ということがやたら気になっていました。

加藤　藤岡さん自身のなかで，被害者に対する問題意識のスイッチが入ってしまったのですね。

藤岡　そうです。それで勉強しなくちゃいけないと思い，トラウマ研究会に行ったのです。川越少年刑務所に勤めていていたときに，職業訓練で作成された立派なタンスなどを展示する矯正展に被害者の遺族が来られて，「受刑者は職業訓練を受けているのに，私は親戚をたらい回しにされて本当に腹が立つ」と言っていました。

加藤　二次被害，三次被害の状況ですね。

藤岡　そういうことをよく知るようになって，「これは受刑者にも教えなくちゃいけない。職員も知らなくちゃいけない」と思うようになり，被害者の視点を入れる教育を始めました。日本では被害者支援が始まった時期であり，当然，加害者は被害者のことを知るべきという思いが強かったです。"ただ刑務所のなかで作業して

いればいいって話じゃないでしょ"という気持ちがあったので，RJの考え方にとても共鳴しました。

加藤　そこからVOMの活動に取り組み，島根あさひの取り組みを始められたわけですね。

当事者から専門職へ，専門職からグループの一員へ
——感情を語ることで専門職のよろいを脱ぐ

加藤　引土さんには，自らの当事者性，精神科病院での精神保健福祉士（PSW）としての実践，博士課程で取り組まれたアミティ研究，現在のグループでの実践などについて伺いたいと思います。

引土　私が治療共同体に関心を持った動機は，父がアルコール依存症で19歳のときに自殺したことでした。当時はまったく受け入れることができず，罪悪感を抱え込んだままフタをして，それでも救われたい，父と同じような人を救えば自分が救われるのではないか，という無意識の思いから精神科病院のPSWになったのだと思います。依存症の支援がしたかったのですが，勤めたのは統合失調症の治療がメインの一般精神科病院でした。依存症は治らないという風潮のある病院だったので，院内で協力者を見つけるところから始め，専門プログラムを立ち上げました。

加藤　引土さんが精神科病院でPSWを始めたときは，依存症は精神保健従事者のなかでも敬遠されることが強かったと思うのですが，それを変えていくために，院内チームの医師・看護師などに最初はどのように働きかけたのでしょうか？

引土　アミティのファーストサークルと同じで，最初にコアメンバーを募ることから始め，回復した患者さんを院内スタッフに知ってもらうことが病院の風潮を変えるきっかけになったのだと思います。

加藤　回復する人が現れて，どんなふうに病院が変わりましたか？

引土　依存症は回復できると信じるスタッフが増えたと思います。また，PSWとしてプログラムに関わって変化を促すメンバーの一員となると，次第に院内のスタッフが，支援で困ったことがあると頼ってくれるようになりました。

加藤 当初は，引土さんの個人的な経験や問題意識から始まったと思うのですが，そのことについて最初から病院スタッフとは共有していたのですか？

引土 一切していないです。今，振り返るとそれが苦しくて，フラッシュバックなどいろいろあるなかで，それを無視して何事もないような強くて正しい援助者としてグループに関わっていました。

加藤 精神科病院の病棟は，混乱を与えないためにスタッフがきちんと振る舞わなければならないという独特の空気がありますよね。そのようなPSWの経験を経て，大学院でアミティの研究を始めた経緯について教えてください。

引土 大学院に行っても，まだ自分のことは棚上げしたままでした。いろいろな経緯があってアミティのスタディツアーに参加し，その空気に衝撃を受け，初めて父が自殺したことや自分のことを語ることができました。話すまでは自分の感情が怖かったのですが，話してみると，恐れていたほど怖いものではなかったと実感できたのが大きな経験でした。

加藤 一度感情を出せると，語りやすくなったということですか？

引土 感情を出せるかどうかは，デモンストレーターと呼ばれる人の存在にかかっています。どのように感情を出すことができるのか見せてくれる人がいるから，安心して話せるのだと思います。また，アミティのデモンストレーターは，自分だけじゃないという共感の機会を提供することに加えて，相手にとって何を見せれば役立つかを理解しており，それを技術として伝えます。そこが，自分のために話す日本のセルフヘルプグループとは違うところだと思います。

加藤 アミティの経験を経て，自分自身を語ることで変わっていく手応えがあってから，2010年に博士論文「アディクション回復支援における治療共同体モデルの構築——米国治療共同体Amityモデルを中心に」を仕上げるまでのことを教えてください。

引土 アミティの実践を日本でも導入したいという思いで研究を始めたのですが，治療共同体の実践は長年注目されていたのに芽を出していませんでした。アメリカの治療共同体世界連盟の事務局スタッフと話したときも，「日本から大勢見学に来るのに，まだ治

療共同体は始まらないのか？」と言われていました。個人的に考える要因のひとつは，専門職がデモンストレーターをできるかどうかということが問題となります。また治療共同体は見学するだけで多くの感動を得られるのですが，仕掛けがわかりにくい。そのため仕掛けをきちんと理解したいと考えました。何カ月かアミティで共同生活するなかで見たものを博士論文で言語化できるようになりました。当初は，治療共同体モデルを実践するのであれば，ダルクやマックが現実的だろうと思っていましたが，検討するほどギャップがあることも実感しました。具体的な日本型治療共同体モデルの可能性を提示したかったのですが，博士論文では提案で終わりました。

藤岡　日本のダルクと治療共同体のギャップはどこにあると思いますか？

引土　規模や運営方法なども違いますが，理念が一番違います。2014年からダルクのスタッフや研究者や実践家と治療共同体研究会を開催していますが，その結果，見えてきたのは，ダルクには12ステップという共通項はありますが，基本的に施設長がルールという側面があります。一方，治療共同体には共同体ごとに独自の理念があります。治療共同体は専門職と協働していることも特徴で，専門知識や介入技術などに関してダルクとの違いがあると思います。

加藤　そのようなことを踏まえて，現在，グループの実践で心がけていることについて教えてください。

引土　これまでの約10年のダルクにおける治療共同体エンカウンターグループ実践では，うまくいかなかった経験もあります。うまくいかなかった要因としては，施設長がルールという構造を崩せなかったことが大きいです。治療共同体のツールを使っても，施設長の一声が優先されてしまう。大事なのは，やはりファーストサークルであり，施設長もグループに参加して自分について語り続けること。それができるダルクであればグループの力はすごく大きくなると思っています。もちろん外部講師としての私も一員として参加します。それが病院のPSWとしてグループをやっているときと，ダルクでエンカウンターグループをやっているとき

の大きな違いで，今は一人の当事者として父のことや母との関係を語ってその場にいる。その場に専門職としているのではありません。

加藤　専門職のよろいを脱ぐのに10年以上かかるのですか？

引土　私はかかりました。脱ぐと，ものすごく楽です。グループの一員として迎えられていると思える。特に，エンカウンターグループで私自身がトピックを出して，みんなに介入してもらったことは，仲間になれたとお互いに実感できる経験になりました。

加藤　居場所になるということですか？

引土　なると思いますね。

矯正職員から島根あさひのスタッフへ
──訓練生と共に創る治療共同体ユニット

加藤　毛利さんには，藤岡さんと同じく矯正機関での経歴，島根あさひでの取り組みについて伺いたいと思います。

毛利　私は，5年間ほど矯正職員をしていて，少年鑑別所で心理査定をしていたときに，藤岡先生に誘われてアミティへ行くことになりました。アミティでは，みんながウェルカムの儀式で，ゲストも自分の話をします。アミティでは参加者が自らの経緯や傷ついてきたことを話してくれるので，私も自分の生い立ちを話しました。どちらかというと，場が言わせてしまっていた面があり，言えば大したことはなかったのですが，それでも感情がわっと出て泣いてしまいました。

　そのような経験から，鑑別所で話を聞くときの少年たちの顔と，アミティで語っている人の顔が全然違って，少年が語っているのではなくて，少年を語らせているのだと実感しました。私の仕事は，語らせて問題点を見つけて「少年院に行きましょう」というものだと感じました。語ることで変わる経験が加味されなければ，いくら査定して予後を心配しても意味がないと思い，語る場に惹かれるようになりました。しばらくしてから，島根あさひが始まるという話を聞いて，何もわからないけど良いなと思って，勢い

で転職をしたところがあります。もしかしたら，矯正職員のとき
に刑務所を詳しく知らなかったのが，かえって良かったのもしれ
ません。

　最初の壁は，法務省と準備のために打ち合わせするときに，「でき
きないよ」とさんざん言われたことです。私には鑑別所での経験
しかなかったので，法務省の人から「あなた，受刑者のこと知ら
ないでしょ！　あいつら3人集まったらロクでもないことしかしゃ
べらないから」と言われていたのですが，それでも，私は根拠も
ないのに「できます！」と言い張っていました。法務省の人たち
は，話すことで生じるメリットよりもデメリットを気にするので，
それをかき分けてどのように実現させていくのかが大変でした。

　次の壁は，初めて見る訓練生の不信感が強かったことです。い
ろいろな一般の刑務所経験者が入ってくるので，「官は敵だ」と決
めつけていたり，「俺たちの刑務所はすごかったぜ！」と自慢をし
たりしていました。民間のスタッフとなった私も敵という状況で，
「気持ちを話しましょう」と言っても，「ハァ〜？　意味わかん
ねぇ〜」という感じでした。今となってはとても良い思い出なの
ですが，最初の頃は，島根あさひのTCユニットの取り組みを訓
練生と共有するのが大変でした。

　その次の壁はスタッフです。グループを通じて私とメンバーと
の距離感が近くなると，「専門家なのに訓練生の味方をしている。
あいつらと近づき過ぎ」と，バランスを取りたい官のスタッフか
ら批判を受けました。今となっては，その視点も理解できるので
すが，何しろ，専門家が訓練生を指導更生させたいという考え方
と，私のように訓練生と一緒に治療共同体のコミュニティをつく
りたいという考え方との間にギャップがありました。

　いろいろありましたが，それでも，当事者の訓練生たちが一生
懸命やってくれていたのが，なによりでした。なかには，TCを
PCと間違えてパソコンの職業訓練と思って入ってきた方や，TC
ユニットに応募すると生活するユニットが変わるので，「実は逃げ
てきました」と語る，前のユニットで居場所がなかったという方
もおられました。そういう人たちも，周りの先輩のデモンストレー
ションを見て，自らが語ることによって変わっていく姿をたくさ

ん見ることができました。また，徐々に先輩たちも育ち，私が一生懸命伝えなくても，訓練生たちがみずから活き活きと話せる場所を創ってくれて，そこにいることができたのは楽しかったです。

加藤　引土さんの話と似ていて，理念が一番理解されにくいのは専門家ということですね。それでも，訓練生が変われば理解をしてくれるスタッフはいなかったのですか？

毛利　とにかくTCユニットの訓練生は毎日のようにグループをやることもあって，スタッフから「TCの連中はよくしゃべる」と言われていました。訓練生の語りを受容するスタッフは歓迎してくれましたが，嫌がるスタッフもいて，いろいろでした。実際にTCユニットの担当となってグループを見ていたスタッフは，「あっ，良いですね」と言ってくれることがあり，訓練生の過去のつらい体験を聴いて「あいつらがあんな経験をしていることは自分も知りませんでした。こういうのは大事ですね」と言ってくれる理解者もいました。しかし，それが一気に広がるということはなかったです。

引土　場が活き活きとありつづけるには，きっと仕掛けがあると思うのですが……。

毛利　葛藤がしっかりとあるということかな。もめごとが起きて話し合いをすると，ネガティブな気持ちや相手の気持ちを受け止める努力をすることで話せる雰囲気になり，お互いの傷を理解するグループが展開していきます。喧嘩ができて，みんなで乗り越えるのが，ひとつ大事な要素だった思います。

引土　喧嘩は他のユニットでは起きないので，それも大事な仕掛けですね。

藤岡　アミティのワークブックの理念が大きいと思います。最初に「排除より包摂」という理念を学び，ワークをやりながら自分の話をするので，聞いているうちに自分にも響いて揺れ動く。そのときに，変わりたい気持ちと変わりたくない気持ちと，いろいろな思いを集めて葛藤が生まれ，お互いに誠実に本音で話ができて，喧嘩ができることが安心安全につながり，「ここでやっていこう」と，仲間としてお互いから学び合える。そして，スタッフの熱心さとか，そういうものがまとまったときに，話すための場，変わ

るための場，それをつくれるかどうかが，治療共同体としてうまくいくかいかないかの分かれ道だろうという気がします。

毛利　基本的な理念が教えられてそこに立ち戻れると，もめたときに，「そもそもどうだったかな？」と，みんながわからないなりに考えて，同じ方向を見られるようにできたのは大きかったと思います。

加藤　ワークブックは，立ち戻る指針のようなものなのですか？

毛利　意識してなくても，最初に目に触れるので，刷り込みのように自然に入っていくのだと思います。

加藤　すると，雑談なども質が変わり，自分たちの経験が蓄積され，何気ないコミュニケーションにも治療共同体の理念が反映される状況になったのでしょうか？

毛利　うまくいくときはそうですね。グループ後の自由時間のコミュニケーションもより活きることになります。反対にうまくいかなくなると，お互いのことがよく見えてしまうがゆえに，教育で学んだ用語を使って批判し合います。

加藤　グループは浮き沈みがあって，ジグザグに行くから面白いのかもしれませんね。

藤岡　3カ月ごとに新しいメンバーが加わるので，その人たちは何もわからず，同じような悩みを語り出します。すると，以前からのメンバーはさらに深く考えざるをえなくなり，新しいメンバーに教えるのですよ。AA（Alcoholics Anonymous）でも治療共同体でも「新しいメンバーが一番重要なメンバー」という理念があって，慣れ親しんできたところに新しいメンバーが来て，グループやメンバーが揺れることは，すごく大事です。スタッフに教えられるだけでなく，自分たちが教えるという役割や責任がもうひとつの軸としてあります。アミティの理念は「借り着の権威より個人の威信」とか「排除より包摂」とか，TCユニットに入ってくる受刑者たちが欲しかったのに今まで手に入らなかったものをスパッと言い当てている。それは実は，一般の日本社会でもなかなか手に入らない。本当は欲しいけど手に入らない。だから受刑者は，「嘘に決まっている」と酸っぱい葡萄みたいに言ってしまうところがある。でも，少なくともここでは実現しようという共通目標が

持てて，それが信じられたときに，いろいろなことが起きてくるような気がします。

島根あさひの経験を地域で実践する
——大学院生として見た治療共同体とコミュニティ

加藤　坂東さんからは，大学院生として島根あさひのTCユニットに参加した経験と地域での実践について，コメントをお願いします。

坂東　私は矯正や心理学，社会福祉には縁がなかったところから，藤岡ゼミで勉強するようになって治療共同体を知りました。大学院の最初の2年間は島根あさひのことを学びたくて通って，TCユニットの訓練生にインタビューをさせてもらい，修士論文を書きました。その後，博士課程に在籍しながら，大阪府箕面市のNPO法人暮らしづくりネットワーク北芝で仕事をしています。

加藤　藤岡さんや毛利さんが島根あさひをつくっていくところを，参加して見ていたと思うのですが，どんな風景に見えましたか？

坂東　印象的だったのは，島根あさひのTCユニットのなかで，2人がありのままの自然体に見えたことです。専門家でもあり，一人の人間であるというところを，みんなに見せていた気がして，意識的なことだったのかは気になるところです。たとえば，毛利さんは自分の失敗を「今日もまた刑務官に怒られちゃいました……」とか話されていました。

全員　（笑）

坂東　訓練生には「またかよぉ〜」と言われていたり……。また，毛利さんがうまくいかなくて悔しそうなときは，「みなさん，ごめんなさい」と語っている姿を見て，TCユニットをみんなで一緒につくっていきたいという思いが訓練生に伝わっていたのだと思います。専門家として何かを提供するというスタンスではなく，「この共同体はみんなと一緒につくっていかないとできないものであり，新しいチャレンジなのだ」ということを伝えておられたのだと，横で見ていて思いました。

加藤　坂東さんは，訓練生と同じ立ち位置で見ていたのですか？

坂東　当時はグループの一員として訓練生たちの輪に入って話すことができて，藤岡先生たちの振る舞いを見ていました。訓練生にインタビューでいろいろな話を聞くなかで，訓練生から「TCユニットの対等性の理念とか，共同体を一緒に創るとか言っているけど，刑務所自体がそうなっていないじゃないか！」という反発が毛利さんたちに向かうこともあったのですが，毛利さん自身もそこを変えたいと思っていたこともあったからなのか，次第に訓練生と仲間意識が生まれていったように見えました。

加藤　一般的な支援の枠組では，専門家とクライアントって生のふれあいは少ないのですが，2人は自然体だったのですか？

藤岡　私は，それなりの迷いや悩みがあった。

全員　（笑）

藤岡　島根あさひのグループを始めたときにもう50代になっていて，大学の先生という立場もあった。50歳を超えてあまり迷いたくないじゃないですか！「くたびれるなぁ〜」と思って。刑務所の職員として管理人のように対等なグループをつくることと，TCユニットの一員としてコミュニティに入ることは少し違ったのですね。コミュニティの一員となるということは，立場は違っても，自分自身に目を向けて開示していかなきゃいけないとは思っていたし，専門家としての自分が揺さぶられざるをえないようなあり方はしんどくて，「こんなこと始めなきゃよかったな」と思ったこともありました。

毛利　官としてパワーや序列が明確に決まっている刑務所のなかで，大学教授がいろんな服装でぱっと入っていって，時には自分の家族の話をして涙ぐむこともあったり，坂東さんが被差別部落の話をしたりする。強い人は常に強い，弱い人は常に弱いということではなくて，私たちが多様で人間としてリアルだったことによって，彼らも受刑者としての仮面を外して，触発されるように自分の話を始めました。

引土　訓練生からの批判が2人に向かっていたという話がありましたが，刑務所に権威構造や上下関係があるなかで，それを乗り越えてグループで本音が共有されていくのはどのようなときですか？

坂東　「本音と建前」については，インタビューのなかでも何度も出てきました。初期の頃は，本音は話さないと決めている人もいました。建前で行くと本人は決めているのですが，他のメンバーにはバレている。グループのなかでいくら良いことを話していても，教育プログラムのなかで言っていることと余暇活動のなかでとっている行動が違うじゃないかと指摘を受ける。また，「建前で良いことを言っているメンバーの累進級が上がっている」と思っている訓練生がいて，「スタッフはそういう現実をわかっていない」「TCユニットはおかしい」と毛利さんたちに批判の声が向けられていたこともありました。

加藤　スタッフに批判するなんて，従来の刑務所ではありえないですよね。坂東さんの目には新鮮に映ったのですか？

坂東　スタッフへの不満がけっこういろいろな場で出ていましたが，それに向き合っているのが新鮮でした。また，スタッフと訓練生だけのやりとりで解決するのではなく，「そんなこと言っていたら，いつまでも変わらない」「感情が伴わないで事実だけを語っていても深まらない」「どうして人ごとのように自分の過去を語るんだ」など，批判をしている訓練生が他の訓練生に問われることによって，訓練生同士で解決することもありました。

加藤　そのような島根あさひのTCユニットでの経験をもとに，今の職場でも，自然に向き合う関係のなかで語り合うということを実践しているのでしょうか？

坂東　TCユニットで見聞きしたり感じたのは，当事者性を大事にしながら，教える側，教えられる側として関係性を固定しないということでした。北芝の就労支援や生活支援のなかでも支援する側／される側として関係性を固定化しないところは，島根あさひの実践と重なるところがあるかなと思います。

加藤　毛利さんたちが経験した葛藤は地域でも起こりうると思うのですが……。

坂東　不登校生徒支援のフリースクール「フォロ」で加藤さんがされていることとも似ているかもしれないですが，ひきこもりでずっと外に出ていない人と私たちが，ごはんを一緒に作って食べるなど生活場面を共にすると，面談（相談室）では出てこなかったよ

うなことを話せるようになります。次第に，普段の姿を見せたり，苦手なことをお互い理解できるようになり，信頼関係ができて安全な場になる。ただ，こういうことに予算はつかず，「必要がない」「支援にならない」「そんなところでフラフラしているのであれば早く就労につなげたほうが良い」と行政や周辺から見られることもありました。

加藤　目に見える成果を求められるわけですね。スタッフ同士の葛藤はありましたか？

坂東　スタッフ同士の葛藤もあったと思います。実際の雰囲気や理念を共有できておらず，スタッフ同士が噛み合わないときに，新しいスタッフにとっては単に考え方が合わない，スタイルが違うと感じられる。その場合，言語化して理念を大事にしているとは言えないと思います。

引土　北芝は地域福祉でも全国的に注目されているところで，新しいスタッフでもジレンマがあるというのは意外ですね。

坂東　北芝は250世帯くらいの小さいコミュニティで，まちづくりを活性化させるために，2001年にスタッフ1人のNPOを立ち上げました。2010年に市から事業を受託して以降，大幅に人が増えました。それまでは，こじんまりと大事にしたいことを楽しく共有して，葛藤があっても喧々諤々やっていたようです。行政の事業を受託しはじめてから，メンバーが50人弱になって，理念や大事にしてきたことを共有するのが難しくなっている時期に差しかかっています。

引土　人が増えることでファーストサークルがつくりにくくなっているのですね。

加藤　NPOでこじんまり始めても，活動が発展すると，次第に想定外になることもよくありますね。

サンクチュアリはいかにして可能か？

加藤　みなさんは，支援する側／される側という関係性のなかで，支援者の権力性を意識して，みずからを開示して当事者との対等

な語りを大切にしていらっしゃると思います。一方で，それは支援者自身にとってリスキーでもあります。そこで，お互いに安心して語り合えるサンクチュアリの場をどのようにしてつくれるのということに焦点を当てていきたいと思います。

　僕はかつて，京都の定時制高校でスクールソーシャルワーカーとして勤務していました。定時制高校には，虐待を受けている子どもや貧困家庭の子どもが多く，そのような生徒は自分のことを言葉にするのが難しく，抱えている課題が問題行動として現れ，結果として指導対象になることが多いです。学校なので指導することも大切だと思いますが，一方で，エラーだらけの自分でも安心して語ることを保障する必要があると思っています……ただ，なかなかそれは難しいです。

毛利　エラーだらけの自分について語れないというのは，どういうことですか？

加藤　たとえば，高校生がタバコを吸って見つかるとペナルティとして反省文を書かされたり，指導を受けて「もうしません」言わされたりする。それを端から見ていて，「ほとんど意味がないのでは？」と思うのですね。本当は，どれだけ吸っているのか，自分自身がどのような喫煙環境にあるのか，どう減らしていくのかを本音で話すことが大切ですが，それが学校では難しい。問題だらけの自分を開示することは，回復の過程として大切だと思うのですが，それができない現実がある。

毛利　受刑者は事件を起こして来ていることが前提ですから，そこが学校と刑務所は違いますね。

引土　私の実践の場はダルクで，そこは失敗してもいい場所です。あらゆる場所で，どうして薬やお酒がやめられないのかと批判されてきたけれど，ダルクはすべて受け入れられるという前提がある安全な場所なので，グループがやりやすいという面はあると思います。権力のなかのジレンマについて，精神科病院のPSWだったときは感じていました。医師がトップでコントロール権を持つスタッフがいて，それに従わざるをえない患者という権力構造や，絶対的な非対称こそ問題だと思っていました。

　ただ，ダルクの当事者同士でも権力構造は生じます。施設長が

ルールになったり，先輩の言うことは絶対だったりします。そうなると，サンクチュアリは権力の問題だけでなく，いかにグループやコミュニティをつくっていくかが大事です。語り合える場をつくるには，デモンストレーターがいて，絶対的な安心感で語れる必要があると思います。技術的な部分になりますが，私が治療共同体の条件として教えているのは，一定数のデモンストレーター（エンカウンターグループ経験者）がいるということです。

加藤　サンクチュアリを維持するときは，一定数のデモンストレーターが「聴く」ということを大事にして，どう発話するかという作法が身についていることが前提になるかもしれませんね！

引土　その環境が確保されないと安全な場として機能しにくい。また，安全な質問も大事だと思います。相手を傷つけない質問の仕方もデモンストレーションのひとつですね。

加藤　質問はどのように洗練されていくのでしょうか？

引土　それは，経験を重ねるしかないですね。一番は自身がトピックを出して質問を受けることで，思った以上に傷つかないし安全だと実感できれば質問しやすくなります。

加藤　身体に落とし込む感じですか？

引土　そうですね。経験的な部分では当事者の感覚は優れていて，当事者の質問が大きく状況を動かすことが多々あります。

藤岡　自分が排除された経験や否定的な烙印を押された経験があるかないかは大きいのかなと思っています。そのことに誠実に取り組んでいる人は，治療共同体がすごく好きだと思います。傷つかずに，社会の基準に沿って，家庭的にも恵まれて迷いなく生きている人もたくさんいるし，一方で，傷つき体験を気づかないように抑えて，パワーに頼って生きている人もいて，そういう人が権力を濫用するのではないかと思います。自分を尊重できて，順調にいろいろなことが言えて，自分を肯定して生きている人は，治療共同体にもなじむだろうなと思います。

引土　サンクチュアリを創ることは，立場が違おうが権力があろうが，対等な立場で共感することから始まります。権力に向かっていくのは，ソーシャルアクションという次のステップなのだと思います。

坂東　児童自立支援施設のグループに関わったときに，TCユニット
の経験を活かそうと試みたことがあります。ただ，グループでルー
ルの確認をするときに，子どもの意見を聞きながらやろうとした
のですが，施設の大人たちは当初はそこまで望んでおらず，「対等
といっても注意はしてほしい」と言われました。完全に対等では
なかったとしても，人としてリスペクトして，グループでビデオ
撮影をする場合には，確実にメンバーに同意を得てから撮影する
など，尊重と対等性を具体的な一つひとつの手続きに反映させる
ことはできます。そういうことがサンクチュアリを創るうえで大
事なポイントだと思いました。

加藤　フリースクール「フォロ」のスタッフをしていたときの経験
ですが，スキーに行く場合，学校では先生が企画して決めますが，
フリースクールでは，まったくゼロから，どこに行くのか，その
ためにはどうしていくのかを，子どもと一緒に考えていきます。
このときに，「こうしたらうまくいくのに」という先回りして思う
こともあります。そこをこらえて目線を合わせ，時には子どもが
突拍子もないことを言ったりするのだけど，可能な限りそれもあ
りだというコミュニケーションをしないと，子どもは本音を語ら
ないのですね。

引土　グループを実施するときに，口を出したい思いもありますが，
自制して声を出しやすい場をつくるのが自分の役割だという意識
もあります。それ以上に，一人の参加者として口火を切るときに
グループが動いている気がします。

加藤　引土さんには当事者としての引き出しがあると思うのですが，
僕の場合，どうしても支援者の仮面を背負っていて，当事者とし
て語れず，素の自分を出すしかなくて，ファシリテーターとして
場を維持する役割に頭が支配されてしまう。そこはどうしたらよ
いでしょうか……？

引土　やはりグループに参加して自分を語ろうと挑戦し続けること
でしょうか。治療共同体では，専門職でも一人の参加者として，
依存症の経験をした人と同じように，自らの当事者性や失敗を語
ります。どこを切り取っても誰にでも当事者性はあると思います。
たとえば，私は父が依存症で自殺しただけでなく，子育てをする

葛藤とか，いわゆる一般の人が抱える当事者性も語ることでグループに参加します。

加藤 リアルタイムで悪戦苦闘している経験を語るということですか？

引土 藤岡さんや毛利さんが島根あさひでやってこられたことが，そうだったのはないかと思います。

毛利 実は，私は当事者性がないことを気にして参加したことがありません。専門職としての権力性も意識したことがなくて，もしかすると成人の男性が相手で，私に圧倒的な力がなかったからかもしれませんが，グループで意見を言ってしまわないようにしたこともない。逆に，思ったことがあったら言ってしまう。意見を言わないことが大事なのではなくて，専門家だから知っていて反論を許さないとは考えない心構えが大切だと考えています。グループで意見を言うと意外な反論を受けるときもあるので，かえって聞いてみたいと思います。私は知ろうとする役割になることが多いです。また，操作するのではなく，みんながメンバーとして参加しているグループに何が起きているかを見るようにしています。

加藤 自分自身を場に投げ入れて観察していますね！

毛利 私はそっちを意識しているのだと思います。グループでいるときは自由に言いたいことを言っています。

引土 それこそがグループの専門性じゃないですかね！ 反論を許せるというのはすごい。

藤岡 ただ，うかうかしていると，年齢や立場がある場合，こっちはそのつもりでも，向こうが意見を言わなくなるときは「怖いなぁ〜」という気がしています。

引土 それはどうしたらよいのですか？

藤岡 「言い過ぎたかな？ なんか別のこと考えている？」「失敗してゴメンね！」とヘラヘラ笑っていると，次第に，訓練生が私に対して「怖くて最初の印象はとても悪かったです」みたいなことを言ってくれるから大丈夫です（笑）。

全員 （笑）

藤岡 殻を破れるような，反抗心や反発心を持てるようなやりとりができるといいですね。暗中模索のなかで，「こういうことだった

のだね」となったときに，本人も違う面から見えてくる。みんなと一緒に考えていく場さえつくれればいいのかなと思います。

引土　今まさにこの座談会の場もサンクチュアリに近いと思います。各自のいろいろな役割や意識をみんなが許容しているのは大事だと思います。

加藤　たしかに，そうでないと話せないですね。

コミュニティとサンクチュアリ

加藤　刑務所・精神科病院・学校という枠のなかでサンクチュアリを創ることについて話してきました。次に，枠のない日常生活やコミュニティのなかで，安心できるサンクチュアリをどう創っていくのかについて聞いてみたいと思います。

藤岡　地域とか家族とか，伝統的なコミュニティのなかでサンクチュアリを持っている人はそれでOKだと思います。受刑や精神障害など，何らかの理由でそこから外れてしまったときに，同じ状況にあって共感し合える人たちが自分の関心や興味を軸にコミュニティをつくるというのが，今の流れでもあるし，それがパワーにもなっていくのだと思います。たとえば今，私が地域社会のなかに持っているサンクチュアリというと「もふもふネット」（性犯罪をして裁判にかかった人やその家族や被害者のグループ）です。最初は，安くないお金をいただいていることもあって，数回で終わらせたほうがいいと思っていたのですが，私から「自分に必要ないと思ったら，自分から卒業を言い出してみんなで話し合いましょう」と言ったところ，「そんなこと言ったら誰もやめないから」と言う人がいました。このグループは，性犯罪を二度と繰り返さないで，よりよい人生を送っていくにはどうしたらいいか，同じ目標を持って他の人のウェルビーイングも気にしていて，人として尊重され居場所となるサンクチュアリになれているのかもしれないと思いました。ご家族も同じで，外では息子が性犯罪で裁判にかかっているとは言えないし，祖父母にも言えなかったりする。家族会で「来週，裁判なのですよ」と言ったら，裁判を経

たご家族が，「大変よね！　裁判のときはこうなのよ！」といった
ことを言ってくれて，本当のことが言えて，励まされて，泣くこ
とができる。また，「自分たちも同じだったけれど，今は落ち着い
ているな」と思えたりする。同じ立場の人が自分たちの関心でコ
ミュニティをつくって，ありのままの自分でいられるサンクチュ
アリになっているのかなと思います。

加藤　次第に継続の必然性を参加者が語るようになるというプロセ
スは，ダルクでも似ているのではないでしょうか？

引土　共通するところはあります。ただ，違いとして，コミュニティ
づくりを考えたときに，ダルクは守られた小さな社会だからこそ
サンクチュアリがあるけれど，地域に帰ったときにはそれがなく
なるという脆弱性があります。ダルクで深いサンクチュアリを経
験したうえで，次に地域に適応するための段階が必要になります。
そのステップとして，ダルクからAAやNA（Narcotics Anonymous）
など通所型のコミュニティに移行していくことで，生活と両立し
ながらサンクチュアリを共有していくことになります。

加藤　そのプロセスは，精神科病院退院後の地域移行支援に似てい
ますね。薬物依存症の方は，従来の地域移行支援で受けられるサ
ポートや利用できる制度が少なくて，それなら自分たちが地域に
つくろうという発想でダルクをつくっていった。そこが，当事者
がつくっていくサンクチュアリの特徴だと思うのですね。もしか
したら，島根あさひを出た方たちにも，自分たちの手で地域のな
かで治療共同体を創りたいという思いがあるのでしょうか？

藤岡　ただ，島根あさひの訓練生の人たちは，元受刑者ということ
をアイデンティティの核にすることはあまりないようです。たと
えば，大学で福祉を学ぶ，介護士になる，西成のNPOで働くと
か，社会的なコミュニティに関心はあるけれど，元受刑者という
のは一部であって，もっと自分のやりたいことがあって，それぞ
れの新しいコミュニティをつくっている人が回復していると思い
ます。家族のもとに帰ってうまくいかないことがあっても，いろ
いろなつながりができている方が回復している。それがないと難
しいという感覚があります。今，島根あさひのTCユニットを出
た訓練生のなかで，年4回程度，クローズドの「くまの会」とい

うゆるやかな集まりに参加している方もいます。元受刑者というのがすべてにならないほうがよいと私は思っています。

毛利　いろいろなレベルがあっていい。しっかり居場所があって，濃いサンクチュアリが必要な人もいるし，社会人としてアイデンティティを持ちながら，時々来て自分の気持ちをリセットする人もいる。こうあるべきサンクチュアリというものはなくて，志を同じくする人が集まるとか，率直に話すとか，いろいろなレベルのものが用意されていてアクセスできるのがいいですね。

藤岡　ここがサンクチュアリだと言われて「そうですか」と納得するのではなくて，自分がそう感じるかどうかですからね。

坂東　「くまの会」の存在は，一緒に参加していて，みんなの安全基地になっているところがありますね。大変な社会で劣悪な仕事をしている方もいて，悔しいことがあったり，爆発しそうなこともある。仮にそれをすぐに誰かと共有できなくても，「3カ月後のくまの会で話せる」という思いがどこかにあって，その場にサンクチュアリがなくても，自分のなかに存在している。

藤岡　発達の段階でいうと，表象を内在化できているということだから，それは存在が尊重されることでつながった愛着の対象を内在化できることであり，自分を慰撫できるサンクチュアリなのだと思います。そのためのつながりとしてのサンクチュアリなのだと思いますね。

引土　依存症者の場合，ミーティングで発言する際に「依存症の○○です」と言うほど全身が依存症者のアイデンティティになることが回復の一部とされる部分があります。受刑者と依存症者の当事者性の度合いの違いは大きいですね。内在化されたサンクチュアリとして，実際に3カ月に1回の集まりだと，依存症者の場合，難しい方もおられると思います。依存症は慢性的な病なので，常にそのアイデンティティを確認しないと元に戻ってしまう場合があります。人によっては，ダルクでしっかりと内在化できたサンクチュアリだけで回復できる人もいるかもしれません。

加藤　「不登校は終わるのか？」という問いがあります。というのも，不登校はひとつの現象に過ぎない。学校に行く／行かないということ，あるいは，社会人となって働く／働かないということ

に対して，学校や職場に行っているかどうかが問題ではなく，悪戦苦闘している状況のなかで，自分自身が問題の手綱を握って向き合っていくために，必要な人とのつながりがあるかどうかが大切だと考えています。そうなると，不登校はひとつのプロセスに過ぎない。以前と比べると学校に戻すという姿勢は緩やかになったけれど，どこかで戻すことが善とされている。教育とか学校の幅を広げて，行ったり来たりすることで問題はないのではないかと思います。しかし，社会ではこの行ったり来たりが認めてもらえない。これが，不登校で自分のサンクチュアリが獲得できない苦しみだと考えています。受刑者・依存症者・不登校児などによってサンクチュアリにはいろいろなパターンがあるものの，どこか根底でつながっている気がしていて，この問題がバラバラに語られることには違和感があります。

藤岡　根底がつながっているというのは，その通りだと思います。自分であることと，社会の一員であることとの折り合いのつけ方であり，自分の基盤となるコミュニティに所属できるか，開かれていろいろな視点が持てて，いろいろな人とつながれるかによって，個人の豊かさや安定性が決まってくると思います。そういう意味で，人とのつながり方，自分の気持ちにどう気がついて，それを開示できて，人を信頼できて，人の視点が取れて，どこでもいいので修行して基本的な力を身につけていくには，同質集団も最初は必要ですが，次にそこからつないでいく関わりが重要になってくるのだと思います。

加藤　ソーシャルワーカーとしては，それは大切な仕事だと思っています。しかし，ソーシャルワーカーのなかで，サンクチュアリという考え方はまだ共有できていない。自分の基盤となる同質な人との出逢いがあり，関係性を広げていくには，その人仕様のやり方が大事なのですが，仕掛けが圧倒的に足りない。これからつくっていくことが課題になると思うのですが，受刑者・依存症者・不登校児など縦割りの問題になるのではなく，共有して同じことを語り合う場があってもいい。しかし，まだそれがない状態です。そこから始めるしかない。

坂東　社会に参加できず「自分が自分でいられなくて，みんなと違

う」という感覚は，不登校・ひきこもり・受刑者などで似ていて，私が考えている以上に，人に評価されたり批判されることに敏感な人が多い。評価されるのではなく認められることが安全の重要な要素となる。そうしたサンクチュアリは，どの現場でも決定的に大事なのだと思います。ひきこもって社会に参加できていなかった人が，北芝で「居場所としてここにいてもいい」「就職することだけが人生じゃない」「学校に行かなくてもいい」「まずは週3で働いて親に面倒をみてもらって生きていい」といった，さまざまな価値観に触れて，少しずつ世界が広がる居場所の機能は大事ですが，そこだけで終わるのは良くない。サンクチュアリという本人にとって大切な場であったとしても，そこだけに執着しないで開かれていくバランスやプロセスが大切であることは，どの現場にも共通していると思いました。

加藤　たしかにそうですね。まずは，お互いに共有して語り合って，今回の座談会を基軸に，今後もつながり合って各々のサンクチュアリを創っていくことができればいいなと思います。みなさん，ありがとうございました。

付記

　この座談会は，NPO法人フォロが，「平成27年度大阪市ボランティア活動振興基金 大阪市におけるフリースクール・不登校当事者のための精神保健福祉および生活支援の相談ネットワーク基盤強化事業（通称 不登校さぽねっと）」にて企画し，2016年3月21日 NPO法人フォロにて収録した。収録内容は，YouTube 不登校さぽねっと「治療共同体とソーシャルワーク——矯正・精神医療・教育のサンクチュアリとコミュニティ PART①②」として配信されている。

第II部

［理論篇］
治療共同体の
理念・歴史・方法

第1章

治療共同体の理念と歴史

毛利真弓

はじめに

　理念は，物事の魂であり根幹であるにもかかわらず，往々にして忘れ去られる。一方，多くの人に広がっていく過程では，どうしても理念は二の次になり，「間違ってはいないがちょっと違う理解」や「単なる技法」になって「消費されていく」のも避けられないのかもしれない。

　そう理解しつつもやはり，理念のない実践は，「制度滑り（regime slippage）」を起こすのも事実である。「制度滑り」とは，スコットランドの刑務所で1973年に始まった治療共同体（以下，TC）の衰退を指して使われた言葉である（SPS, 1994 ; Wazniak, 1995）。この刑務所内TCは，一時大きな成功（肯定的な人間関係の増加と刑務所内の暴動・暴力の激減）を収めたにもかかわらず，理念を理解しているスタッフが減ったために実践が慣習化しはじめ，スタッフはネガティブな行動に向き合うスキルを失い，受刑者の統制が失われて20年後に閉鎖を余儀なくされた。TCの衰退や腐敗はこの例に留まらない。後述するアメリカ最初のTCであるSynanonでは，創始者自らが暴走してTCが抑圧と暴力の場と化し，崩壊へと導かれた歴史もある。

　TCはコミュニティ・組織における「パワー」の配分を絶妙かつ柔軟に変化させながらコミュニティ全体（個人とグループ）が治療的な力を発揮する仕掛けを持つ。ここでいうパワーの配分とは，権力や責任の所在という意味だけでなく，メンバー個人の持つエネルギーをどうやって，どの方向で，どのくらいの

量を発現させるかという調整（構造）をも含む。

　TCの歴史を見ていくと，それぞれの実践家たちがどのような理念の下に，どのようにパワーの使い方や見せ方を工夫しつつ（あるときは権力に反抗し），つながりをつくり，個人の成長を導き出す「場」をつくったかが窺い知れるだろう。

I　治療共同体の歴史

　TCの歴史は，研究者によっては紀元3世紀の初期キリスト教会にまで遡ることができるという記述もある（O'Brien & Henican, 1993）が，詳細は鈴木（2014），武井（2017），引土（2010），毛利（2018）をご参照いただき，本論では大きな「流れ」を追っていくこととする（図1）。

1　創始者たちの奮闘とTC確立の時代
(1) イギリスの精神科医療から生まれたTC
　1845年の精神病院法公布に伴うイギリス全土の精神科病院の改革，啓蒙思想の影響による人道的処遇を行う実践家の増加，そして環境療法・社会療法による病棟運営，問題を抱えた子どもたちの社会への統合のために集団を使う方法が発展していた時代の流れのなかで，第2次世界大戦の最中，「治療共同体」と名づけられる試みは確立されていった。

　主として名前の挙がる実践家はMaxwell JonesとTom Mainである。

　Jonesは，1938年から戦地で「努力症候群」という心身症の診断を受けた患者を診ていた。「講義の反応は殆どないのに，患者同士の話し合いや横のつながりが治療的に働いている事に気づいた」Jonesは，患者・看護師・医師を巻き込んだ「コミュニティ・ミーティング」を行い，日常生活の問題や病棟の運営などについて話し合う手法を取った（鈴木，2014）。職員と患者の立場はミーティングにおいては平等で，問題があって直面化を受ける際は職員もそれを免れない一方，患者・職員という立場に関係なく，できる限り自由に感情を表現する。そしてミーティング後にはスタッフ同士のレビューミーティングも行う。この権威的な治療関係の排除や徹底的な話し合い，そして活動の共有が，イギリスのTCがアメリカのそれと比較して「民主的TC（Democratic TC）」と呼ばれる所以である。Jonesの功績は「医師が患者を治す」という権威のパラダイ

ムを根底から転換し，環境に注意を払い，「コミュニティ」において「自由なコミュニケーション」を取ることで，兵役を終えた患者が社会に統合され，市民生活のなかでストレスに立ち向かったり回避したりできるように治療を展開したことにある（Vandevelde, 1999）。彼は著作を多く残し，TCの理論的な基礎づくりに貢献したほか，後にアメリカの学校や刑務所のTCのコンサルタントを務めるなど，アメリカのTCにも影響を与えた。

　もうひとつのTCは，陸軍病院で戦争神経症の治療を行っていたWilfred R. Bionが最初に流れを作ったものである（第1次ノースフィールド実験）。彼は，士気の保たれていない病棟において神経症を「共通の敵（common enemy）」という言葉で再定義し，ディスカッショングループやコミュニティでの活動を通じて，「戦争によって壊れている社会的な絆」を「ピアコミュニティの相互サポート」に置き換える手法を取った（Stevens, 2013）。しかしこの試みは画期的だったがゆえに，わずか6週間で終わりを告げる。軍の規律以外の病院内のルールや文化を作り出したことが，軍の上層部には「組織に反抗し転覆を試みている」と見られ，Bionが異動させられたためである。

　その後は，認定精神分析家であったSigmund FoulkesとHarold Bridgerがグループ・アナリシスを使って手法を発展させ（第2次ノースフィールド実験），1945年にディレクターとして活動を引き継いだMainが，1946年の論文で初めてこの試みを紹介し，"Therapeutic Community"という言葉を使った。Stevens（2013）は，一連の成果について，「コミュニティの治療的可能性を示し，精神科医という存在を『監督者』から『（患者のなかにいる控えめな）技術者』，『成長を促進する役割』に変えたことにある」と評している。

　JonesとMainという2人の手法は，前者はより社会力動的であるのに対して，後者はより精神力動的であるという探究方向の違い（Whiteley et al., 1972）や，前者はすべてがグループベースドであるのに対して，後者は個人分析などその他の手法も使う（Newell & Healey, 2007）といった相違点も指摘されている。とはいえ両者は，自らが持つ「精神科医という権威」を上手に脱ぎ着しながら，平等で自由な雰囲気のなかで互いの感情を表現して向き合うハード面の整備と，メンバーが安心・安全を感じられるようなソフト面に配慮してTCを運営し，変化と回復のための「場」作りに邁進した点で共通していると言えるだろう。

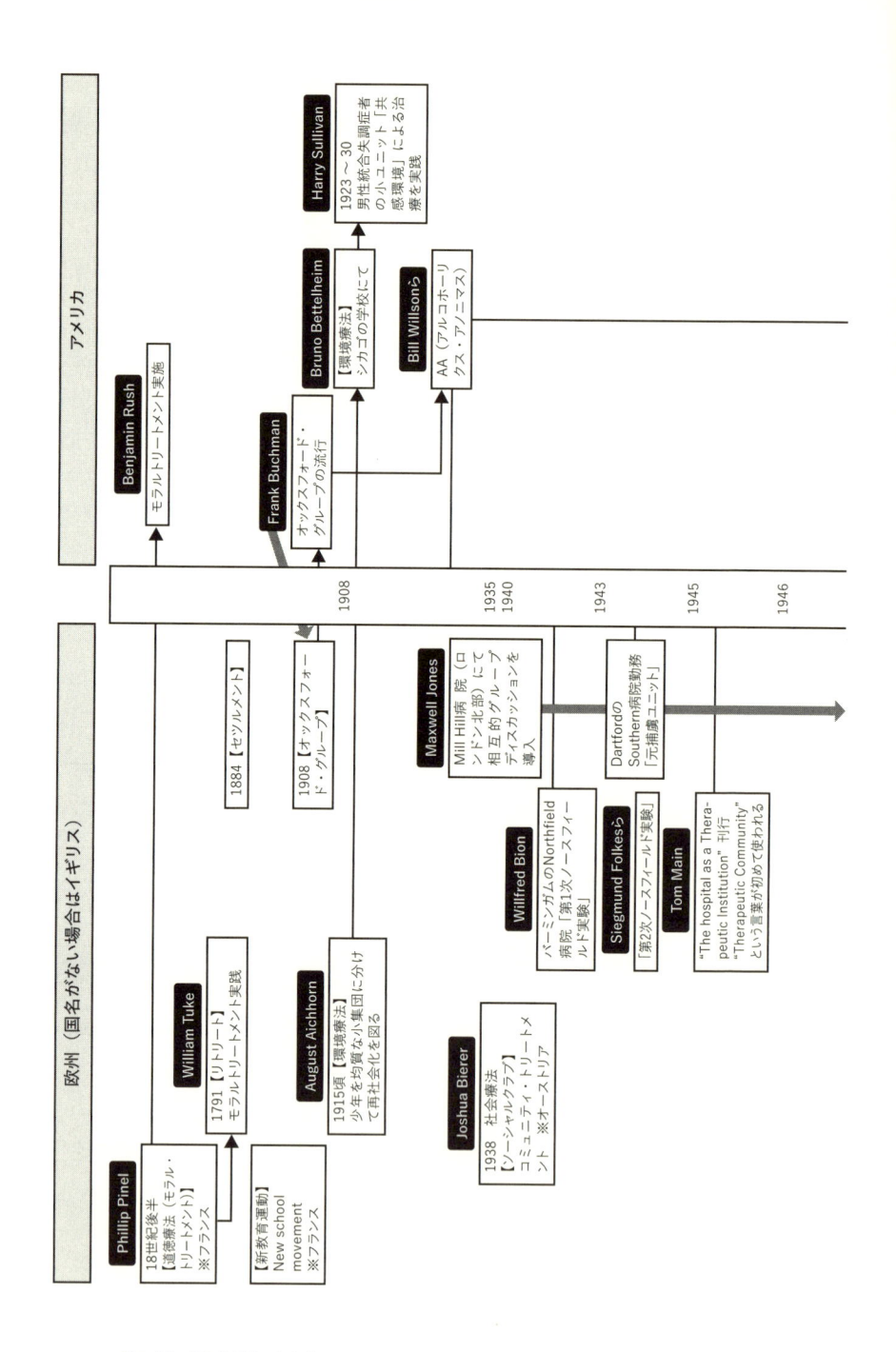

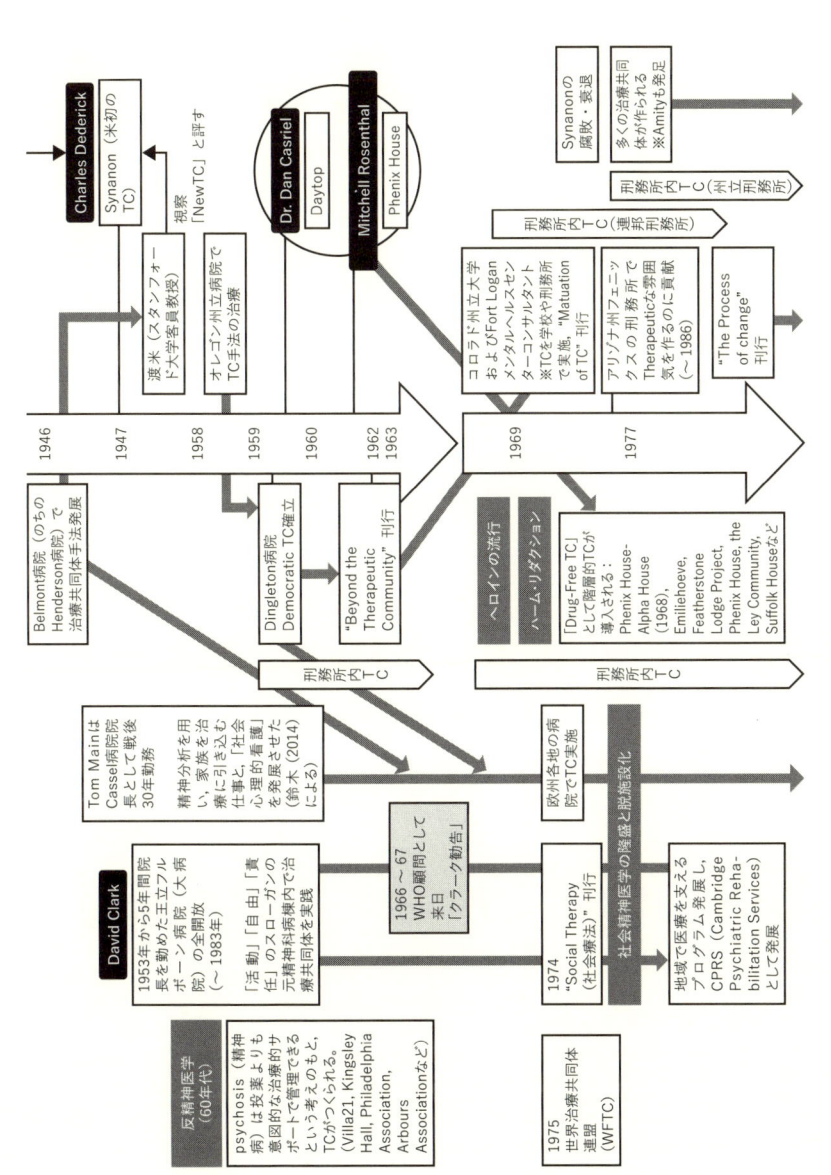

図1 治療共同体の歴史（概要）（毛利、2018）

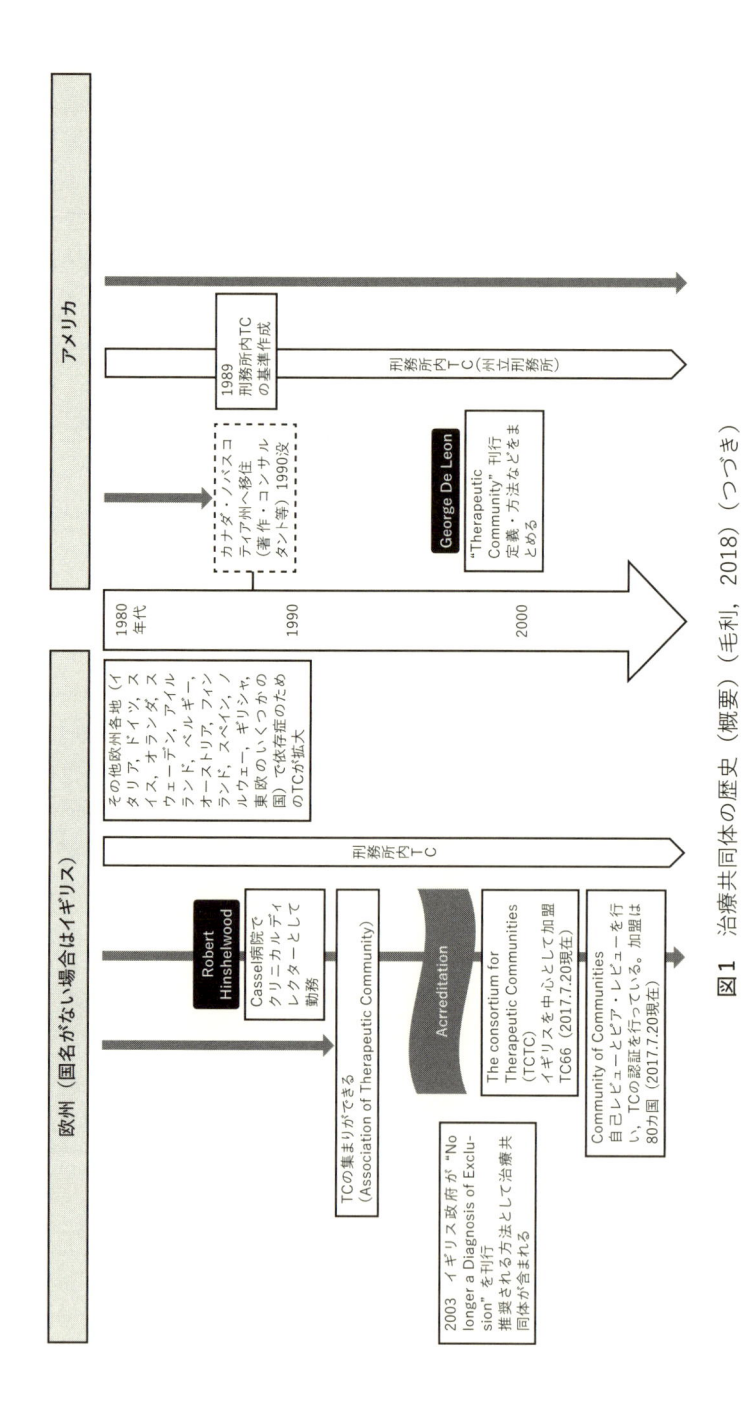

図1 治療共同体の歴史（概要）（毛利，2018）（つづき）

(2) アメリカの当事者運動から生まれたTC

　前述のイギリスのTCを「第1世代」とすると，少し後に生まれた「第2世代」と呼ばれるのがアメリカのTCである。とはいえ，TCという名前を標榜したのがイギリスより「少し後」というだけで，アメリカのTCは，それ以前から続いていた依存症当事者たちの偏見との戦いや，自らと仲間の最善の回復に向き合ってきた歴史的な産物のひとつである。

　産業革命の最中，1880年代のイギリスで始まったセツルメント運動（持てる者と持てない者の差をなくし，すべての人が当事者として協働で生活して支え合う運動）の影響を受けたFrank Buchmanが，アメリカにおいてグループでの告白や討議を盛り込みながら自らに向き合うオックスフォード・グループを設立した。そしてそのつながりのなかで断酒に成功した通称Bill. WとBob医師（本名はWilliam WillsonとDr. Robert Smith）がAA（アルコホーリクス・アノニマス）を創設したのはあまりにも有名な話である。1958年にアメリカで最初のTCをつくったCharles Dederickは，大手石油会社の幹部職と結婚生活を酒の問題で失い，当初AAに参加した。しかし彼はAAのステップが物足りず，在学中に学んだEmersonやThoreau，老子の言葉を織り交ぜながらFreudの心理学も加味して壮大な講話を繰り広げ，参加者に赤裸々な告白を迫り，互いに立ち向かうSynanonを設立する。そこにはアルコール依存症者だけではなく薬物依存を抱える人も集まるようになり，夜遅くまで泣いたり叫んだりしながら，最も立ち入った個人的な話まで仲間に披露し，ミーティングの最後は対決から相互支援の言葉に変わり，新たな力を得て参加者は家路につくという方法だった。そのうち活動はテレビや雑誌で取り上げられるようになり，1962年には上院議員がSynanonのことを「カリフォルニア海岸における奇跡であり，依存症者が初めて自分の命を救えるようになった」と評すまでになったという（O'Brien & Henican, 1993）。

　残念ながら，冒頭に述べたようにSynanonはDederickの暴走により1964年に崩壊するが，White（1998）は，Synanonが残した遺産について，①元依存症者をカウンセラーとして導入する手法の基礎をつくったこと，②アディクション治療に新しい方法を取り入れたこと，③依存症者からアディクションの文化を剥ぎ取り，成熟した回復の文化に置き換える力を持っていたこと，と評している。TCは，AAが流れを作り上げた「当事者が主体性を取り戻す」動きのう

えに，依存症からの回復だけではなく全人的な成長を目指し，既存の社会にあるヒエラルキーやコミュニケーションとは異なる「文化」と「（グループではなく）コミュニティ」をつくったと言えるだろう。

　アメリカのTCは，Synanonで回復した当事者や専門家たちが引き継ぎ，多くのプロバイダーがサービスを提供する形で発展した。なお，アメリカのTCは，コミュニティにおける仕事や役割を明確に定める（それにより責任を果たすことを重視する）部分も多く，欧州のそれと比較するときには「階層的TC（Hierarchical TC）」，「概念（基盤）TC（Concept（-based）TC）」，また精神科医療領域のTCと比較して「ドラッグフリーTC（Drug-Free TC）」などと呼ばれる。

2 拡大・衰退・混乱の時代

(1) 欧州におけるTCの拡大・衰退・再興

　精神科医療におけるTCは，創始者たちがつくった基盤をもとに，1960〜1980年代にかけて，ノーマライゼーションの影響や脱施設化，コミュニティ・ケアの概念の広がりの後押しを受けて欧州各地に広がった。後にWHO顧問として日本にもやってくることになるDavid Clarkは，1953年から王立フルボーン病院を開放し，「活動」「自由」「責任」のスローガンの下でTCを実施した。またClarkは，小さな病棟・ユニット・病院を主要な治療ツールとしてデザインし，スタッフも含めた全員の関係性や感情反応すべてを観察してそこから学ぶ方法を「厳密なTC（TC Proper）」と呼び，コミュニティやグループメソッドを排他的なものと捉えることなく患者の個性を尊重する雰囲気をつくり，日々の活動や作業，責任や個人的な関係に注意を払う手法を「TCアプローチ（TC approach）」と呼び分けるなど，実践を踏まえてTCのアプローチをわかりやすく分類した（Vanderplasschen et al., 2014；鈴木，2014）。

　精神科医療のTCが確立される傍ら，1960〜1970年代にかけての欧州ではヘロインや違法薬物が流行し，その対策としてアメリカタイプの「ドラッグフリーTC」が導入されるようになった。これは，アメリカのTCモデルに環境療法や心理療法的要素も取り入れてヨーロッパの文化に適合させたものであり，イギリス，イタリア，ドイツ，オランダ，スイス，スウェーデン，アイルランド，ベルギー，フィンランド，スペイン，ノルウェー，ギリシャ，そして冷戦終了後はポーランドやチェコなどの東欧にも広がり（Vanderplasschen et al., 2014），

薬物依存からの回復に狙いを定めたTCが欧州にもできあがった。

　しかし1990年代に入ると，経済危機による資金面の削減，ドラッグフリーTCの高いドロップアウト率への疑問，科学的根拠の不足，そして薬物をやめさせるより薬物関連の害を減らすことを念頭に置いた「ハームリダクション」政策の台頭から，TCは一時冬の時代を迎える。生存戦略として，ハームリダクションに開かれたTCの運営を試みたり，より小さいユニットで特定のニーズ（女性，子ども，重複障害，受刑者）に焦点を当てる形に修正したりするようになっていった（Vanderplasschen et al., 2014 ; Goethals et al., 2011）。

　精神医療分野においてもまた，社会精神医学の衰退とともに1980〜1990年代にかけて危機が訪れ，イギリスにおける居住型のTCは2つ，デイケアが4つにまで激減した。しかし2003年，パーソナリティ障害への適切な処遇を示す政策指針 "No Longer a Diagnosis for Exclusion" が出され，TCがパーソナリティ障害に対する処遇法として推奨されると，パーソナリティ障害を対象としたTCに補助金が出るようになり，TCモデルを使った新しいTC（週1回のミーティング形式，インターネットでの関わりを併用する非居住型など）が複数現れるようになった（Pearce & Haigh, 2017）。その後も，欧州独自の特徴（精神医療分野での広がり，専門的な訓練を受けたスタッフの充実，行動の源に焦点を当てて分析することを重視する精神力動論的な視野の強さ，家族の回復への参加など）を備えながら（Pealer, 2017），欧州のTCは再び裾野を広げた。

　Vanderplasschen et al.（2014）の調査によれば，2011年にEMCDDA（European Monitoring Centre for Drug and Drug Addiction：EU加盟国その他欧州の国の薬物依存に関するネットワーク）に登録されている欧州のTCは1,160件である。

(2) アメリカにおけるTCの拡大・混乱・融合

　アメリカではSynanonの腐敗後，さまざまなTCが始まった。Dr. Dan Casriel と Monsignor William B. O'Brien は，Synanon と袂を分かつ形で1963年に当事者を施設長として採用し，"DAYTOP Village" を始めた。Dr. Mitchell S. Rosenthal も，1967年には "Phenix House" を設立した。

　Synanon解体後も，そこで回復した当事者たちがTCを立ち上げている。代表的なものは，サンフランシスコのDelancy Street，カナダのPortage，ハワイの

Habilitat，Odyssey House，Samaritan Village，ロードアイランドのMarathon House，DAYTOPで回復した元依存症者たちがつくったGaudenzia House，シカゴのGatewey House，フロリダのConcept House，デトロイトのSHAR，サンフランシスコのWalden House，アリゾナのAmity Foundationなど多数ある。1975年にはSynanon型の入所型プログラムはアメリカ国内で500以上になっていた（White, 1998）。これらのTCは既述のように薬物依存問題の拡大によって欧州にも広がっていったが，同時に，オーストラリアやニュージーランド，フィリピン，タイ，韓国，南アメリカにも展開されていった（Perfas, 2014）。

　欧州のドラッグフリーTCが科学的根拠の不足により衰退を見せる一方，アメリカでは薬物の再使用率や再逮捕率で統計的に有意な低下を示せたTCもあり，さまざまな形で広がっていった。形態は居住型・非居住型を問わず，対象もHIV陽性者，妊娠／産後の女性薬物依存症者，精神疾患と薬物依存の重複障害，犯罪者，ホームレス，身体障害，学習障害，退役軍人，DV被害女性，子どもなどさまざまであり，専門家と当事者の割合もプロバイダーごとに異なっていた。

(3) 収束・基準・認証の時代

　欧州でもアメリカでも多くのTCが出現する時代に入ると，「そもそもTCとは何か？」という疑問が生じ，1990年半ばからは，TCの定義や基準に関する著作や論文が発表されはじめ，また「民主的TCとドラッグフリーTCの共通点と相違点」を挙げる研究がさかんになりはじめた。さらに，さまざまな対象に拡散する前のTCを「伝統的TC（Traditional TC）」および「修正TC（Modified TC）」と呼び分けて，その違いが検討されるようにもなっている（Kennard, 1994；Broekaert et al., 2000；Community of Communities, 2015；Pealer, 2017）。

(a) 共通点・相違点についての研究

　民主的TCとドラッグフリーTCの共通点・相違点については多くの研究がなされているが，英国王立精神医学会内にあるCommunity of Communities (2015) の要約によれば，民主的TCとドラッグフリーTCの共通点は，以下の項目が重視されていることにある。

①セルフヘルプ（もしくは社会的学習）が回復の主要な要素である

②変化を達成し維持するためにグループの力を使う

③変化が起きるような治療的環境（あるときは困難でストレスフル，あるときは安全で安心な環境）をつくる

一方，細かく見れば違いはあるが，現在は両者ともに次のような点で収束しつつあるという指摘もある（Goethals et al., 2011 ; Haigh & Lees, 2008）。

①プログラムの構造化

②専門家と当事者の比率

③De Leon（1997）が重視する「方法としてのコミュニティ（個人が抱える薬物依存や社会的心理的問題を扱うために方法としてコミュニティを利用すること）」を支持していること

④グループや仲間を主要な治療手段にすること

伝統的TCと修正TCの相違点については，欧州の一部の修正TCには，「TC指向（TC Oriented／TCの要素を入れてはいるが，治療的要素としての「方法としてのコミュニティ」を主要要素として扱っていない）」といったほうがよいものもあるが，研究対象になったTCは，平均以上にはTCの要素を満たしており（Goethals et al., 2011 ; Dye et al., 2009），TCの核となる技術に重大な影響を与えることなく修正が可能であることが一定の見解となっている。

(b) 基準の設定と理論的総括

拡散するTCの手法への対策のひとつとして，基準（Service Standard）の作成や認証制度の整備が進められた。最も有名な質問紙がSEEQ（Servey of Essential Element of Questionnaire）（De Leon & Melnick, 1993）で，TCの主要な要素に関して139の質問に6件法で答えるようになっている（詳細は第I部第1章参照）。また，団体ごとに基準やマニュアル作成を進めているケースもある。たとえばスペインの「プロジェクト・オンブレ」では，マニュアルとガイドラインを独自に作成しており，ポーランドやチェコでは，国の薬物乱用対策機関によって質の維持のための基準が設けられている。イギリスにおいても，前述

のCommunity of Communitiesが認証を行っており，認証のための基準は現在第9版まで改訂されている（Community of Communities, 2015）。認証までには至らないが，世界治療共同体連盟（World Federation of Therapeutic Communities：WFTC）は，WFTCメンバーに求める9つの基準を発表している（World Federation of Therapeutic Communities, 2012）。

Vanderplasschen et al.（2014）は概念の拡散を懸念し，質の維持のためには，WFTCの基準や目標，すべてのメンバーの権利や安全性，成長と発展を促進し，説明責任を果たす最適な環境をつくることを強調している。さらに，TCアプローチに特有の手法，特に「方法としてのコミュニティ（community as method)」に言及していることや，言葉の定義が明確であること，また処遇効果のメタ・アナリシスに際してもTCのフィデリティ（忠実性）が確保されているかアセスメントする必要があることなどを，今後取り組むべき課題としている。

TCに統一理論はないが，De Leon（2000）は主としてアメリカで実践されているTCを視野に入れたうえでTCの理論・方法をまとめ，Vanderplasschen et al.（2014）は欧州における依存症を扱うTCの歴史や実践・処遇効果評価を，Pearce & Haigh（2017）は民主的TCの理論と実践を示している。

③ 世界のTCの今

TCはその後，世界中に広がった。1975年にWFTCができ，現在は以下の6つの地域連盟の下で世界のTCが実施されている（World Federation of Therapeutic Communities, 2012）。

- TCA：Therapeutic Communities of America
  カナダ，アメリカ合衆国，アメリカ領ヴァージン諸島の3カ国
- FLACT：Latin-American Federation of Therapeutic Communities
  アルゼンチン，ボリビア，ブラジル，コスタリカ，チリ，コロンビアなど19カ国。
- EFTC：European Federation of Therapeutic Communities
  イギリス，ベルギー，デンマーク，フィンランド，フランス，ドイツなど16カ国

- FTCCEE : Federation of TCs of Central & Eastern Europe
  ブルガリア，チェコ共和国，ハンガリー，エストニア，ラトヴィアなど12カ国
- AFTC : Asian Federation of Therapeutic Communities
  中国，香港，インド，インドネシア，韓国，マレーシア，ネパールなど13カ国
- ATCA : Australian Therapeutic Communities Association
  オーストラリア，ニューギニア，ニュージーランドの3カ国

　これらはWFTCに有償で登録しているTCがある国のリストであり，日本をはじめとして，さらに多くの国でTCが実践されていると予想される。

　また，イギリス一国だけを見ても，所属しているEFTCだけでなく，民主的TCとドラッグフリーTCの両方が所属しているThe Consortium for Therapeutic Communities（TCTC），精神分析に焦点を当てた民主的TCに関心がある組織や個人が集まるInternational Network of Democratic Therapeutic Communities（INDTC）があるほか，TCの認証制度や基準を作成している英国王立精神医学会内のCommunity of Communitiesなど多くの組織があり，実践とそのブラッシュアップを行っている。

II ｜ 治療共同体の効果評価

　TCの効果評価に関する研究は，1970年代から数多く実施されている。しかしながらTCの効果評価研究については，民主的TCと概念（基盤）TCの参加者の質の差，RCTを用いた研究の少なさ，RCTを実施しているもののランダム化の過程で人数の減少やドロップアウトがあること（Lees et al., 2004 ; Smith et al., 2006 ; De Leon, 2010）など，いくつかの限界が指摘されてきた。そうした課題を受け，多くの研究者がよりよい効果評価研究に努めている。

　TCの効果評価に関する複数の論文をレビューしてわかりやすくまとめているのが，Vanderplassechen et al.（2014）である。彼らは2011年までに英語で書かれたTCの効果評価に関する論文について，複数のデータベースでヒットした論文997本を複数のレビューアーによって精査し，対照研究28本（対照研究で

はないものや以前に出版されたデータの再検討ならびに処遇中の論文は除外）と，観察研究21本（処遇中や以前に出版されたデータの再検討は除外）について分析している。その結果として，サンプルサイズが少ない研究が多いことや，成績や自然治療でなく処遇の直接的効果として変化したかどうか判別できないなどの限界があるという前提を示しつつ，次のようにまとめている。

①半分以上の研究において，TCの介入は薬物使用と犯罪行為の低下に有効である

②いくつかの研究において，刑務所のTCは標準のTCよりも優れた成果を挙げている

③クライエントの機能（TCの効果）が5年間維持されたとする研究はあるが，一般的に影響は時間とともに減る

④TCの治療は通常6～12カ月かかるが，治療期間が長くなるとドロップアウトしやすいため，さまざまな工夫が必要になる

このほかにも，TCの研究と実践に長年携わっているDe Leon（2010）は，北米における多様なプログラムフィールドの効果研究や，単一のプログラムについての対照実験，メタ・アナリシス，費用対効果研究などをまとめ，「（方法の限界はあり，まだこれから発展させるべきではあるが）TCには効果があり，エビデンスベースドであると言える」と結論づけている。

III ｜ 日本での実践と今後の展望

2018年9月24日現在，CiNiiにおいて「治療共同体」というキーワードで検索すると，ヒットする論文は102本ある。これらをもとに，論文発表年と比較しながら，日本でのTCの実践について見ていく。

最初にTCを日本で実践したのは精神科医療領域である。1966年，アメリカから帰国した中久喜雅文が東京大学病院精神科病棟の医長となり，TC的な集団療法を開始した。そこに研修医として勤務していた鈴木純一が渡英し，Maxwell Jones, David Clarkとともに働き，日本に民主的TCの考えをもたらした。1969年には高橋哲郎が式場病院で，その後も村田穣也が西城病院で，三船通雄が三

船病院で，TCを実践していった。同時期に，留学から戻った鈴木純一が海上寮療養所で独自のTCの実践も始めている（武井，2017）。CiNiiで最も古い論文としてヒットするのは，1971年の『精神医学』第15巻第10号に相場均が執筆した「私がFulbourn病院で体験した治療共同体」であり，その後は病院内での実践やそれに対する課題を述べた論文の発表が続く。最近では，現在でもTCを標榜して実践している唯一の精神科病院（のぞえ総合診療病院）を除いて，医療分野におけるTCの実践報告の論文は見られない。とはいえ現在も，本書でも執筆している古賀恵里子氏を中心として，大阪では「治療共同体を考える会」が研究と実践を重ねているほか，同会ではTCとグループ・リレーションズ・カンファレンスの設定を混合させた体験型ワークショップ“Learning from Action Working Conference（LfA）”を活発に開催している（日本集団精神療法学会ホームページ参照）。全般的に精神科領域では，主として欧州型のTCアプローチが取り入れられている。

　1990年代後半に入ると，薬物依存症者の回復の一環としてTCが注目されはじめる。主として，アメリカのアミティと，スペインのProyecto Hombre（プロジェクト・オンブレ）が日本では有名である。研究者の間で同時期からTCに注目が集まっていたところに，テレビディレクターであり後に独立して映画監督となった坂上香が，1998年のNHK番組「隠された過去への叫び──米・犯罪者更生施設からの報告」や，映画「ライファーズ──終身刑を超えて」でアミティの取り組みを紹介し，関係者に大きなインパクトを与えた（坂上，1999，2000）。また，薬物依存症者家族連合会は，ファイザープログラム2008年度新規助成「薬物使用者を抱える家族への介入・援助プログラムに関する治療共同体研究」の資金でスペインのProyecto Hombreを訪れ，「スペインの治療共同体──プロジェクト・オンブレ研修報告」を発表している（薬物依存症者家族連合会，2009）。2007年には，東海大学の宮永耕准教授により「治療共同体を考える会」が立ち上げられ，日本で始まった薬物依存からの回復施設であるダルク（Drug Addiction Rehabilitation Center : DARC）メンバーなども参加して，日本でTCを立ち上げるための研究会が開催された。ホームページでは2012年以降，会としての活動内容は更新されていないが，その後も研究や実践への動きは続いており，特にダルクについては，緩やかにまとまりながらも各地域が独自に手法を模索できる構造を生かして，いくつかの地方のダルクでは「TC」

を標榜して実践を行っている。依存症領域においては，本書で執筆している引土絵未氏によって関東で「治療共同体研究会」が運営されており，「依存性者のためのエンパワメント・プログラム」を作成しているほか，実践についても報告がなされている（引土ほか，2018）。また，「プロジェクト・オンブレ設立準備委員会」はホームページをもっており，ワークショップの企画や相談業務も実施している。依存症領域では，当然ではあるがアメリカタイプのTCか，欧州に渡ったドラッグフリーTCが導入されていることがほとんどである。

　次に，司法精神領域での実践を見てみよう。2005年，「心神喪失等の状態で重大な互い行為を行った者の医療及び観察等に関する法律（医療観察法）」が施行され，心神喪失または心神耗弱の状態で重大な他害行為（殺人，放火，強盗，強制性交等，強制わいせつ，傷害）を犯した場合，審判の結果，医療観察法の決定を受けた人が入院する指定医療入院機関（通称医療観察法病棟，司法精神病棟）が設立された。ここでは，イギリスの民主的TCに倣ったTCアプローチによる医療が行われている（村上，2008；照屋，2008）。

　では司法領域，主として刑務所内でのTCはどうだろうか。CiNiiで遡れる最も古いTCの論文は，1975年という早い時期に現早稲田大学の石川正興教授（刑事法）が執筆した「受刑者処遇制度における治療共同体」であり，それ以降，2008年に三宅孝之がイギリスにおける刑事施設でのTCの試みを報告した論文しか見られない（三宅，2008）。実践の報告は，筆者たちが2009年2月から始めた島根あさひ社会復帰促進センターにおける試みのみであり，刑務所内でのTC実践は始まったばかりであると言える。ちなみに筆者たちは，アメリカのアミティのテキストを導入し，専門家が実施するという形式を取った。いわば，イギリスの民主的TCとアメリカの階層的TCの混合タイプによる実施である。

　以上，日本におけるTCは，それぞれ着想源の方式をそのまま取り入れているが，特に精神科領域と依存症領域のTCは，同じTCを標榜しながらも目立った交流はなく，概念も統一されないまま実践が進んでいる。それゆえに，時に集団で話し合いをして治療的な雰囲気になればそれを「TC」と呼ぶような傾向も出てきたように筆者は感じている。イギリスが民主的TCとドラッグフリーTCを分け隔てなく統合して，それぞれを尊重したうえで基準を設け，TCの定義と質を維持しているように，日本も今後，概念を整理し，TCのアプローチの有効性を示していく必要がある。そしてそれは，多くの人が理念を失わない実

践の下で回復することを保証してくれるだろう。

おわりに

　一精神科医や一当事者から始まったTCは，当初の理念を保ちつつも，政治的・時代的な流れに応じて修正され，また世の中の求めに応じて科学的根拠も示しつつ，現在まで続いている。そして，今後もより発展していくことが見込まれる。

　良いものは，どこで使っても誰に使っても良い。すべての人は，成長し，学ぶために，自らがいかなる人間なのかを考え，どうなりたいかを模索する社会／共同体と，それを支えてくれる関係を必要とする。何らかの理由でその過程につまずき失敗した人なら，なおさらである。TCの実践は膨大で，端的にまとめられる理念は明示できないが，「専門家が人を救ったり治療したりするのではなく，回復や成長，そして変化は，立場を超えた『人と人との誠実な出会い』の場で起きる」ということが，TCの真髄と言えるのではないだろうか。

文献

Broekaert, E., Vanderplasschen, W., Temmerman, I., Ottenberg, D.J., & Kaplan, C. (2000) Retrospective study of similarities and relations between American drug-free and European therapeutic communities for children and adults. Journal of Psychoactive Drugs 32 ; 407-417.

Community of Communities (2015) Service Standards for Therapeutic Communities. 9th Edition. Royal College of Psychiatrists. (https://www.rcpsych.ac.uk/pdf/Service%20Standards%20for%20Therapeutic%20Communities%209th%20Ed%20FINAL%20-%20For%20%20Website%20-%20Copy.pdf [2018年9月30日取得])

De Leon, G. (1997) Community as Method Therapeutic Communities for Special Populations and Special Settings. Santa Barbara, CA : Greenwood Publishing.

De Leon, G. (2000) The Therapeutic Community : Theory, Model, and Method. New York : Springer.

De Leon, G. (2010) Is the therapeutic community an evidence-based treatment? : What the evidence says. Therapeutic Communities 31-2 ; 104-128.

De Leon, G., & Melnick, G. (1993) Therapeutic Community Survey of Essential Elements Questionnaire (SEEQ). New York : Community Studies Institute. (質問紙掲載：http://www.ndri.org/manuals-and-instruments.html, https://www.rcpsych.ac.uk/pdf/Service%20Standards%20for%20Therapeutic%20Communities%209th%20Ed%20FINAL%20-%20

For%20%20Website.pdf［2018年9月30日取得］）

Dye, M.H., Ducharme. L.J., Johnson, A.J., Knudsen, H.K., & Roman, P.M.(2009) Modified therapeutic communities and adherence to traditional elements. Journal of Psychoactive Drugs 41-3 ; 275-283.

Goethals, I., Soyez, V., Melnick, G., De Leon, G., & Broekaert, E.(2011) Essentials elements of treatment : A comparative study between European and American therapeutic communities for addiction. Substance Use and Misuse 46 ; 1023-1031.

Haigh, R., & Lees, J.(2008) Fusion TC's : Divergent histories, converging challenges. Therapeutic Communities 29 ; 347-374

引土絵未(2010) アディクション回復支援における治療共同体モデルの構築――米国治療共同体Amityモデルを中心に. 同志社大学大学院社会学研究科社会福祉学専攻博士論文.

引土絵未・岡崎重人・加藤 隆・山本 大・山崎明義・松本俊彦(2018) 治療共同体エンカウンター・グループの効果とその要因について. 日本アルコール・薬物医学会雑誌 53-2 ; 83-94.

Kennard, D.(1994) The future revisited : New frontiers for therapeutic communities. Therapeutic Communities 15 ; 97-102.

Lees, J., Manning, N., & Rawlings, B.(2004) A culture of enquiry : Reserch evidence and the therapeutic community. Psychiatric Quarterly 73-3 ; 279-294. doi:10.1023/B:PSAQ.0000031797.74295.f8

三宅孝之(2008) イギリスにおけるPFI刑事施設と受刑者の社会復帰――ダヴゲート刑事施設(治療共同体) 監察リポートにふれて. 島大法学 52-1 ; 1-25.

毛利真弓(2018) 日本の刑務所における治療共同体の可能性――犯罪からの回復を支える「共同体」と「関係性」の構築に関する現状と課題. 大阪大学大学院人間科学研究科博士論文.

村上 優(2008) 司法精神医療の理論と方法. In：日本精神科看護技術協会＝監修：実践精神科看護テキスト17巻 司法精神看護. 精神看護出版, pp.32-46.

Newell, T., & Healey, B.(2007) The historical development of the UK democratic therapeutic community. In : M. Parker (Ed.) Dynamic Security The Democratic Therapeutic Community in Prison. London : Jessica Kingsley Publishers.

O'Brien, W.B.(Monsignor), & Henican, E.(1993) You Can't Do it Alone : The Day Top Way to Make Your Child Drug Free. New York : Simon & Schuster. (吉田暁子＝訳(2008) 薬物依存からの脱出――治療共同体デイトップは挑戦する. 日本評論社)

Pealer, J.A.(2017) Correctional Rehabilitation and Therapeutic Communities : Reducing Recidivism through Behavior Change. London : Routledge.

Pearce, S., & Haigh, R.(2017) The Theory and Practice of Democratic Therapeutic Community Treatment. London : Jessica Kingsley Publishers.

Perfas, F.B.(2014) Therapeutic Community. New York : Hexagram Publishing.

坂上 香(1999) 刑罰と癒し「隠された過去への叫び」を聴く. 法学セミナー 44-4 ; 68-72.

坂上 香(2000) 「加害者」の「被害者」性を受け止める試み――治療共同体アミティのアプローチから. アディクションと家族 17-3 ; 271-279.

Smith, L.A., Gates, S., & Foxcroft, D.(2006) Therapeutic communities for substance related disorder. Cochrane Detabase od Systematic Reviews 1. doi:10.1002/14651858.CD005338.

pub2.

SPS (1994) Small Units in the Scottish Prison Service : A Report of the Working Party on Barlinnie Special Unit. Edinburgh : Scottish Prison Service.

Stevens, A. (2013) Offender Rehabilitaion and Therapeutic Communities Enabling Change the TC Way. London : Routledge.

鈴木純一 (2014) 集団精神療法――理論と実際. 金剛出版.

武井麻子 (2017) 集団精神療法の歴史と広がり. In：日本集団精神療法学会編集委員会＝監修：集団精神療法の実践事例30――グループ臨床の様々な展開. 創元社, pp.4-24.

照屋初枝 (2008) 対象者の自主性を支える治療共同体的アプローチ――指定入院医療機関の取り組みから. 精神科看護 35-4；24-28.

Vanderplasschen, W., Vandevelde, S., & Broekaert, E. (2014) Therapeutic communities for treating addictions in Europe : Evidence, current practices, and future challenges. (http://www.emcdda.europa.eu/system/files/publications/779/TDXD14015ENN_final_467020.pdf [2018年9月30日取得])

Vandevelde, S. (1999) Maxwell Jones and His Work in the Therapeutic Community. Ghent, Belgium : Ghent University. (http://www.dldocs.stir.ac.uk/documents/vandevelde1999.pdf [2018年9月30日取得])

Wazniak, E. (1995) The future of small units in the Scotish prison service. Prison Service Journal 101；14-18.

White, W. (1998) Slaying the Dragon : The History of Addiction treatment and Recovery in America. Bloomington : Chestnut Health System Publication. (NPO法人ジャパンマック＝訳 (2007) 米国アディクション列伝――アメリカにおけるアディクション治療と回復の歴史. NPO法人ジャパンマック)

Whiteley, J.S., Briggs, D., & Turner, M. (1972) Dealing with Deviants. London : The Hogarth Press.

World Federation of Therapeutic Communities (2012) WFTC-standards and goals for the therapeutic communities. (http://wftc.org/wps/78-2/ [2019年6月22日取得])

薬物依存症者家族連合会 (2009) スペインの治療共同体――プロジェクト・オンブレ研修報告. 薬物依存症者家族連合会.

第**2**章

治療共同体の方法

藤岡淳子

I 治療共同体と相性のよい方法

　対人援助職は，一対一の面接での心得やスキルは有用なことをたくさん学ぶが，そうした有用な心得やスキルを，他の人同士がもてるようになるために活用するということは少ないように思う。治療共同体の共同体をつくるための心得とスキルは，その意味で，実はきわめて重要な意味をもつ。加えて，治療共同体は，「入れ物」であるので，そのなかではさまざまな方法が使われる。治療共同体と相性のよい方法としては，以下のようなものが挙げられる。

① グループ・アプローチ

　グループ・アプローチは，治療共同体ときわめて親和性が高い。心理力動的オリエンテーションをもつグループ・アプローチは，関係性の力動を読むところに醍醐味があるが，技に溺れると，共同体をつくり維持するという意味では邪魔になる危険性もある。またスタッフが，デモンストレーターとしてではなく，専門家として共同体の外にいる傾向が強くなり，それは治療共同体の肝を損なう。

　心理教育的グループを実践するには，治療共同体のつながりをつくるノウハウがきわめて役に立つ。治療共同体を方法としてもつだけで，心理教育グループを実施するスキルが飛躍的に向上するように思う。

　12ステップを使う自助グループのミーティングは，治療共同体のミーティン

グに最も近い。ただし，12ステップグループは，基本的に「言い放し，聞き放し」である。そのメリットもあるので，「言い放し，聞き放し」を使うこともあるが，双方向のやりとりのほうが，うまく使いこなせれば，葛藤を乗り越えるなど，関係を発展させることが可能であるように感じる。

② リフレクティングとナラティブ・アプローチ

リフレクティングは，ノルウェーの家族療法家Tom Andersenによって始められた，「対話についての対話」を重ねていく方法である。ワンウェイ・ミラー越しに専門家チームが家族を観察し介入するという従来の手法を逆転させて，家族が専門家チームの対話を観察しながら対話することから始まっている（Andersen, 1991）。その結果，専門家と家族にフラットな関係が成立する。しかも外からの視点を取り入れつつ，自らの考えを広げ，深めていく仕掛けとなっている。リフレクティングは，葛藤関係が激しくて会話を交通整理する必要がある場合，メンバーが話すことになれていない場合などに有効であると考えられる。一方，サークル（後述）ができている場合には，進行役が交通整理をするよりは，サークルの力に任せたほうが，実りがより大きいと感じる。

③ トラウマインフォームド・ケア

第Ⅲ部第1章「トラウマからの回復に治療共同体を生かす」に詳しいが，トラウマインフォームド・ケアにおけるセルフ・キャパシティおよびRICH（Respect：尊敬，Information：情報，Connection：つながり，Hope：希望）といった関係の概念は，治療共同体の目指すところとの共通点が多い。

Ⅱ 治療共同体の方法

対人援助職としての基本的な知識やスキルは他に譲るとして，ここでは，治療的「共同体」をいかにしてつくるかを考えるうえで眼目となる方法について論じる。

① 10代後半の性問題行動を行った男子少年たちのサークルから

「もふもふネット」では，月1回3時間，1年間12回を1クールとする性問題行動を行った少年たちの治療教育を実施している。前半の半年間では，反社会的行動を支える認知，サイクルと介入プラン作成，そしてグッドライフプラン作成という認知行動療法を基盤とした教育を行っている。そして後半の半年間では治療共同体を基盤とする教育として，つながりをつくる，感情の筋肉を鍛える，家族関係を含め自身の生き方を振り返る，傷つけたこと・傷つけられたことを振り返る，といった単元を実施する。あるグループは，前半の半年間を経て，サイクルと介入プランを作成し，自身のことを振り返って話すことができるようになっていた。ただ，なにか違和感というか，グループが充分に運営できていないという感覚が残ったまま，後半の治療共同体カリキュラムに入っていった［註1］。

治療共同体カリキュラムではまず，表1の「目の見えない人と象」という詩を皆で一段落ずつ読み上げ，次いで一人一部分ずつ，詩の順序に沿って胴体，牙，鼻，脚，耳，しっぽと加えていって，ホワイトボードに皆で1頭の象を描き上げた。最初に描いた象は図1のようなものになった。これを見て筆者は思わず馬鹿笑いをしてしまった（メンバーの皆さん，ごめんなさい）。なんだかこのグループそのものに思えたからである。

次いで「サークル」について説明し，以下の質問に順番に答えてもらった。

- あなたには，あるものの見方を人と共有して，彼らがどのように反応するかによって，自分の置かれた状況がよりはっきりした経験はありますか？
- あなたはこれまでに，自分のことを人に説明しようとして，彼らがあなたのものの見方をまったく聞こうとしなかった状況になったことがありますか？
- あなたと周りの人みんなが，状況についてまったく違った理解をしたという意味で，あなたの人生の「象」は何ですか？　3つ挙げてください。

［註1］Amityのカリキュラムおよび理念についてはThreshold to change © Extensions 2008による。

表1　目の見えない人と象

ジョン・ゴッドフェリー・サックス

6人のインド人がいました。
もっと学びたいと思い，（みな目が見えなかったのですが）象を見に行き，
それぞれが観察することで象のことがわかるかもしれないと思いました。

1人目が象に近づき，たまたま広くて頑丈な横腹に寄りかかり，叫んだ。
「なんと！　象とは壁らしい！」

2人目は，牙を触りながら叫んだ。
「おお，これは何だ？　丸くて，滑らかで，鋭い。そうか！　象は槍のようだ！」

3人目が近づき，たまたま鼻に触り，言った。
「わかった！　象は蛇のようだ」

4人目は，一生懸命手を伸ばし，脚に触れた。
「わかった。象は木のようだ！」

5人目は，たまたま耳に触り言った。
「こんなの誰でもわかる。象は，扇のようだ！」

6人目は，揺れる尻尾をつかみ言った。
「象は紐だよ」

こうしてインド人たちは，それぞれが自分の意見こそが正しいと，
大声で何時間も言い争いつづけた。
部分的にはみんな合っていても，全体としてはみんな間違っていたのですが。

　「サークルは『象』全体を見ることを可能にしてくれる方法」と伝えたうえ
で，再度，皆で描いた象が図2である。前よりもずっと象に見えるし，サイズ
も大きくなった！　ゾウリムシがゾウになったと感じた。
　性問題行動を行う少年たちは，人とつながるのが難しいことが多い。半年間
一緒にやってきたけれど，絵はゾウリムシにしかならなかった。それが，サー

図1　皆で描いた1回目の象

図2　皆で描いた2回目の象

クルについて学んだだけで，ゾウになる。体験し目に見える形にしていく治療共同体という方法の頼もしさを，改めて実感した。

② サークルとトライアングル

　治療共同体は，「サークル」と「トライアングル」によって成立する。アメリカ系の治療共同体は，その創始者とされる Charles Dederick が AA（アルコホーリクス・アノニマス）で回復したアルコール依存症者であり，筆者が当初予期

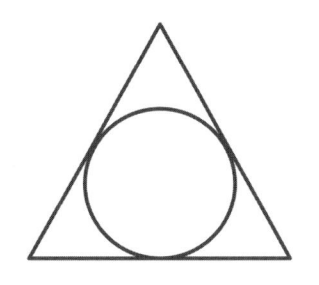

図3　サークルとトライアングル

した以上に AA の影響がある。なかでも鍵となるのは，AA のマークにも示されている「サークル」と「トライアングル」（図3）である。

　「サークル」は，治療共同体の基本である。対等で一人ひとりの存在自体（Being）が尊重される，互いに顔の見える関係である。そして，そのサークルは，役割を果たすことや責任を求められる「働き（仕事）」の分担（Doing）による「トライアングル」によって支えられる。両者は不即不離の関係にあり，どちらを欠いても，充実した人生，回復を支える安心な共同体とはなりがたい。AA では「トライアングルはサークルを支え，サークルはトライアングルを進める」と言われる。

　いかなる共同体においても，人間社会の営みとして，家族や仲間といったサークルがある。その共同体は，トライアングルとしてのメンバー一人ひとりの働きによって支えられ，共にサークルを支えることが，さらにメンバーの居場所と絆をつくり，サークルを進めていくのであろう。以下では便宜上，サークルとトライアングルに分けて話を進めるが，両者は2つで1つであり，共通基盤のうえに成立することを念頭に置かれたい。

　なお，当事者であろうと非当事者であろうと，治療共同体をつくり維持しようとする立場にある場合，ここでは対人援助職とみなし，スタッフと総称する。サークルとトライアングル，ひいては治療共同体をつくり運営するために，スタッフは何を心がけ，どのように働けばよいのだろうか。

③ サークルのつくり方

(1) ファーストサークルをつくる

　刑務所内の治療共同体を日本につくろうとしてアミティを訪れた際，最初に受けた助言のひとつが，「治療共同体をつくろうと思ったら，まずスタッフのファーストサークルをつくれ」というものだった。理念や価値，志を共有し，腹を割って話せる仲間との最初（第一）のサークル，つながりである。

　ファーストサークルの「仲間」たちと一緒に渡米して，アミティをはじめとするいくつかの治療共同体で研修を受け，メンバーとしてのサークル体験をして，取り入れる予定としたアミティのワークブックを一緒に翻訳してその内容を学び，そのワークブックを用いて自分たちがサークルを体験するところから始めた。自身の感情や思考に気づき，自己覚知を深め，広げ，そして他のそれにも耳を傾けて協働作業をしていく体験は，対人援助専門職としても不可欠の体験であると思う。教育分析を受ける以上にサークル体験をしたほうが，多様な視点の獲得と自立が保障されるように感じる。一人で誰かを助けるというより，多くの関係性をつないでいって，そのなかで本人が自身で立っていくことを支援するという構えが不可欠である。少なくとも児童期・思春期以降の社会における個人の課題に取り組むには，さまざまな人々との関わりのなかで生きるという体験が貴重になる。

　サークルの絆を強めるために「絆のワーク－アファメーション」というワークがある。これはファーストサークルをつくるときにも有効であると感じ，何度も行った。サークルになって座り，1人がテープを持ってサークル内の誰かの前に行き，その人を是認する言葉（アファメーション）を述べて，テープを渡す。これを繰り返すと，テープがサークル内に縦横に行き交ってネットワークがつくられている様が目に見える。そしてその絆のネットワークの上に多少の重荷を載せても切れないし，一時的に誰かが手を放しても，また誰かがテープを持っていって，絆をつなぎなおせばよいということを実感する。

　ここで大切なのは，「アファメーション」である。他のメンバーの存在や働きを認め，自身のそれを認められることを言葉にして伝えあって，共同体のネットワークが紡がれていくことを実感する。治療共同体と銘打っていなくとも，たとえば「児童相談所で性問題行動のある子どもと親のグループをチームで実施する」とか，「もふもふネットで加害者と被害者とその家族を支援する」と

か，何か新しいことを始めたときに，このファーストサークルをつくれたかどうかが成否を分けたという気が筆者はしている。ファーストサークルがあれば，困難に遭遇したときも皆の力で乗り越えられる気がする。これは治療共同体そのものであり，「みんなは一人のために，一人はみんなのために」を体験する機会となる。共同体のサークルは，このようなスタッフのファーストサークルの相似形になると言われている。

(2) サークルを開始する

　治療共同体では，毎日たくさんのサークルが行われる。治療共同体における回復と生活の要である。サークルは，「上もなければ下もない。始まりもなければ終わりもない」と言われる。同じ椅子に輪になって座り，視界を妨げる大きな机や障害物は置かず（膝より低いテーブルなどを置くこともある），全員の全身がよく見え，対等であることを体感する。

　サークルは「命の泉」とも言われ，その泉のなかにメンバーたちは自身の感じたことや考えたことを，偽りなく言葉にして注ぎ込んでいく。そして各メンバーはその豊かな泉から，自身に必要な命の水を汲み上げることができる。その泉に嘘や偽りを注ぎ込むことは，皆の命の泉に毒を流し，命の水を誰も飲めなくさせることであり，自分を含め皆の命を危険にさらすことになる。命の泉であるサークルを皆で大切にしていくこと，一人ひとりが真実の言葉を注ぐことによって泉をより豊かなものにしていくことが，自分も皆もより多く命を得ることにつながるという言葉は，サークルの意味をよく伝える隠喩として使われる。

　当然のことでありながら等閑視されがちなのは，サークルの置かれる物理的環境自体がまず重要であるということである。清潔で気持ちの良い空間，長時間座っても疲れない椅子，光と音の具合，行う時間帯……これらの環境設定や状況設定は，個別面談やグループ精神療法を行う際と同様，サークルの運営を行うスタッフの責任となる。無造作に人を集めて何か話させればサークルあるいはグループになるという誤解を耳にすることがあるが，残念ながらそれでは機能するサークルはつくれない。個別面談やグループ以上に，サークルはその環境・状況設定の準備に万全の注意を払うべきであり，プロのスキルが問われる。とはいえそんなに難しく考える必要はなく，皆が気持ちよくそこにいられ

て，話しやすい環境を整えるといったように，客をもてなすホスト／ホステスであることを意識するといった感じであろうか。

　サークルは始めるときがスタッフにとって最もエネルギーを要する。サークルの環境を心地よいものとし，サークルとは何であり何を求めているのかを明確にするだけで動きはじめることもあるが，気持ちや考えを他の人たちと分かち合うことに慣れていない人々が多数を占める場合，はじめてのサークルを動きはじめさせるには，「デモンストレーター」の役割が重要である。一度サークルができると，紆余曲折もあり，維持するための手入れも必要であるが，メンバーたちが命の泉を守り，育てようとするので，スタッフはそうしたメンバーの動きを生かすことが重要になる。

(3) デモンストレーターとしての役割と責任

　アミティの「治療共同体の求める価値」には，以下のように記されている。

> 　　教師は，「デモンストレーター」と呼ばれる。行動と実践によって，そこへ「行ける」実感をもたせる。(中略) 共同体ができてくれば，共同参加者となったメンバーがデモンストレーターの役割を果たしてくれる。

　第Ⅰ部第2章でも述べられているように，サークルにおけるデモンストレーターの果たす役割は特に大きい。「行動と実践によって，そこへ『行ける』実感をもたせる」のがデモンストレーターの目的であって，それは当事者であろうと非当事者であろうと違いはない。たとえば，排除された体験，挫折した体験，そして生老病死，愛する人や物と別れる苦しみ，会いたくない人や物に会わねばならない苦しみ，求めるものが得られない苦しみ，肉体があるがゆえの苦しみといった四苦八苦は，人間誰であろうと共有しているのではあるまいか？　まして対人援助を目指した者は，他を支援することによって自らを助けたいということも多いのではあるまいか？　自身の困難とそれを乗り越えた，あるいは乗り越えようとしている体験こそが，支援をする際のかけがえのない資源となる。

　自身の障がいを受け入れることができずに苦しんでいるメンバーに対し，デモンストレーターとしてのスタッフが，障がいのある家族をもったことによる体験や気持ちを話したこと，被差別部落の出身であること，あるいは貧しさゆ

えに受けてきた被差別体験に対してデモンストレーターが自身の体験を語ること，そうした語りが，サークルの集中を高め，ピンと張りつめた空気のなかで，皆の思いが沈みつつ広がり，浄化されていくのを，サークルのなかで何度も体験した。豊かな命の泉たるサークルには，心のなかに嵐が吹いてもその嵐の至らない静けさがあり，ただ聞き話しているだけなのに，終わったあとには心が浄化され生き返った心持ちが生じるように感じる。とはいえ，もちろんしんどい話を聞くのもしんどい体験であるため，サークルの一人ひとりに安心感が不足している場合，そのような話は聞きたくないとサークルを妨害する動きも生じうる。そのためまずは，サークルに安心感・安全感を醸成することが鍵となるが，デモンストレーターによる自己開示は，ひとつの有力な方法となりうる。

体験は個々人のものであり，そして一人ひとりの体験の詳細は個々に異なるが，たとえば父や母との葛藤，我が子や伴侶や大切な人の死，そして病気や失敗や挫折などは，おそらく誰にでも経験がある。実際には聞きたくないがゆえの同情でも無暗な慰めでもなく，ましてや説教でもなく，自身の体験との重なりを見出し，自身の体験を分かち合い，共に悲しみ，苦しみ，トンネルを抜け出すよう共にあることを可能にするのがサークルの力である。デモンストレーターによる自己開示は，サークル体験の基盤をつくりうるし，自己開示行動のモデルとなる。

アメリカのアミティ財団の「サークルツリー・ランチ」を訪れて治療共同体について学びはじめたとき，専門職教育のなかで，心理の専門職としては，自身のことを話してはならないと教えられていた。実際，非行少年や受刑者の前で，得々と自身の（自慢）話をしているような職員を見ることもあり，「ああはなりたくない」と思っていた。しかし，アミティでは，スタッフが進んで自己開示を行っていて，それがレジデント（居住者／アミティではメンバーをこのように呼ぶ）とサークルに良い影響を及ぼしているように思えた。それでロッドさん（Rod Mullen／アミティの共同経営者）にデモンストレーターとしての自己開示のコツを尋ねた。

すると，「今，自分が溺れていて，収拾のつかないような話はしないほうがよい。ある程度乗り越えたことを話す。今朝，妻と喧嘩してムシャクシャしていることより，これまでの妻との関係で喧嘩して仲直りした経験を話したほうがよい」といったようなことを言われた。自身のニーズや欲求のためにサークル

やレジデントを使うのではなく，似た体験で同じように苦しみ，あるいは悲しみ，どう考え，どう折り合いをつけ，どうやってここまで来たのかという回復のモデルとなる，という意味だと理解している。デモンストレーターは，共同体の一員であると同時に，共同体を守り育てるための役割と責任を有している。それは親が家族の一員であるのと同様に，子どもたちが安心して子どもでいられ，成長のための試行錯誤をできるように家庭を守り，基本となる価値や方向性，ルールを定め，それを率先して実行するという執行機能を有していることと同様であろう。

(4) 安心感・安全感をつくる——治療共同体のバウンダリーを守る

　治療共同体のバウンダリーを守るスタッフの役割と責任は重大である。

　まず，サークルのなかでは，デモンストレーターとして，個々のメンバーに実際の言葉と行動でリスペクトを示す。サークルに泥水や毒物が流れ込む気配を察し，浄化するための具体的な手を打たねばならない。具体的には，誰かがいばり散らしたり，弱い者いじめをしたりした結果，他の誰かが安心して本当のことを話せなくなるような事態を防いだり，修復したりする。人が集まれば，そういったこともほぼ必ず生じる。特定の誰かの悪意からというより，それまでに身につけたその人らしい振る舞い方や考え方が，長い時間を共に過ごすことによって自然に表れてくるからだと考える。誰かのせいでこのサークルあるいは治療共同体がうまくいかないと感じるようなことがあれば，それはスタッフ自身が追い詰められ，視野狭窄に陥っている証であり，既述のファーストサークルに相談するなりして自身から立て直したほうがよい。

　治療共同体には，何らかの回復が必要であると考えて入ってくるのであるから，「回復が必要とされる『問題のある（うまく機能しない）』行動や思考」があることが当然で，それが表出されてこそ，回復につながる契機ともなる。治療共同体が成熟し，デモンストレーターとしての役割も十分に果たしてくれるメンバーが充分にいれば，そうした浮き沈みや葛藤も「自然に」修復されるのだが，メンバーはサークル内の関係性に巻き込まれて見えなくなることも多い。スタッフは，個々のメンバー，そしてサークルと治療共同体の様子をよく見て，必要があれば果断に対応する必要がある。治療共同体のなかで起きていることに気がつかないこと，気づいても見て見ぬふりをして先送りにすること，ある

いは適切な手を打てないこと，そうしたことは治療共同体の安心と安全を損ない，取り返しがつかない結果にも結び付きうる。あらかじめ決められ周知されているルールに違反した場合は，きちんと見つけ，手続きに従って適正に対処する。それが違反をしていない他のメンバーと治療共同体の安心・安全を守るためには不可欠である。

　治療共同体のバウンダリーは，その治療共同体の理念，価値，ルールに表される。アメリカ系の治療共同体は，「理念的治療共同体」とも呼ばれる。治療共同体は，それが存在する社会を写すと言われるが，アメリカの治療共同体は，多様な民族，多様な文化・社会の出身者が，自由と平等をうたった合衆国憲法とその価値の下に集まり，新たな社会を形成していこうとするアメリカ社会を反映しているのかもしれない。他方，日本社会は，古くからの血縁や地縁を引きずり，血縁や地縁による共同体が根底にあり，お家や会社を守ることが重視され，自身の価値に応じて自身の共同体を選ぶという生き方は，まだ少数派であるのかもしれない。第2次世界大戦の敗戦後，中核となるそれまでの価値観は揺らぎ，その後は経済的成功に向けて一丸となったものの，その価値も揺らいでいる今，日本社会は新たな価値を模索しつつも，共通基盤となる価値を未だ見出せずにいるのかもしれない。大都市に流入し，前時代のような身分制度には縛られず，婚姻と家族のあり方，会社と個人の関係も変化し，個人の努力と達成によって，ある程度の自身の生き方と属する共同体を選択する自由が生じてきた現代日本においても，共同体のメンバーが共有できる価値と方向性，理念は重要なものとなりつつあると考えている。

(5) 理念 (philosophy) と治療共同体の求める価値

　どの治療共同体もそこに戻ってくる価値と理念を必要とする。価値と理念は，何が「正しい生き方」であるかを明示してくれる。そしてメンバーには，そこに向かって努力することが求められる。メンバーが，その治療共同体の価値と理念をどのように理解し，どのように取り入れ，体現していくかは，治療共同体が成立するか否かを決定するといっても過言ではない。

　また，治療共同体の価値と理念は，「つながり」をつくり，共同体をつくるのに有効な方向と方法とを示している。個人のもてる力を発揮することと，それを可能にする共同体を共につくる智慧が示されていると言ってもよいであろう。

冒頭で述べた性問題行動のある少年たちのグループでは，「目の見えない人と象」のワークの後，つながりをつくるための方向・心得として以下の4つの理念について伝え，一人ひとり順番に話した。このとき，もちろんスタッフはデモンストレーターであるから，口火を切って話す。

①隠すことより明かすこと
- なぜ明かすことが，多くの文化で大きな意味をもつのでしょうか？
- 互いの違いよりも類似点を探しましょう。
- 3人以上の人の前で普通はしないと思う話題はどんなものですか？
- これまでに心から正直に話しても傷つけられなかったことはありますか？
- 自分のグループ内の各人について，好きなところや尊敬できるところを1つ挙げてください。名前を挙げて，尊敬できるところを言ってください。

②傍観者より参加者
- あなたが自発的な参加者になったのはどのようなときですか？
- 自分自身の安全のためやその他の理由で，深く関わらずに傍観者のままでいたのはどのようなときですか？
- 参加したいと思ったものの，傍観者でいたのはどのようなときですか？
- 自分の家族のなかで傍観者だったのは誰ですか？　関係を積極的に築こうとしたのは誰ですか？
- どうやってこの場所にたどりつきましたか？　ここにたどりつくまでにどのくらい時間がかかりましたか？

③排除より包摂
- 排除／包摂に関する言葉を一言で述べてください。
- 長期間にわたる排除は，人間にどのような影響を与えますか？
- 排除されていると最初に感じたときのことを話してください。人をはじめて排除したときのことを話してください。
- 最も孤独だと感じたのはいつですか？

④借着の権威より個人の威信
- あなたが尊敬する人について教えてください。どのような性質を尊敬

しespecていますか？

- これまでの人生で，借着の権威に対して最も拒否的な反応を示したのは，どのようなときでしたか？　あなたはどのように反応しましたか？
- あなたが最も耳を傾け，愛情をもって思い出すのは誰ですか？　その人の権威は借着ですか？

メンバーがこれらの価値に諸手を上げて賛同することを求めているわけではない。ただ，不思議と，これまで考えたことのなかったつながりについて自然に考え，言葉にしていくことが可能になるような気がする。ちなみに，このワークを行った回は，ファーストサークルの項で述べた「絆のワーク－アファメーション」を行ってセッションを終了した。今後のセッションが楽しみになるようなサークルができた感じがあった。

(6) 個人の自由と平等，それを支える責任という価値

価値と理念は，各共同体が掲げるものであるが，例としてアミティの刑務所内の治療共同体が掲げる「治療共同体の求める価値」を紹介する。

① 治療共同体は，まず何よりも「共同体」である。そこで人々が暮らし，そこに属している。暮らしそのものが学びであり，しかもそれは共同体のなかで何らかの役割と責任を果たす実践を通してのみ得られる。

② 治療共同体は，傍観者ではなく，参加者であることを求める。主体である私とあなた，私たちという関係性を築く必要がある。社会や文化のなかにあり，刑務所と社会を橋渡しする。

③ ヒトが人間になっていくのは，共同体においてである。人々との共有と承認のなかで，自分自身ができていき，一人ひとりが共同体をつくっていく。それは内に留まるものではなく，外へとつながっていくものである。

④ 新しいメンバーは最も大切なメンバーである。彼らは共同体に新たな刺激を与え，以前からのメンバーは，彼らを見ることで自らを省みることができ，彼らと関わり，モデルとなることで役割と責任を学ぶことができる。新しいメンバーは，最初は周辺から参加することを認められ，体験と実践を通じてメンバーとなっていく。

⑤教師はデモンストレーターと呼ばれる。行動と実践によって，そこへ「行ける」実感をもたせる。アミティのカリキュラムには，参加の軌道をどのように構造化するかということに関する地図とスキルが豊富に示されていて，そこから私たちは学ぶことができる。共同体ができてくれば，共同参加者となったメンバーがデモンストレーターの役割を果たしてくれる。

⑥治療共同体は，他から与えられた規律よりも，自律と責任で，共同体の人々の安心と安全を守ろうとする。認識と探究，行動によって新しい状況をつくろうとし，よりよき人間であろうとする。

⑦治療共同体は，「人間としての可能性を十全に発揮する場を提供する」ことに最初の使命がある。「内なる刑務所－自己の二重性との闘い」の場であって，他との闘いの場ではない。

⑧一人では自由になれない。

⑨存在の二重性を超えて自らを解放していくには，対話の関係を築いていく。メンバーが知を再生するという課題を共有し，省察と行為を通じて，現実知に到達する。そうなれば互いを絶えず知を創造する主体として，認め合うことになる。

　各治療共同体の居住者と目的に合わせて，理念を掲げ，価値を求め，文化をつくりあげていけばよいのであるが，第Ⅰ部第1章において治療共同体の定義として述べられているように，「自由で対等な，愛と信頼に基づく関係性を志す共同体において，一人ひとりが自己を見つめ，共に自由な，より全き人間になることを目指す」という基本は外せない。この理念はアメリカ合衆国の建国の理想を反映したものであろうが，民主主義国家としての日本社会においても，目指すに値するものと考えている。少なくとも筆者は，そうした共同体と社会を望んでいる。どのような理念と価値を掲げるかは，実は治療共同体の肝とも言うべき点であり，治療共同体とカルト集団とを分ける基準ともなる。特定の人物がカリスマ性をもち，その「俺ルール」に他のメンバーが従っている集団は治療共同体とは言えない。最初の治療共同体である「シナノン」が「カルト」化して自滅した過去を忘れるわけにはいかない。民主的な意思決定の在り方と，それを導く自由と平等を掲げる価値から外れていないかをチェックし，自浄で

きることが不可欠である。

　とはいうものの，たとえば刑務所内の治療共同体メンバーは，それまでの人生をそうした対等な共同体で生きてきていないことがほとんどである。多くのメンバーが「やるか，やられるか」「やったもの勝ち」といった価値を身につけている。そして，刑務所社会も自由が制限され，明確なパワーヒエラルキーによって動いている社会である。実際には，民主的な自由と平等を重んじる価値や理念の「理解」は容易ではなく，理解したとしても実践にはまだ遠い。たとえば，刑務所内のサークルで，あるメンバーが自身の直したい欠点として「他を見下す」を挙げた。多くのメンバーが「俺もある」「自分もそうだ」と共感を示していた。実例を挙げるように言われて，そのメンバーは次のような工場担当である刑務官とのいさかいを語った（他のメンバーを見下した事実は反感を買う危険性もあって口にしがたく，刑務官に対する事実であればむしろ共感を得やすいという事情もあろう）。

　　　舎房で肩を掻いていたら，（担当ではない）交替の刑務官に「袖をまくってはいけない」と注意指導された。「まくっていません，掻いているだけです」と言い返したら，担当の刑務官に言いつけられて，翌日工場担当に呼び出されて叱られた。しかもズボンまでまくっていたことにされていた。そこで，「まくっていません」と言いつづけたら，何度も呼び出された。それで言い返すのはやめて下を向いて，「ネクタイ曲がってるぞ」とか，「しょぼい靴はいてるな」と心のなかで担当刑務官を見下してやりすごした。

　一般社会人から見たら，なんだか「子どもみたい」と思うかもしれない。そうした意見も出たが，外の社会でも，刑務所内でも，自分が正しいと思っても，パワーで押し切られて，自分の意見が通らず悔しい思いをした人たちがほとんどであり，「それは見下したのではなく，仕方ない」「仕事で理不尽な目に逢っても，金のためと思って下手に出られればそれで問題ない」「刑務官に逆らっても懲罰をもらってバカみるだけだから，おとなしくしているしかない」といった意見が場を占めた。

　特に，非行集団や犯罪集団に属してその文化になじんできたメンバーたちは，身内のパワーの乱用には「こびへつらい」，身内外のパワーには「面従腹背」を

し，人に対しては「どちらが上か下か」を見て，下と見ればハラスメントと思わずハラスメントをするといったことが常識の世界で生きてきた。刑務所内のパワーヒエラルキーにはきわめてよくなじむのである。そして，それ以外の視点をもつことはかなり難しい。人間は通常，同じような価値観，生き方をもつ人々とのみ関わるからである。そもそも交替の刑務官を「下」に見ているからこそ，注意されたことを素直に聞けないのであろうが，「どちらが上か下か」「どちらが正しいか間違っているか」でしか見れない傾向が強い。そして「正しい」とは「パワーが上」ということしか意味していないことも多い。

　治療共同体は，意図してつくるものであり，さまざまな人が集まるので，日頃接しないような価値観・態度にも触れる機会が得られる。回復の進んだデモンストレーターは文字通りモデルを示してくれるし，あるいは集団犯罪ではない，高学歴で一定の社会性が身についた単独犯の性犯罪者や放火犯は，こういう上下関係のパワー争いとは異なる関係性をもっていることも多い。ただ，そうした単独犯は，集団型の犯罪者の大声の前では，ほとんど鳴りを潜めることが通常である。スタッフには，一人ひとりの多様な声をサークル内に響かせる工夫が必要となる。サークル内の方向や価値が迷走した際に，治療共同体の理念や価値は，戻るべき方向を示す北極星となる。

④ トライアングル——生活を送ること，外の共同体に戻っていくこと

　サークルを支えるトライアングルの在り方も，各共同体によって異なる。人々が共に暮らす共同体であれば，食事をつくる，掃除をする，その他さまざまな共同体を支える仕事が不可欠になる。この役割分担と責任を「トライアングル」と呼ぶ。アミティのように社会内ですべて自主的に暮らしている治療共同体であれば，暮らしを支えるさまざまな仕事と役割になるし，刑務所内の治療共同体であれば，食事や清掃は提供されていて，別のトライアングルになる。通所の治療共同体であれば，共同体の維持にはまた異なる役割と責任の構造，すなわちトライアングルが必要となろう。

　治療共同体の求める価値に掲げられているように，「暮らしそのものが学び」であり，「（学びは）共同体のなかで何らかの役割と責任を果たす実践を通してのみ得られる」。実際，治療共同体で回復し，それぞれの地域の共同体に戻れば，そこでの役割と責任を果たすことは，成員と認められるための基本となる。

たとえば，社長，ボス，家長といった役割と責任を果たす場合，トップにいる人はつねにトップにいて，パワーを振るうことが当然視されるようになり，時にはそれがパワーの乱用となっても止められない傾向があるのに対し，治療共同体のトライアングルの頂上はくるくる変わるということが重要である。ある場面では，その役割と責任を果たすのに適切な人がリーダーシップを取り，別の場面では別の適切な人がリーダーシップを取る。共同体から与えられた地位やパワーを個人に内在するものと勘違いすることなく，パワーを適切に使うことを求められる。

　治療共同体では「一番新しいメンバーが一番重要なメンバー」という言い方をすることもある。古くからいるメンバーが偉そうに振る舞うことは一般の共同体でもありうることだが，治療共同体では，新しいメンバーは新しい刺激をもってきてくれる存在であり，古株に回復を始めた頃のことを思い起こさせ，自身の歩いてきた回復の道のりを確認させてくれ，他の役に立つ体験をさせてくれる最も重要なメンバーということになる。

　既述の刑務所内治療共同体で，「上か下か」というペッキング・オーダー（つつき順位）を気にしているメンバーには，このトライアングルが時として，社会内同様にパワーヒエラルキーとして誤解されることがある。あるいは，果たすべき役割と責任を「仕方がない義務」とのみとらえ，できるだけ手を抜いたり，適当にやろうとすることもある。トライアングルは，回復に不可欠な仕組みであり，役割と責任を果たすことの意味を理解し，他の役に立つことの喜びを体験し，それによって居場所がつくられていくことを実感する必要がある。

　不思議なことに，刑務所内治療共同体の卒業生たちは，献血をしたり，災害地域にボランティアに行ったり，人の役に立つことを行おうとする人たちが多い。犯罪からの離脱理論においても，犯罪を止めていく人たちは，自身を哀れな犠牲者とみるのではなく，自分の人生にコントロール感をもち，他の人たち，特に子どもたちに対して，恩返しや貢献をしていきたいという回復の物語をもっているということと一致している。その前提として，人との絆が多ければ多いほど犯罪からの離脱につながるとされており，治療共同体はサークルとトライアングルによって，この重要な2点を充足していると考えている。

　最後に，治療共同体に参加する目的は，その治療共同体にずっと留まることではなく，そことのつながりも残しながらも，自身の共同体に戻っていくこと

である。治療共同体のなかで，自身のもてる潜在力を伸ばし，人とのつながり
を体験して，つながる力を伸長すれば，家族，友人，地域といった地域共同体
のなかに自身の居場所をつくることがより可能になる。

　そのために重要なことは，治療共同体を閉ざされて孤立したものにしないこ
とである。孤立した共同体は，一人での孤立と実はそれほど変わらない。他と
の交流がないままに，集団の価値は独りよがりになり，下手をすると自身の共
同体を維持するためで，他の共同体を敵視して，攻撃するということが起こり
うる。治療共同体のなかで，レジデント以外の人々の出入りを歓迎すること，
家族や友人や地域の人々との良い関わりを体験する機会をできるだけ増やすこ
と，これも重要なサークルのひとつとなる。個人のバウンダリーを守ると同時
に柔軟に開くことと同様，共同体のバウンダリーを守るとともに柔軟に開いて
いくことが不可欠である。人間は，家族に生まれ，学校で育ち，その人たちと
のつながりも忘れることなく，自身の新たな共同体をつくり，広げていくもの
なのだから。

文献

Andersen, T. (1991) The Reflecting Team——Dialogues and Dialogues about the Dialogues.
　New York, W.W.Norton.（鈴木浩二＝監訳（2015）新装版 リフレクティング・プロセス——
　会話における会話と会話. 金剛出版）

第3章

アディクション回復支援と治療共同体

治療共同体エンカウンター・グループを中心に

引土絵未

I │ 日本のアディクション回復支援と治療共同体アプローチ

① 日本のアディクション回復支援

アルコール依存症治療と比較し，専門治療機関が乏しい薬物依存症治療において，その役割を一手に担ってきたのがダルク（Drug Addiction Rehabilitation Center : DARC）であった。1985年の設立以来，現在では関連施設を含めると80余施設が展開されているダルクのプログラムは各施設の独自性に委ねられているが，その共有する根幹はセルフヘルプグループであるNA（Narcotics Anonymous）に依拠しており，依存症から回復したスタッフが中心となり運営するセルフヘルプコミュニティである。ダルクの成果についてはこれまでも発表されているが（森田ほか，2006），直近の「ダルク利用者の追っかけ調査」の結果によれば，1年半後の利用者（確認の取れた退所者含む）の完全断薬率は約7割（嶋根ほか，2018）とされており，非常に高い数値が示されている。このようなダルクの活動について，全国のダルク代表者が著わした『ダルク——回復する依存症者たち』では以下のように表現されている。

> 「お盆とお正月，土日以外の9時から5時まで**私**はあなたの味方です」というものではない。「それは，一日24時間，一年365日，**私たち**はあなたの味方です」というメッセージである。 （ダルク，2018）

各施設で独立した運営がなされているダルクのなかで共有されるプログラム
が，NAなどの12ステップグループが実施する「言いっぱなし，聞きっぱなし」
と言われる手法である。この手法を用いることで，（回復者スタッフを含め）依
存症当事者を中心に行われるミーティングにおいて率直な語りと安全性を担保
している。

　一方で，当事者コミュニティゆえの困難も指摘されている。ダルクを取り巻
く社会の変化について，「社会から全く相手にされない草創期，バイタリティあ
ふれる仲間たちが回復を信じて全国で孤軍奮闘した拡大期，少しずつ社会的認
知を得ながらアメーバのように広がり続けた成熟期を経て，一定の認知を得た
今日，今後のダルクは挑戦期に入る」（ダルク，2018）と表現されている。そ
れは，多くのダルクが障害者総合支援法の枠組みの下に運営されるようになり，
経済的な安定を得ると同時に，当事者コミュニティとしての独自性をいかに維
持することができるのかという課題である。同時に，利用者の多様化に伴い，
ダルク終了後に社会復帰する場の不足やスタッフの確保，利用者の精神病症状
への対応など支援における課題（嶋根ほか，2006；特定非営利活動法人東京ダ
ルク，2010）も浮上している。

　ダルクの抱えるこのような課題や困難に対して，伝統的な手法だけではなく
新たな選択肢を提供しようとする動きがある。ワークブックを用いた集団薬物
再乱用防止プログラムSMARPP（Serigaya Methamphetamine Relapse Preven-
tion Program）などの認知行動療法（小林ほか，2007；松本，2012）や，SST
などのコミュニケーション訓練，当事者研究（上岡・五十公野，2017）などの
導入を通して，断薬に必要な基礎的な知識の共有や，対人関係スキルの改善，
自身と回復についての理解などが試みられている。これらの新たな動向のひと
つとして，近年，治療共同体モデルへの関心が高まりつつある。

② アディクション領域における治療共同体モデル

　治療共同体モデルについては，第Ⅰ部第1章「［総論］対人援助のための治療
共同体」を参照されたいが，アディクションからの回復を目的とした治療共同
体の源流は，シナノン（Synanon）という共同体にあるとされる。その独自の
実践により，当時不治の病とされていた薬物依存症からの回復者を数多く誕生
させ，（批判も含め）専門家からの認知を得たが，その末路は，宗教カルト化

し，消滅の一途をたどることになった（White, 1998）。このようなシナノンの遺産と教え（White, 1998）を踏まえ，シナノンの卒業生たちによる治療共同体プログラムが全米に拡大し，その効果とともに世界各国で展開され，代表的な中長期的入所プログラムとして位置づけられることとなったとされる（NIDA, 2015）。

これらの治療共同体モデルについて，アメリカの治療共同体研究の第一人者である De Leon（1995）はその特徴を「方法としてのコミュニティ」であるとし，「入所者自身が治療共同体における社会化と治療過程の変化のための支援者となる」という機能の重要性を挙げている。これらは入所者が自身と他者とコミュニティのための支援者になるための仕掛けであり，その根幹としての理念が治療共同体モデルであると考えられる。

近年，日本国内でも関心が高まりつつある治療共同体モデルであるが，実は20年前から新たな治療アプローチとして，また社会資源として期待されていた。多くの専門家や当事者，家族などがアメリカの治療共同体モデルを導入する施設を訪問しては感銘を受けて帰国していた。そのなかで，回復者スタッフの運営する中長期入所型モデルという形態から，ダルクは治療共同体か否かという議論もなされてきた。

しかし，「日本には，厳密には，治療共同体をそのフォーマットに従って運営する団体は未だ存在せず，鍵となる治療共同体の概念さえもほとんど共有されてこなかった」（宮永，2008）という指摘があるように，20余年前から大きな進展は見られない状況である。なお，ダルク（2018）では，ダルクは「精神科医などの専門家からは『治療共同体』と呼ばれることもある」と整理されている。

③ ダルクにおける段階制のはじまり

2010年前後に治療共同体モデルが進展することとなり，最初の取り組みとして，治療共同体独自の構造である段階性（階層・ステージ制）がダルクに導入された（栗坪，2010）。

ここでは，ダルクにおいて導入された段階制について紹介する。段階性とは，入所期間を数カ月ごとに区分し，その区分において責任（役割）と権限（自由）を設定した構造である。たとえば，共同生活運営上，必要となる多様な責任（食事・清掃・電話番・当番コーディネートなど）や役割（プログラムサポート・

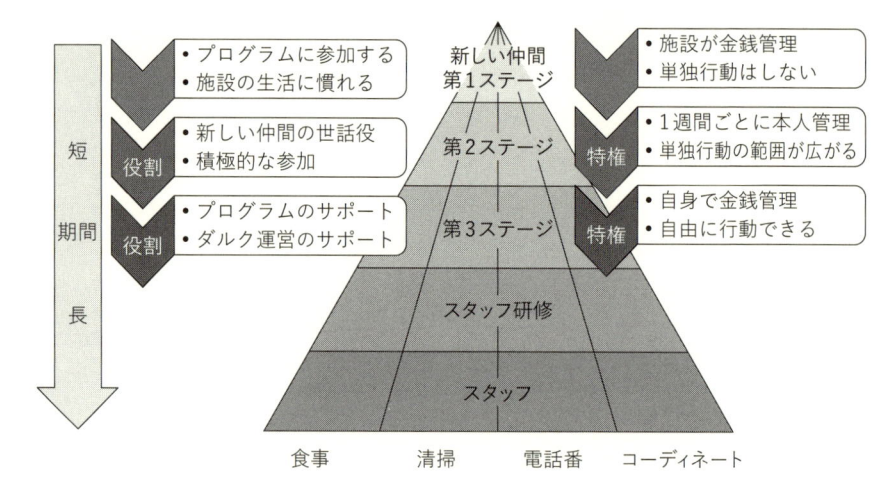

図1 ダルクにおける段階制の一例（筆者作成）

仲間のサポートなど）を入所者全員で分担する。これらの分担が，断薬に伴う多様な回復の進展に伴い増加していく構造となっている（図1参照）。このような構造は小さな社会と位置づけられ，個人的成長と社会化を促す仕組みとして用いられている。

　ただ責任が増加するだけでは，治療の動機づけを保ちつづけるのは難しい側面もある。そこで，責任と同時に自由裁量（所持金額・所持物・行動範囲など）も増加していく仕組みとなっており，これらの責任と権限は，治療の動機づけ（報酬）として位置づけられる。一方で，問題行動（薬物再使用・暴力など）に対してこれらの責任と権限の段階が減少する仕組みも設定されており，共同体生活を安全で一貫性のあるものにするために，また個別のニーズに対応するために活用されている。

　このような段階性は，従来のダルクで実践されていた，「新しい仲間が一番」「お世話をすることが自分の回復」というセルフヘルプの基本的理念を可視化・体系化するものとして歓迎された。また，段階的構造は日本的な「タテ社会の人間関係」（中根，1967）と親和性が高い部分もあることから，比較的多くの施設に広がっていった。

しかしながら，治療共同体モデル独自の構造とシステムは，それ自体で機能するものではない。「共有された基準と価値」としての共同体独自の理念がないままに構造のみを導入すると，段階的構造は容易に権威構造へ変容し，また，単なる枠組みとして形骸化する危険性を孕んでいることに注意が必要となる（もっとも，大部分のダルクでは，治療共同体モデルを導入するというよりも，従来のダルクプログラムを可視化する仕組みとして導入されているのが現状である）。

　特に，当事者が「変化のための支援者」として機能することを重視した場合，治療共同体モデルの独自性のひとつである「メンバー間のフィードバック」を中核とした治療共同体エンカウンター・グループは，その効果を発揮する有効な手法のひとつとなる。

④ ダルクにおける治療共同体エンカウンター・グループのはじまり

　ダルクの共通基盤である，「言いっぱなし，聞きっぱなし」のプログラムに対し，治療共同体エンカウンター・グループでは，メンバー同士のフィードバックが中核であり，当事者同士の言語的・情緒的なやりとりから個人（および共同体）の変化を促すことを目的としている。空気を読むことを良しとする日本の文化，直接的な言語コミュニケーションは馴染まないという見解も多く存在した。また，従来のダルクのプログラムとは正反対の性質をもつ治療共同体エンカウンター・グループには，多様な立場が存在しているのも現状である。

　このような状況において，ダルクの新たなプログラムの選択肢として治療共同体エンカウンター・グループの導入を希望するダルクスタッフが現れるようになった。そして，そのスタッフとともに筆者は2014年より治療共同体研究会を開催し，関心のあるダルクがあれば，治療共同体エンカウンター・グループの導入・維持・継続をサポートしながら，より良いグループを模索し，効果検証などの調査を共同研究として実施してきた（引土ほか，2014, 2018）。

　治療共同体エンカウンター・グループをはじめて導入したダルクでは，当然利用者全員が未経験で，「言いっぱなし，聞きっぱなし」とは異なるグループに対して，（筆者を含め）全員が不安を口にしていた。当初は週1回の導入だったが，最初の1年はほぼ毎週ダルクに通い，一緒にグループを囲んだ。そこで，グループのなかで大事なことを一つひとつ積み上げてきたように思う。1施設か

ら始まった治療共同体エンカウンター・グループの導入も，現在では10施設に拡がり，導入準備の施設もある状況である。最近では，新たにグループを導入する際には，グループ経験者とワークショップを開催している。グループ経験者がデモセッションを実施してグループの目指すところを共有し，経験者と未経験者が混在した体験グループのなかで，独自の方法を学んでいくことができるようになった。筆者が1年間をかけて共に積み上げてきた経験も，経験者が集まることにより1日で提供できるようになった。これも治療共同体アプローチの力と言える。

⑤ 治療共同体エンカウンター・グループとは何か

　エンカウンター・グループと言えば，特に心理学領域ではRogersのグループを思い浮かべる方が多いだろう。Rogers（1970）はその著書のなかで，治療共同体の原型であるシナノンの実践について，エンカウンター・グループなどと同様に位置づけたうえで，シナノンの直情的な手法に批判的な立場を示している。一方で治療共同体モデルにおけるエンカウンター・グループは，Rogersの提唱したエンカウンター・グループとは独立し，セルフヘルプ・グループプロセスを発展させたものとして位置づけられている（De Leon, 2000）。本章では，とりわけアディクション領域におけるシナノン・グループを源流とするグループについて，治療共同体エンカウンター・グループと位置づける。

　治療共同体エンカウンター・グループは，治療共同体アプローチにとって重要な基盤となる要素（共感と責任のある関係，現実と向き合う必要，絶対的な誠実さ，個人の変化に不可欠な自己認識）によって構成されており，それゆえに，治療共同体モデルにおいて象徴的なグループとされている（De Leon, 2000）。

　このような治療共同体エンカウンター・グループは，多様に活用可能であるとされている。個人（または共同体全体）の行動面，感情面，社会的側面，スピリチュアルな側面における多様な課題を通して，グループメンバー間のフィードバックや質問を用いながら，個人と共同体に気づきをもたらすことを目指す。表1では，一般的に依存症回復支援施設や自助グループなどで行われてきた「言いっぱなし，聞きっぱなし」を原則とするミーティングと治療共同体エンカウンター・グループの違いが整理されており，その大きな特徴はセルフヘルプ（自助）の動きにあることがわかる。「言いっぱなし，聞きっぱなし」のミーティン

表1 「言いっぱなし，聞きっぱなし」と治療共同体エンカウンター・グループの違い

	「言いっぱなし，聞きっぱなし」	治療共同体 エンカウンター・グループ
目的	●自分とのコミュニケーション（自分とのつながり）	●他人とのコミュニケーションのなかで（周囲とのつながりのなかで）自分とつながる
方法	●自問自答：自分のペースで探っていく ●自分のストーリーをつくる ＊自助の形⇒受容	●他問自答：他の人に質問してもらい，自分で答えを探す（他の人は答えを出さない） ●問題などを絞り込む／解決を探す ＊自助の形⇒質問とフィードバック（やわらかなグループの圧力）
得るもの	●自己表現 ●テーマに沿って話す ●人の話を聞く ＊間接的なセルフエスティームの向上	●対人コミュニケーション ●相手に合わせて話す ●相手を尊重しながら自己表現する ●人の話を受け入れる ＊直接的なセルフエスティームの向上

近藤（2011）を一部改定

グで「今日はいいグループだったなぁ」と感じるときは，どれだけ相手の話を受容し，また自分の話を受容されたと感じるかという共感力による部分が大きい。一方，治療共同体エンカウンター・グループの場合は，グループ参加者が話題提供者の話に耳を傾け，真摯に質問し，フィードバックする参加度が，「温かいグループだったなぁ」と感じるグループの効果を左右するのである。

II｜治療共同体エンカウンター・グループの実際

　ここで，治療共同体エンカウンター・グループの実際について紹介したい。
　治療共同体エンカウンター・グループのプロセスには伝統的に，直面化，対話，終結という3つの段階があるとされるが（De Leon, 2000），日本での導入にあたり，直面的なアプローチから支持的なアプローチへと修正された。以下にその概要を説明する。

1 導　入

　ウォーミングアップ後，グループの話題を決定する際にいくつかの方法が用いられる。欧米の伝統的な手法では，第三者からの問題提起（直面化）によって話題が決定されるのに対し，日本国内では，自主的に治療共同体エンカウンター・グループでの話題を挙げたい人を募る自主提案方式が主流である。例として，「ある人の言動に囚われてしまった」「アルバイトがうまくいかず自暴自棄になった」「これまでプログラムをがんばってきたからもう退所して働きたい」など，現状とそれに伴う感情などを共有する。

　しかし，小規模のダルクでは，メンバーが固定化するなかで話題も固定化し，自主的に話題が挙がらなくなることも少なくない。その際には，グループ参加者が「詳しく聞いてみたい話題」を提案する他者提案方式や，聞いてみたいテーマを設定して全員が話すなかで話題提供者を決定するテーマ方式も用いられている。他者提案方式の例として，「ウォーミングアップで『最近イライラする』と話していたけど，もう少し話してほしい」などと提案し，同意が得られれば，話題提供者が現状とそれに伴う感情などを共有する。テーマ方式では，「気分が落ち込んだときにはどうやって対処しているのか教えてほしい」などテーマを設定する。

　欧米の伝統的な治療共同体エンカウンター・グループで実践される「直面化」から支持的な方法へと修正されたのには，いくつかの理由がある。従来のエンカウンター・グループは最初に「直面化」のプロセスから進行し，エンカウンター・グループの対象者となる入所者の態度や行動に関する問題点を，他の入所者もしくはスタッフから指摘される。これらの「直面化」は，共同生活を基盤とした信頼関係が構築され，また，このような直面的なグループだけでなく，支持的かつ日常的なメンバー間フィードバックとともに実施されることで，その効果が発揮される。しかし，ダルクでの治療共同体エンカウンター・グループは週1回程度の頻度であり，「直面化」を目的とすることは逆効果に陥る可能性もある。そのため，「直面化」を目的とせず，話題提供者の自主性を尊重する支持的な雰囲気を重視した。

　次に，挙げられた話題やテーマについて理解を深め，また，多様な視点をもたらすことを目的に，参加者全員で「相手に気づきを与える質問」をする。この対話の段階で最も懸念される点は，話題提供者に対して攻撃的・批判的な発言が集中的に投げかけられることだろう。日本での導入に際して，一様に挙げられる不安は，この「つるし上げ状態」になることである。このような状態を避けるためには，安全なメンバーシップ・フィードバックを維持することが非常に重要となる。そのため，欧米の伝統的な手法とは異なり，「質問」という枠組みを明確に構造化している。批判的・攻撃的・操作的な発言となる場合，たとえば，「（ダルクを）退所しないほうがいい」「焦ってるからだめなんだ」などと自身の意見や考えを述べることが多い。そのため，批判的・攻撃的・操作的な思考を「相手に気づきを与える質問」に変換することで，支持的な雰囲気を確保することを目指した。「どうして退所したいと思うのですか？」「焦っているように見えるけど，どう思いますか？」など相手に気づきを与える質問を投げかけ，話題提供者がそれに1つずつ応答する。

　また，安全に質問するための行動指針として，「治療共同体エンカウンター・グループガイド」（表2）や「質問カード」（表3）を作成し，グループ全体で共有する。

　この対話の段階が，独自性の高いコミュニケーション技術を要する場面となるため，グループ初参加者には冒頭に簡単な説明をするが，基本的には治療共同体の基礎理論である社会的学習理論に則り，参加・観察・経験することから学ぶことを重視する。

3　終　結

　話題について多様な視点が提示され，話題提供者が新たな気づきを得た時点で，次の段階であるフィードバックに移る。この段階で重要な点が2つある。ひとつは，発言力の強い参加者やスタッフによってグループの終着点がコントロールされることなく，グループのなかで落としどころが導き出されることである。そのためにも，フィードバックは説得や自身の経験の共有ではないことをグループ全体で共有する。「フィードバックは，相手を映し出す鏡の役割を果たす。相手のことを五感で感じ，その人がどのように見えたか，どのように感じられた

表2　治療共同体エンカウンター・グループガイド

エンカウンター・グループガイド

このグループは言いっぱなし，聞きっぱなしではありません。

まずは，発言している人が伝えたいことに耳を傾け，感情に共感しましょう。

そして，その人が語ったことを，よりはっきりと鏡に映し出すように，

問いかけましょう。

問いかける時大切なことは

裁かないこと

意見を押しつけないこと

結果や結論を求めないこと

相手を変えようとしないこと。

グループに参加する一人一人が

相手に気づきを与え成長を促すことの出来る，教え手であり，

そして，気づき，成長する学び手なのです。

かを伝える。『こうしたほうがいい』『これがいい』など，解決方法を提示しない」ということを説明する（治療共同体研究会，2017）。

　もうひとつ重要な点が，グループの最終目標は「物事の解決ではなく，感情の解決にある」ということである。物事を解決しようとすると，仮に「退所したい」という話題であれば，「退所しないほうがいい」と説得しなければいけなくなり，集団で説得されれば，誰でもグループが嫌いになってしまう。しかし，感情の解決であれば，「なぜ退所したいと感じているのか」と，その背景にある気持ちに焦点を当て，話題提供者も気づいていない気持ちを表現することを助けることができる。「何も解決していないけれど，話してよかった」という感想を聞くことができれば，そのグループは成功と考えていいだろう。

　フィードバックの間，基本的に話題提供者は応答せず，フィードバックを聞き入れる。例として，「今まで本当によくがんばったと思う。退所してからも，いつでも来てほしいと思った」など，相手がどう見えたのかを伝え，提案があ

表3　質問カード

（状況を明確にしてみんなで共有する）

（感情を想起させる）

（行動を想起させる）

（それが自分に与えている影響・結果を想起させる）

（希望を想起させる）

（力を想起させる）

- それはいつのことですか？
- 何があって，それが問題だと思いましたか？
- それが最近起きたのはいつですか？
- どんな感情がありましたか？
- それは自分にどんな影響を与えますか？
- いつからそう感じていましたか？
- そうでなかった経験はありますか？
- そうだったときと，そうでなかったときの違いは何かありますか？
- そうでなかったとき，力になっていたものは何だと思いますか？
- そのことが，自分の不利益になったことはありますか？
- このまま続けていると，どんなことが起こると思いますか？
- 何があったら，それができる（役に立つ）と思いますか？

る場合には自分の経験から簡潔に伝える。

　最後に，話題提供者がフィードバックを受けた感想と，自分自身にできる提案をして，グループが完結する。「物事の解決ではなく感情の解決」を目指すと，ともすれば「今日は一体何のグループだったんだろう……」という状況に陥りかねない。そこで，話題提供者が得た気づきを自分自身への提案として提示すれば，グループの落としどころとなる。

　たとえば，「自己肯定感が低いことが原因だと気づいた」「ここにいる自分を褒めたい」などの感想を話し，最後に自分からできる提案として，「退所したらもう縁が切れると思ったけれど，これまで通り繋がろうと思う」などと伝える。

グループ終結後は，アファメーション（肯定的な宣言）として，グループを通して感謝したこと，素晴らしいと感じたことなどについて，参加者同士で伝え合う時間を設け，グループへの積極的な参加を勇気づける。

Ⅲ　治療共同体エンカウンター・グループの効果と課題

　治療共同体エンカウンター・グループについて，参加者の声の一部を紹介したい。

　　「たくさんの気づきが得られ，エンカウンターを通して自分の行動に変化が表れている気がしています」
　　「人に話し，共感してもらうことで，気持ちが楽になる」
　　「自分の深刻な悩みをアノニミティ〔匿名性〕が守られる環境で率直に仲間に聞いてもらい，仲間からのアドバイスをもらえる場として活用している。仲間からの話を聞くときも，自分にはない感情の動きや考え方を知るという意味で役立っている。アファメーションで前向きな言葉をかけたりかけられたりすることで，自分自身も前向きになれる気がする」
　　「人を裁かないよう，答えを求めたり，コントロールしないように，質問をする言葉遣いや言い方が身についた。人との関係も良くなった」

　　　　　　　　　　　　　　　　　　（アンケート調査自由記述より）

　このような治療共同体エンカウンター・グループの効果として，異なる側面からも補足しておくこととする。筆者たちは当事者による民間回復支援施設であるＡダルク（2013年4月〜2016年5月），Ｂダルク（2014年4月〜2016年5月），Ｃダルク（2015年10月〜2016年5月）にてエンカウンター・グループを導入し，その効果検証を実施してきた（引土ほか，2018）。調査について同意を得た34名についてアンケート調査（調査項目は，性別，年齢，利用期間，精神科通院歴の有無，主たる使用薬物，最終教育歴と自己実現尺度SEAS2000〔註1〕）を実施した結果，自己実現尺度総得点において有意に得点が上昇しており，エンカウンター・グループには自己肯定感を高める一定の効果があることが示唆された。一方で，1年後では有意差が認められず，1年後の効果は明らかにな

らなかった。半年をピークとして徐々に効果が低下していくという調査結果は，実は実践現場での感覚とそれほど大きな齟齬はないように感じる。欧米で実施される治療共同体モデルでは長期的な利用であるほど終了後の断薬率などの効果が高まるとされる一方で，治療共同体エンカウンター・グループの効果は中期的であると言える。これらの要因として，①実施頻度，②1年後という時期の影響，③マンネリ化が考えられる。

　①まず，多くのダルクでは週1回，少ない場合は月に1〜2回の実施となっており，本来的な治療共同体モデルと比較すると，非常に部分的であることは否めない。実施頻度が低いことで，その効果も中期的になっていると考えられる。

　②次に，1年後という調査時点は，一般的には就労支援プログラムへの移行期間に該当する。就労支援プログラムに移行することで，治療共同体エンカウンター・グループへの参加頻度や関心が低下し，また，社会再入により自己肯定感に変化が生じることが影響を与えていると考えられる。

　③最後に，小規模のダルクでは利用者が固定化するなかで，話題提供者の話題が想定可能となり，メンバーシップ・フィードバックによる気づきのプロセスが低下していくと考えられる。欧米で展開される治療共同体モデルでは，つねに多様なメンバー構成で治療共同体エンカウンター・グループが実施される。グループの成熟と新しい話題提供が繰り返されるなかで，治療共同体エンカウンター・グループの効果が発揮されるのである。このようなマンネリ化への対処法として，複数のダルクでの交流グループの実施や，話題提供者の決定が困難な際にグループを展開するツールとしてのワークブック（治療共同体研究会，

[註1] 自己実現尺度SEAS2000（坂中，2003）は，MaslowやShostromが作成した自己実現の観点から心理療法の効果を測定することを目的としたPOI（Personal Orientation Inventory）をもとに，心理学領域で広く展開されるエンカウンター・グループの効果測定尺度として開発されたSEAS（Self-Actualization Scale）の改訂版である。治療共同体エンカウンター・グループは現在，日本国内での萌芽期にある一方，Rogersなどが提唱する心理領域におけるエンカウンター・グループは日本国内においても多様な対象に実施されており，また，豊富な研究の蓄積からエンカウンター・グループの効果測定尺度「ベーシック・エンカウンター・グループ効果測定尺度（SEAS）」が作成され，そのリサーチに貢献しつづけている。ダルクにおける新規プログラムの効果を検証するうえで，よりプログラムの主意に沿った尺度が必要であり，物質使用障害からの回復という視座によるダルク全体の効果ではなく，治療共同体エンカウンター・グループを通した変化という視座によるグループの効果を重視し，治療共同体エンカウンター・グループに特化した尺度が適切であると判断した。

2017）を開発し，現在普及に努めている。

　これらの効果と課題を踏まえ，治療共同体エンカウンター・グループの導入においては，他施設の既存の治療共同体エンカウンター・グループにスタッフが参加し，独自の理念や手法を理解した一定数のスタッフがロールモデルとして機能することを基本条件として展開している。また，定期的にスタッフ・エンカウンター・グループや治療共同体研究会を開催し，スタッフのファシリテーションスキルの維持・向上に努めると同時に，援助者のセルフケアの場となることを目指している。

IV │ 治療共同体エンカウンター・グループの展望

　筆者自身，治療共同体エンカウンター・グループに参加し，大きな感銘を受けることがたびたびある。それは，話題提供者が自身の課題に向き合おうと葛藤する場面において，「仲間の一言」が話題提供者の心を動かすときである。「グループ・プロセスを理解する技術や能力は，治療共同体での入所者やスタッフとしてのファーストハンド（当事者）経験からの直感的（intuitively）なものである」（Perfas, 2003）されているが，この直感力に基づく「仲間の一言」が硬直した状況を動かしていくのである。このような変容こそが，治療共同体エンカウンター・グループの，そして，治療共同体モデルの意義であると考える。また，治療共同体エンカウンター・グループが当事者コミュニティにとって，そして，その当事者コミュニティを尊重し，その力を最大限発揮できる土壌を提供することに専門性を見出す援助職にとって，有効な手法のひとつとなりうると考える所以である。

　治療共同体研究会は，ダルクスタッフを中心とした数名から始まり，現在は30人弱の参加者が関心をもって集まるようになった。そして，その半数は援助職となった。第I部第1章［総論］対人援助のための治療共同体」で藤岡がまさに「対人援助職がみずからの職業アイデンティティを守るために同様の利害・関心・意見・価値観をもつ人たちだけと固まっている時代は終わりつつある。（中略）方法としての「治療共同体」は対人援助職に必須と考える所以である」と述べているが，援助職が治療共同体エンカウンター・グループに魅力と必要性を見出しているのだと感じる。

治療共同体エンカウンター・グループでは，依存症当事者のなかに依存症当事者ではない筆者が，時にはファシリテーターとして，時には参加者として加わるのだが，グループ導入当初から現在に至るまで，求められている役割はずっと変わっていないように思う。それは，グループにおけるロールモデルであるということだ。グループのなかでは，いろいろな感情や経験が交錯する。そのなかで，話題提供者に共感し，共に課題に向き合い，正直に自身の感情や経験を表現することが，グループの力となる。筆者を含め多くの援助職は，依存症の経験は持ち合わせていないことのほうが多いが，話題提供者の苦しみと共有する感情や経験は有している。「今この場面で，目の前で思い悩む人に，グループの一員として伝えたいこと」に真摯に向き合うほど，専門的な知識や経験は削ぎ落され，グループのなかで感じた直観が湧いてくるように思われる。そして，自身の言葉が「仲間の一言」の一部となることを目指している。

　筆者にとって治療共同体エンカウンター・グループの方法論を日本に広めていきたいという原動力は，アメリカの治療共同体アミティでの経験によるところが大きい。アミティの理念のひとつに，「与えられた肩書や立場ではなく，自分自身の経験を」というものがある。援助職としてではなく，一人の人間として向き合い，自身の感情や経験を示すことで人を導くことの重要性を示唆する言葉である。この理念は，治療共同体エンカウンター・グループに非当事者である援助者が参加するときの指針でもあり，また，新たな援助の可能性を提示しているのではないだろうか。

付記
　本稿は，『精神療法』第43巻第4号に掲載された「連載 物質使用障害治療の最前線」の「物質をやめた後のスピリチュアルな成長のために──エンカウンター・グループ」に加筆・修正を施したものである。

文献
治療共同体研究会 (2017) 依存症者のためのエンパワメント・プログラムファシリテーションガイド.
ダルク (2018) ダルク──回復する依存症者たち. 明石書店.

De Leon, G. (1995) Therapeutic community for addiction : A theoretical framework. International Journal of the Addiction 30-12 ; 1603-1645.

De Leon, G. (2000) The Therapeutic Community : Theory, Model, and Method. New York : Springer.

引土絵未・岡崎重人・加藤 隆・山本 大・山崎明義・松本俊彦 (2018) 治療共同体エンカウンター・グループの効果とその要因について. 日本アルコール・薬物医学会雑誌 53-2 ; 83-94.

引土絵未・岡崎重人・山崎明義・松本俊彦 (2014) 日本型治療共同体モデルの試行と効果について. 日本アルコール・薬物医学会雑誌 50-5 ; 206-221.

上岡陽江・五十公野理恵子 (2017) 女性薬物依存症者の当事者研究. In：熊谷晋一郎＝編：臨床心理学増刊第9号「みんなの当事者研究」. 金剛出版, pp.109-114.

小林桜児・松本俊彦・大槻正樹・遠藤桂子・奥平謙一・原井宏明・和田 清 (2007) 覚せい剤依存症患者に対する外来再発予防プログラムの開発——Serigaya Methamphetamine Rerapse Prevention Program (SMARPP). 日本アルコール・薬物医学会雑誌 42 ; 507-521.

近藤京子 (2011) 生きる力開発プログラム. 季刊Be! 104 ; 68-72.

栗坪千明 (2010) 構造化された入寮生活による栃木ダルク5段階方式の展開. 日本アルコール・薬物医学会雑誌 45-4 ; 49-56.

松本俊彦 (2012) 薬物依存症に対する新たな治療プログラム「SMARPP」——司法・医療・地域における継続した支援体制の構築を目指して. 精神医学 54-11 ; 1103-1110.

宮永 耕 (2008) 薬物依存症者処遇におけるサービスプロバイダとしての治療共同体について. 龍谷大学矯正・保護研究センター研究年報 5 ; 19-39.

森田展彰・嶋根卓也・末次幸子・岡坂昌子 (2006) 日本において薬物依存症者の自助施設はどのように機能しているか？——全国ダルク調査から. 日本アルコール・薬物医学会雑誌 41-4 ; 343-357.

中根千枝 (1967) タテ社会の人間関係. 講談社現代新書.

NIDA (2015) Therapeutic communities. NIDA research report series, 15-4877. (https://d14rmgtrwzf5a.cloudfront.net/sites/default/files/therapueticcomm_rrs_0723.pdf [2019年6月28日取得])

Perfas, F.B. (2003) The Therapeutic Community : A Practice Guide. Lincoln, NE : iUniverse.

Rogers, C. (1970) Carl Rogers on Encounter Group. New York : Harper & Row. (畠瀬 稔・畠瀬直子＝訳 (1982) エンカウンター・グループ——人間信頼の原点を求めて. 創元社)

坂中正義 (2003) 改訂版自己実現スケール (SEAS2000) 作成の試み. 福岡教育大学紀要 52-4 ; 181-188.

嶋根卓也・近藤あゆみ・米澤雅子・近藤恒夫・松本俊彦 (2018) 民間支援団体利用者のコホート調査と支援の課題に関する研究. 厚生労働科学研究費補助金 障害者政策総合研究事業 (精神障害分野) 刑の一部執行猶予下における薬物依存者の地域支援に関する政策研究. 平成29年度総括・分担研究報告書, pp.107-118.

嶋根卓也・森田展彰・末次幸子ほか (2006) 薬物依存症者による自助グループのニーズは満たされているか——全国ダルク調査から. 日本アルコール・薬物医学会雑誌 41-2 ; 100-107.

特定非営利活動法人東京ダルク (2010) 平成21年度社会福祉推進費補助金事業実施報告書——依存症回復途上者の社会復帰に向けての就労・就学支援事業.

White, W. (1998) Slaying the Dragon : The History of Addiction Treatment and Recovery in America. Bloomington : Chestnut Health System Publication. (NPO法人ジャパンマック＝訳 (2007) 米国アディクション列伝——アメリカにおけるアディクション治療と回復の歴史. NPO法人ジャパンマック)

第4章

治療共同体と精神医療

イギリスの実践から学ぶ

古賀恵里子

はじめに

　治療共同体について考えようとすると，頭だけではなく身体が賦活されるような感覚を覚える。治療共同体について誰かに何かを伝えるのであれば，自分を蚊帳の外に置くわけにはいかない。自分の体験を伝えることから始めたい。

　筆者は治療共同体でスタッフとして仕事をした経験があるわけではないが，臨床現場で働くなかで治療共同体の考え方や実践から学べるものがあると考えていた。2015年に現職に着任する以前，筆者は精神科病院で臨床心理士として長く働いてきた背景をもつ。現在は第一線を離れたが，自分の人生の半分以上を精神科病院とともに（あるいは，精神科病院のなかで）過ごした。これは「私」を形成する大きな要素である。

　精神科病院というひとつの施設・集団に，時には巻き込まれつつ身を置き，重篤な心理的問題を抱える患者に多職種のチームで向き合い，チームで支え合い，そしてぶつかり合いながら精神科病院での治療とは何であるのかを考えつづけてきた。そのなかで出会ったのが治療共同体の考え方だった。それは理論なのかもしれないが，筆者にとってはもっと生々しく，体験と呼ぶほうが収まりがよい。鈴木（2014）は「治療共同体は何よりも，実践の方法論なのだから」と述べ，患者との臨床場面での実践において体験のなかから積み上げられていくものであることを強調している。

臨床現場ではさまざまな形で理不尽で不可解な現象が，患者との関係におい
てはもちろん，スタッフ間においてもたびたび生じる。それはある特定の施設
のみで生じるものではなく，精神科医療などの重篤かつ複雑な心理的問題に関
わる施設において共通して生じる現象である。この気づきをもたらしてくれた
のは，筆者自身のグループサイコセラピストとしてのトレーニング過程での学
びであり，さらにイギリスの精神科医／精神分析家でAssociation of Therapeu-
tic Communities の代表を 1996 年から 1999 年にわたって務めた Hinshelwood,
R.D. (2001) の 著 書 *Thinking about Institutions : Milieux and Madness*（『施
設 [註1] について考える——環境と狂気』）との出会いであった。彼はこの本の
なかで，精神科病院などの心理的問題に深くかかわる施設は，患者やクライエ
ントが自分の日常生活のなかで抱えきれなくなり，その周囲の人たちも持ちこ
たえられなくなった「耐えがたさ（intolerance）」が持ち込まれる場であり，そ
のなかのスタッフは「耐えがたさに耐える」ことを求められると指摘している。
そしてその積み重ねのなかで施設全体が不安を防衛しつづけると，その結果，
施設に独特の組織的現象が生じ，治療的機能を損ねるという否定的スパイラル
が生じる。Hinshelwood によれば，施設が全体としての特異な防衛から逃れる
ために必要なのは「考えること（thought）と探究（enquiry）」であるという。
思考せずに流れていく日々の営みにリフレクションの次元を交差させていく，
つまり，リフレクションが可能な空間と時間を構造として確保するということ
である。Reflection には「熟考，内省，反射，再帰的思考，省察」などさまざま
な日本語があてられるが，筆者は，ある事象に関して，継時的に，かつ，その
時々の事象を取り巻く状況を同時的につなげ反映させながらじっくり考えると
いう意味だと解釈している。そして，それを可能にする設定が治療共同体であ
ると Hinshelwood は考えている（古賀，2018）。
　筆者が精神科病院に入職したのは，1987 年に精神保健福祉法が施行される前

[註1] ここでは institutions を「施設」と訳したが，この単語には「制度」という意味合いも含
まれる。タイトルの institutions にも両方の意味が含まれていると筆者は考える。
[註2]「精神病院」という呼称は，2006 年 12 月に「精神病院の用語の整理等のための関係法律
の一部を改正する法律」の施行によって，医療におけるひとつの科であることを強調すべく
「精神科病院」という呼称に置き換わり，行政的にはこの呼称が使われるようになった。しか
し，それによって「収容」のイメージが払拭されたかどうかは，はなはだ疑問である。

年であり，当時は「精神病院」と呼ばれていた［註2］。日本の精神科病院は1960年代から1970年代にかけて病床数を急激に増やした。筆者の勤めていた病院も，その頃に設立された病院のひとつであり，筆者が仕事を始めた当時は，他の多くの精神科病院と同様に病棟の窓には鉄格子がはめられ，個々のベッドの間に仕切りのない大部屋や畳部屋で構成された病棟が残っていた。数十年を越えて在院する入院患者も少なくはなく，退院を口にすることがタブーであるかのような雰囲気さえあった。「一生もん」という言葉が患者同士で密かに（そして半ばオープンに）使われていた。これは「現在入院している精神病院で一生を終える人」という意味であり，「あいつも一生もんやな！」と，ある患者が他の患者を見立てたりしていた。

現在，精神科医療において，入院治療は必要最小限に抑えることが奨励され，速やかに地域での治療につなげることが目指されている。国の施策によって，新たな長期入院の患者を生み出さないように精神科病院は変容を促されている（厚生労働省，2017）。

建物のアメニティは筆者が仕事を始めた頃と比べると改善され，まるでホテルかと見まがうばかりの病院も増えてきた。たしかに物理的環境は大切である。しかし，それ以上に重要な心理的環境は変化してきているのだろうか。患者の症状の背景にある心理社会的な問題，患者がこれまでの社会の縮図として持ち込む対人関係の病理にどこまで向き合っているのだろうか。入院治療を必要最小限に絞るなかで抽出される，入院治療だからこそできるエッセンスを有効に利用しているのだろうか。

鈴木（2015）は「30万人近くの人々が依然として入院治療を受けている現実，しかもその内容はかなり貧しいものであることを考えると，どうしても集団の力動を理解し，それを梯子に臨床を考える方法の必然性を強調したくなる」と述べる。

個々の患者が精神科病院に持ち込まざるをえなかった「耐えがたさ」を受け止め，患者と一緒にそれに向き合い取り組み，彼らの成長や回復が可能となる治療的環境が必要である。個人精神療法，集団精神療法，作業療法などさまざまな専門的アプローチが治療的に機能するための環境を創り上げ，病院のコミュニティで起こる患者と患者，患者とスタッフ，スタッフとスタッフの間の対人関係や，レジャーなどのアクティビティを通して起こるグループのダイナミク

スなどを治療的に活かすことができる環境について，私たちは考えつづけなければならない。ここでは，治療共同体の考え方やアプローチがいかに役立つのかについて，治療共同体発祥の地であるイギリスの実践を紹介し，それらを日本の精神医療における実践に取り入れる可能性について考えてみたい。

I │ **イギリスの実践から学ぶ**──歴史

イギリスにおける治療共同体の萌芽は，古くは1791年にクェーカー教徒のWilliam Tukeがその家族と共に始めたヨーク・リトリートにまで遡ることができる（武井，2017）。Kennard（2008）はこの時期を第1期「精神疾患への人道主義的アプローチの出現」と位置づけている。

さらに彼は第2期として，イギリス中部の都市バーミンガムのノースフィールドにある陸軍病院で起こった取り組みを取り上げているが，彼をはじめ多くの人がイギリス精神医療における治療共同体の始まりと位置づけるのが「ノースフィールド実験（Northfield Experiments）」である（Hinshelwood, 1999 ; Harrison, 1999）。

Bion, W.R.とRickman, J.による第1次ノースフィールド実験，続くFoulkes, S.H.，Bridger, H.，Main, T.による第2次ノースフィールド実験について，本稿でも少し取り上げておきたい。

1 ノースフィールド実験（Northfield Experiments）

ノースフィールドに第1次世界大戦前からすでに開設されていたHollymoor病院が，1942年から1948年の間，陸軍病院として用いられたのがNorthfield Military Hospitalである。第2次世界大戦に従軍した兵士の戦争神経症を治療することを目的としており，Rickmanが1942年に，Bionが1943年に着任して訓練棟で兵士の治療にあたった（Bion, 1961 ; Harrison, 1999）。リハビリテーションのためには高い士気をもって戦いに臨む集団を再び作り上げ，そこに兵士（患者）をかかわらせることが必要であると考え，グループによるアプローチを試みた（Hinshelwood, 1999）。そして，院内でのすべての関係性と活動をどのように治療的な方法で利用できるかについて考えていた（Harrison, 1999）。結局，この試みは軍当局との軋轢のなかで6週間という短い期間をもって終結を余儀

なくされた。実験は「第2次」としてFoulkes, Bridger, そしてMainに引き継がれた。

Foulkes（1948）は彼の第2次ノースフィールド実験について著書 *Introduction to Group Analytic Psychotherapy* のなかで記述している。

前任者たちが去って1カ月以内に着任したFoulkesは，文化人類学者Malinowski, B.K.の「安楽椅子（Arm Chair）」の文化人類学から「開かれた空間（野外）（Open Air）」の文化人類学への移行についての記述になぞらえて，この実験を「相談室（Consulting room）」の精神医学から，生活する（living）「開かれた空間」の精神医学への移行と称した。

Foulkesはさまざまなグループ志向のアプローチ——スポーツ，レジャー，芸術活動，病院新聞など——を促進させた。そこでは，精神科医，軍のスタッフ，そして患者，つまり「全体としての病院コミュニティ」を構成するすべての人が，共通の関心事として病院のタスクに向き合うように工夫されていた。

同時に，病棟のコミュニティ・ミーティングでは，患者たち自身から病院管理についての提案が出されるようにもなり，病院生活は可能な限り患者たち自身によって組織・維持された。そのなかで，新しく入院してくる患者のための「ノースフィールドの紹介（Introducing you to Northfield）」のパンフレットが作成された。このパンフレットの「編集後記」「序文」などの抜粋が紹介されているが，本稿で後に紹介するキャッセル病院の元入院患者によって作成された入院案内の内容に通じるところが多く，大変興味深い。「治療に関して言えば，私たちがここで行うすべてのことが治療であると言ってよいでしょう」（Foulkes, 1948, p.50）など，治療共同体の核が確かにここにあったと感じられる。

Harrison（1999）によると，Foulkesはその後，徐々に各病棟で集団精神療法の小グループを行うことに仕事の比重を移し，1944年以降，訓練などの担当はBridgerに引き継がれた [註3]。彼は「全体としての病院」の感覚をより重視し，「環境」についての議論を病棟に広めた。

筆者は2018年1月に元ノースフィールド病院を訪ねる機会を得た。現在，そ

[註3] Harrison（1999）によると，病院案内作成に着手したのはBridgerであった。彼は医師でも心理職でもなくWar Office Selection Boardsの一員で，教育学の専門家でもあった。彼は第2次世界大戦後に精神分析家としての訓練を受けてタヴィストック研究所の設立者の一人となった。

写真1 ランドマークとして知られる給水塔

の建物はHollymoor Medical Hospitalとして使用されている。

写真1はノースフィールド実験当時からランドマークとして知られていた給水塔である。病院の廊下の壁の一角には"Asylum"という単語が刻まれた建築当初の病院設計見取り図がかけられていた。

この訪問は，Foulkesが創始したグループ・アナリシスのGroup Analytic Society Internationalが主催した「ノースフィールド再訪（Northfield Revisited）」と名づけられたカンファレンスに参加することで可能となった。グループ・アナリシスはイギリスをはじめヨーロッパ諸国で広く用いられている集団精神療法のアプローチであり，ノースフィールド病院はFoulkesによるグループ・アナリシスがまさに始まったその地でもある。

ワークショップは2日間開催され，2日目午前の会場「ノースフィールド病院」でミディアン・グループ（中サイズのグループ）が行われ，筆者もメンバーの一人として参加した。詳細はここでは記述しきれないが，雪景色のノースフィールドで冷たい空気に包まれながら，当時の患者（兵士）の過ごした時間に思いを馳せていた。本や論文で読む「ノースフィールド」が，戦争のなかで精神を病んだ生身の人々の人生のひとコマを構成した場として体験された。遠いイギリスの地における出来事が筆者自身の内的な戦争をめぐるストーリーと結びついた瞬間であった。

写真2　Block Plan

2 パイオニアたち

(1) Maxwell Jones (1907-1990)

　ノースフィールドの実験とほぼ同じ時期に，Jones, M. は独自の路線で治療共同体を展開させていた。彼のミル・ヒル病院からベルモント病院，そしてディングルトン病院に至る治療共同体の実践の展開については，1968年から1971年の間，実際にこの病院でJonesと共に仕事をした鈴木純一の訳による『治療共同体を超えて』(Jones, 1968/1976) を読んでいただきたい。鈴木はほかにもイギリスにおける治療共同体体験を，いくつかの論文のなかでビビッドに描いている（鈴木，2014）。

　Jonesは患者同士，患者とスタッフの関係を通して，個々の患者が自分の感情に向き合い，自分の責任性を取り戻しつつ回復していくことを重視した。また，コミュニティのなかで起こる出来事を全体で共有する文化の醸成を目指し，①コミュニティのメンバーである患者とスタッフ全員が参加して話し合う「コミュニティ・ミーティング」，②コミュニティ・ミーティングの後にスタッフで振り返る「レヴュー・ミーティング」，③コミュニティ内で何か問題が起こったときに臨時で開かれ，その問題に少しでも関係する人たちが集まって話し合う「クライシス・ミーティング」を3本柱として挙げている。

　ここでの鍵概念である「共有」を実現するためには，心理的な公平さ（egalitarism）を重視する考えがその基底に流れていること，皆で考えること，患者の病的体験よりも健康な側面を重視すること，問題が起こるプロセス（文脈）を重視すること，そして，それらが率直に話し合われることが大切であると考えられた。そのようなやりとりのなかでは痛みを伴うコミュニケーション（painful communication）が展開されることもある。しかし，そのような危機こそが学習の機会となりうる。

Whiteley（2004）は，イギリスの異なる地域でほぼ同時期に起こったノースフィールドでの実践とミル・ヒルの実践には，病院コミュニティの機能とウェルビーイングに重きを置いている点で類似点が多く，前者は治療共同体の哲学を，後者は方法を創り出したと指摘している。

(2) Tom Main (1911-1990)

第2次ノースフィールド実験で，Bridgerの1年後に着任したのがMainである。彼はBridgerから多くを学び，Bridgerが訓練棟で行っていたことを自分の担当の医療病棟（medical wards）に広げた。そして，軍との話し合いを重ねるなかで治療的かつ現実的な全体としての施設を目指すことに取り組んだ。この時期にMainは「治療共同体（Therapeutic Community）」という言葉を世に送り出した（Harrison, 1999 ; Whiteley, 2004）。

Mainは1946年にノースフィールド病院からリッチモンドのキャッセル病院に移り，院長として退職までの30年間，精神分析理論に基づいた治療共同体を展開した。キャッセル病院は，2018年現在，イギリスで治療共同体の実践を継続している稀少な精神科病院である。

Mainはロンドンに近い地の利を活かしてスタッフトレーニングに力を注いだ（Main, 1989）。探究の文化（the culture of enquiry）はMainが目指した病院文化であり，この文化は脈々と受け継がれている。

(3) David H. Clark (1920-2010)

Clarkは1953年から1983年の間フルボーン病院の院長を務め，院長就任4年後に病院を全開放にし，1964年に *Administrative Therapy*（Clark, 1964）を書き上げた。そのなかで「精神病院が単なる収容施設としてではなく，治療施設となり得ることを主張」（鈴木，2014, p.174）した。そして，*Social Therapy in*

Psychiatry（Clark, 1974）のなかで「活動，自由，責任」をスローガンとして掲げた。

　また，Clarkは治療共同体を「厳密な意味での治療共同体（Therapeutic Community Proper）」と「治療共同体アプローチ（Therapeutic Community Approach）」に区別した。前者にはベルモント病院やキャッセル病院が含まれ，後者には，より広い意味での心理社会的治療としての「生活しながらの学習（living and learning）」の方法が組み込まれ，病院コミュニティの日々のプログラムにグループでの話し合いを用いるが，病棟管理への関与は限定されていた（Whiteley, 2004）。

　なおClarkは日本において，世界保健機関WHOの顧問として日本の精神科医療を視察し，「クラーク勧告」を出したことで知られている。そのなかで，当時の日本の精神科医療の現状を憂えて，長期入院の患者たちの無力感に働きかける有効な治療法のひとつとして治療共同体を紹介している（クラーク, 1969）。

③ イギリス治療共同体学会の歴史

　Kennard（2011）はイギリス治療共同体学会（The Association of Therapeutic Communities : ATC）の歴史を次のようにまとめている。

　　黎明期（1969年）：ヘンダーソン病院（元ベルモント病院）の院長Whiteleyの呼びかけで始まった。

　　形成期（1970〜1974年）：年次カンファレンスが開かれ，活気にあふれていた時期。トレーニング・グループが組織化された。

　　全盛期（1975〜1977年）：濃厚で創造的な活動を展開した時期。Hinshelwoodのリーダーシップによってカンファレンスやニュースレターで活発な議論が交わされた。専門性の基準を議論するなかで，エリート主義への怖れや非難，個人的で情緒的なニーズが知的で政治的な操作に取って代わられることへの警告が発せられることもあった。

　　規範形成と達成期（1978〜1986年）：運営委員会が組織され，Clarkが1983年に初代代表に就任。1978年には宿泊型ワークショップや年次大会ウィンザー・カンファレンスが始まった。1980年にHinshelwoodの編集で*The International Journal of Therapeutic Communities*が刊行され，ATCと

The Royal College of Nursing による治療共同体実践の資格取得のコース（1年）が設けられ，7年間継続された。この時期は黄金期と言われてはいるが，外側のことにエネルギーを注いで内部管理が疎かになった時期でもあった。

内部崩壊と再生（1987〜1995年）：ニュースレターの発行が途絶え，組織の健康さが失われた。組織の立て直しのなかで，後にATCで重要な役割を果たすことになる Rex Haigh が新事務局長に選出された。

専門家組織（1996〜1999年）：1996年に Hinshelwood が代表に選出され，治療共同体の認定基準や実践家に要求される訓練の核を定めることを提案して11のワーキング・グループをつくった。パーソナリティ障害をもつ犯罪者への治療効果という点でATCと司法精神医療との協働が始まった。1999年に代表職が Hinshelwood から Haigh に手渡された。

Community of Communities（C of C）が表舞台に登場（2000年以降）：2000年夏，Haigh は Royal College of Psychiatrists に治療共同体の認定と審査の必要性を伝えつづけた。その結果，2001年10月26日にATC's Quality Network of Therapeutic Communities（Community of Communities）が正式にスタートした。サービス・スタンダード（Service Standards）が定められ，その後は毎年更新された。2010年には，大人（保健，社会ケア，刑務所），嗜癖，子どもと青年，そして学習障害，それぞれ別々の基準（standards）が作成された。

新たな始まり（2004年以降）：2004年に Haigh は代表職をキャッセル病院院長 Kevin Healy に引き継いだ。2005年には Hinshelwood がジャーナルの編集長を後進に委ねた。その後，ジャーナルは薬物依存の治療共同体にも門戸を開いた。2009年当時の代表 Chris Holman はATCと子どもや青年の治療共同体である Charterhouse Group との統合を提案し，2012年に The Consortium for Therapeutic Communities（TCTC）が成立された。

4 精神医療における治療共同体の盛衰

パイオニアたちが臨床を展開した病院の多くは，現在，姿を消している。

Clark（1999）は，治療共同体のイギリスにおける実践は1970年代をピークに下降線をたどり，精神科病院よりもむしろ地域での実践に推移しつつあると述べている。Pearce & Haigh（2017b）によると，1970年代に巨大精神科病院は

閉鎖され，入院患者数は減少し，入院期間は短縮化して，費用削減のため構造化されたプログラムの実施が難しくなった。それに伴い人材も地域に移行した。現状としては，治療共同体の実施機関として知られる多くの病院は「治療共同体アプローチ」であり，「治療共同体プロパー」は，ほとんどが非居住型へと変化している。Haigh（2015）は約10年の間にイギリスの多くの治療共同体が閉鎖され，残った組織も厳しい闘いを強いられている現状を憂いつつ，治療共同体が淘汰されずに生き残り，次に進むために何が必要かを考えつづけている。

　イギリスでは1948年に国民健康サービス（National Health Service：NHS）が設立され，1990年に「NHSサービス及びコミュニティケア法」が成立し，各自治体が社会復帰関連施設を整備することによって，精神障害者を含む障害者が地域のコミュニティのなかで生活するコミュニティケアへの転換が図られた。ちなみに，イギリスの精神科病院の約90％は国営である（厚生労働省，2015）。

II │ イギリスの実践から学ぶ──現在

① キャッセル病院

　キャッセル病院は，Mainが精神分析の考え方をもとに治療共同体を実践し，1993年から1997年の間，Hinshelwoodもクリニカル・ディレクターを務めた精神科病院である。本稿の「はじめに」で紹介した *Thinking about Institutions* はこの病院の実践に基づいて記述されている部分も多い。主な治療対象は，薬物療法，ケースマネジメントなど地域の一般的な治療では効果が得られにくいパーソナリティ障害の18歳以上の患者である。入院期間は9カ月から12カ月で，その後は必要があればアウトリーチサービスに繋げられる。多職種によるチームアプローチが志向され，生活のなかで学べる環境（living-learning environment）が治療の基盤に置かれ，心理社会的看護（psycho-social nursing）がこの病院の特色であり，看護師が入院生活のプログラムとしての活動を患者と共にしながら，しっかりと一人ひとりに関わる。患者が放置されて「無力な人」の役割にとどまりつづけることはない。

　筆者は2013年10月に，短い時間ではあったがこの病院を訪問した。患者たちとの朝食・昼食，コミュニティ・ミーティング，作業グループ，スタッフミーティングなど，充実した内容であった。コミュニティ・ミーティングでは，一

人の患者に起こった問題をコミュニティ全体の問題として考え，コミュニティの問題を一人ひとりの問題と繋げて考える様子を目の当たりにした。患者代表者とのインタビューでは，筆者の質問「これまでの精神科での治療と何が異なるか？」に「全部（Everything !）」と応えがあり，「自分はこれまでの病院では依存的だった」とも付け加えられた。

病院の「入院案内」は患者と看護師が共同制作したもので，入院予定者に予め手渡される。「Congratulations !」で始まり，「入院中にどのような治療が行われるのか」「治療に際して患者本人に期待されることは何か」が具体的に示されている。たとえば，「他の患者や看護師と関わること」「他の患者の助けを受けること」「活動のなかで役割を引き受けること」「困難な感情に向き合うこと」等々。このことからもわかるように，入院治療のなかで人とのかかわりを通して対人関係を成長させることが最重要事項であり，いかに責任（responsibility）を引き受けるかが鍵となっている（古賀，2015）。

筆者の知る日本の精神科病院では「してはならないルール」については伝えられても，治療において患者自身に期待されることが明記された「入院案内」に出会うことは少ない。また，他の患者とかかわりをもつことも，トラブルを懸念して「必要最小限にするように」と抑えられることが多い。一人の患者が他の患者を助けることは「干渉」とみなされることさえある。一方，キャッセル病院では，夜間に不安になった患者の話し相手になる患者当番さえ決められている。

② The Consortium for Therapeutic Communities（TCTC）

ATCがTCTCとして再組織化されたのが2012年である。年次カンファレンスは，ACTの時代から毎秋，ウィンザーの宿泊施設において2泊3日の設定で開かれていた。

筆者は2013年にTCTCの個人会員となり，その年の10月に開かれたカンファレンスに参加した。テーマは "Enabling Communities : The Future of Relationships"。参加者は108人でイギリス人が大多数ではあったが，ギリシアからは利用者を含む30人余りが参加していた。また，医療現場よりも地域で治療共同体を実践している組織からの参加者が多く，年齢層は子どもから大人まで，対象も精神障害者，知的障害者，司法の問題を抱える人たちなど多岐にわたっていた。

毎朝夕にはコミュニティ・ミーティングがもたれ，参加者はその時々で感じていることを言葉にするように求められた。それに加えて，午後の小グループではより深い自分の感情に向き合う時間を体験することになった。ミーティングやグループの間には講演やアートを用いたワークショップなどが開かれた。

　この年のカンファレンスでTCTCの「中核となる価値基準（core values）」の改訂案が提案され，参加者によって承認された。

③ 中核となる価値基準（Core Values）

　表1にTCTCとC of Cによってつくられた治療共同体の中核となる価値基準を示した［註4］。いずれも実践に不可欠な考え方・態度である。

　この10項目はいずれも「援助する側の人」「援助される側の人」の区別や「病気を持つ人」「健康な人」の線引きをしていない。人の成長や回復に必要な価値基準である。コミュニティのなかで共にメンバーである患者とスタッフは，成長・回復という視座では同じ土俵に立っている。つまり，このような価値基準が根づいている，あるいは根づかせるための努力が継続されている環境では，病を持つ人も持たない人も成長・回復が可能となりうるということである。

④ スタッフトレーニング

　治療共同体で働くことは，グループにおける種々の関係性のなかで「自分」を使う営みである。治療共同体の実践者に求められるCore Competencesが2014年にTCTCとC of Cによって考案された。13の項目が挙げられており，そのなかのひとつが「自分を使うこと（Use of Self）」である。また，「種々の出来事に調律，応答できる感受性」「自分と他者の相互作用を治療的に使う能力」「他者によって引き起こされた考えや気持ちをモニターし，これをクライエントの問題の理解につなげる能力」「専門的立場や役割を盾にして隠さないジェニュインネス」なども含まれている（Pearce & Haigh, 2017a, pp.349-353）。そして，これらはいずれも容易ではない。

　イギリスでは，治療共同体スタッフのトレーニングのための体験型ワーク

［註4］TCTCウェブサイトにマニフェストとして掲載されている（https://www.therapeutic communities.org/wp-content/uploads/2014/07/manifesto-v5-web.pdf ［2018年9月28日取得]）。

精神分析	アセスメント	カウンセリング	行動分析

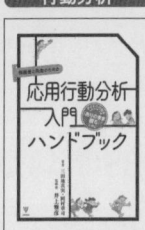

新訂増補 パーソナリティ障害の精神分析的アプローチ

松木邦裕 福井 敏=編

病理の理解と分析的対応の実際

多様化する今日のパーソナリティ障害治療を、精神分析的心理療法で紐解く、松木邦裕編の名著が大幅に増補された新版となって刊行。

3800円

神経心理学的アセスメント・ハンドブック[第2版]

小海宏之=著

発達障害児・者の神経心理学的アセスメントや認知症における認知機能の評価に用いられる七〇にのぼる心理アセスメントを紹介する。

4200円

プロカウンセラーが教える対人支援術

大谷 彰=著

心理・医療・福祉のための実践メソッド

傾聴、問題解決、目標設定などの基本から、対人関係アセスメント、指示、情動調整などの応用まで、一歩先を行く実践スキルガイド!

2600円

応用行動分析入門ハンドブック

井上雅彦=監修 三田地真実 岡村章司=著

保護者と先生のための

子どもの行動を「ありのまま観る」ために

発達障害をもつ子どもとの関わりで「イラッ」。そんな自分を責めたことはないですか? 本書のABAを通して問題を解決しましょう。

2600円

表1　治療共同体の中核となる価値基準

- アタッチメント（Attachment）
  健康なアタッチメントは発達の必要条件であり，人間の基本的な権利である。
- コンテインすること（Containment）
  すべての人は，発達，成長，そして変化のための安全でかつ支持される環境を必要としている。
- 尊重（Respects）
  人々は尊重されていると感じる必要があり，彼／彼女の問題のみによって定義，あるいは描写されるべきではない。
- コミュニケーション（Communication）
  すべての行動には意味がある。そして，それは理解されることが必要なコミュニケーションである。
- 相互依存（Interdependence）
  個人がよりよく生きている感覚は，互いのニーズを理解する関係性から生じる。
- 関係性（Relationships）
  関係性の質は，自分の親しい友との，家族との，社交上の，そして仕事上での生活の質に強い影響を与える。
- 関与（参加）（Participation）
  自分の環境や関係性に影響を与える能力は，個人がよりよく生きるために必要不可欠である。
- プロセス（Process）
  個々人，集団，そして組織にとっては，直ちに行動に移すのではなく，リフレクトすることのほうが良いことが多い。
- バランス（Balance）
  肯定的な体験，否定的な体験，そのどちらも，私たちすべてにとって必要である。
- 責任（Responsibility）
  各々の個人は他者に対して責任をもつ。そして，他者はその個人に対して責任をもつ。

ショップが行われている。代表的なものはHaighたちが創始したLiving Learning Experience（LLE）であり，宿泊形式で治療共同体の実践に忠実なトレーニング内容を提供している（Lombardo, 2014 ; Lee et al., 2016）。

　一方，Hinshelwoodとイタリアの精神科医でグループ・アナリストであるPedriali, E.が共同で2000年代に考案した後，イタリアで始まった宿泊型トレー

ニングが Learning from Action Working Conference（LfA）である。重篤な精神疾患を持つ患者と第一線で仕事をしている治療共同体スタッフが対象であり，彼らが患者の言葉のみでなく，アクションへの感受性を発達させることが目指されている（Hinshelwood et al., 2010）。LfA はイギリスのタヴィストック人間関係研究所で1957年から始められたグループ・リレーションズ・カンファレンスと治療共同体という2つのアプローチを組み合わせた構造をもつ（Rawlings, 2016）。

　筆者は2014年と2016年にイタリアのLfAに参加し，2017年にはHinshelwoodを含むヨーロッパのスタッフ3人と，筆者を含む日本人スタッフ2名のスタッフ体制で，日本初のLfAを開催した（古賀・川合，2017）。参加者たちはトレーニングのために一時的なコミュニティのなかで生活を共にし，そのなかで生じる自分のアクションや他の参加者・スタッフとの関係などを言語グループでリフレクトすることを通して，現場での自分と患者との関係性への気づきを深めた。安定したバウンダリーのなかで治療的（訓練的）退行が可能になる。そして，そのことを現実の臨床現場のアクションと繋げて考えられる仕組みがLfAにはある。

　そして，2018年秋から，TCの実践家養成コースとして Therapeutic Community and Therapeutic Environments Practitioner Training（TCEPT）のシステムが立ち上がった。理論学習と体験を組み合わせた2年間のコースで，Rexたちによって運営されている（Pearce & Oliver, 2018）。

　治療共同体が成長・回復を可能にする環境を安定して患者に提供するには，その重要な構成要素であるスタッフのトレーニングが不可欠である。

Ⅲ ｜ 私たちは治療共同体から何を学ぶのか

　JonesやClarkとイギリスで共に仕事をした経験をもつ鈴木純一は，1977年から海上寮療養所で院長を務め，多職種チームを組んで治療共同体を実践した（武井・鈴木，2006）。この時代には日本各所の精神科病院で治療共同体の実践が試みられた。武井（2017）は「精神科病院批判の高まりと治療共同体」という視点から1960年代から70年代にかけての日本の動きをたどっている。しかし，その実践は継続されなかった。病院批判と共に消えてしまったのだろうか。

精神科病院で働きつづけることは，自分と向き合うことを要求される容易ならざる仕事である。患者の無力感がスタッフに投げ込まれ，コミュニティ全体に無力感が蔓延する。そして，その無力感が再び患者に投げこまれる。そのなかで施設全体が士気阻喪に陥ることもある（Hinshelwood, 2001）。しかし，コミュニティがリフレクティブでありつづけようと努力すれば，そのなかの個人はその機能を内在化する可能性をもつ。施設について考えつづけることが「考える施設」の文化を育み，そのなかの個人を助ける。

　治療共同体プロパーの特質のなかで，治療共同体アプローチにおいては重要視されない要素のひとつが「探究の文化」とそれに伴う「役割の吟味」であるという，Pearce & Haigh（2017a）の指摘は興味深い。これはキャッセル病院が育んだ文化である。だからこそMainはスタッフトレーニングにかける時間と労力を惜しまなかったのだろう。日本の精神医療に治療共同体が根づきにくい理由のひとつも，ここにあるのかもしれない。

　日本に吹いた熱い風は治療共同体の骨格を支えるコミュニティ・ミーティングの種を落として通り過ぎた。日本では，治療共同体という言葉を知らなくても「病棟ミーティング」「全体ミーティング」には馴染みのあるスタッフも少なくない。相田（2017）は，病棟コミュニティ・ミーティングが諸グループの基盤として存在し，グループという構造と観点が病棟の雰囲気に治療的変化をもたらすこと，そこでは構造化作業と境界感覚が大切であることを，豊富なグループ実践の体験から導き出している。

　一方，Haigh（2015）は，治療共同体の専門的知識・技術は，劣悪な環境の病棟などを少しでも人間的で利用者にとって無害な場とするために必要とされるものであり，その基本原則をより広く適用するために，どこでもどんな風にも使うことができる「頭のなかの治療共同体（Therapeutic Community in the head）」をわれわれが維持することが必要だと説いている。「頭のなか」，つまり個人に内在化された治療共同体の機能は，さまざまな場で人と人の関係が持つ治療的力を展開させる駆動力をもつ。

文献

相田信男 (2017) 精神科病院におけるグループの展開. 精神療法 43-5 ; 37-41.

Bion, W.R. (1961) Experiences in Group. London : Tavistock Publications. (ハフシ・メッド＝監訳 (2016) 集団の経験——ビオンの精神分析的集団論. 金剛出版)

Clark, D. (1964) Administrative Therapy. London : Tavistock Publications.

デイヴィッド・H・クラーク [加藤正明＝訳] (1969) 日本における地域精神衛生——WHOへの報告. 精神衛生資料 16.

Clark, D. (1974) Social Therapy in Psychiatry. London : Churchill Livigstone. (秋元波留夫・北垣日出子＝訳 (1982) 精神医学と社会療法. 医学書院)

Clark, D. (1999) Social psychiatry : The therapeutic community approach. In : P. Campling, & R. Haigh (Eds.) Therapeutic Communities : Past, Present, and Future. London : Jessica Kingsley Publishers, pp.32-38.

Foulkes, S.H. (1948) Introduction to Group Analytic Psychotherapy. London : Karnac.

Haigh, R. (2015) The quintessence of a therapeutic environment : The foundations for the Windsor conference 2014. Therapeutic Communities 36-1 ; 2-11.

Harrison, T. (1999) A momentous experiment : Strange meetings at Northfield. In : C. Penelope, & R. Haigh (Eds.) Therapeutic Communities. London : Jessica Kingsley Publishers, pp.19-31.

Hinshelwood, R.D. (1999) Psychoanalytic origins and today's Work : The Cassel heritage. In : C. Penelope, & R. Haigh (Eds.) Therapeutic Communities. London : Jessica Kingsley Publishers, pp.39-49.

Hinshelwood, R.D. (2001) Thinking about Institutions : Milieux and Madness. London : Jessica Kingsley Publishers.

Hinshelwood, R.D., Pedriali, E., & Bruner, L.D. (2010) Action as a vehicle for learning : The learning from doing workshop. Organizational & Dynamics 10-1 ; 22-39.

Jones, M. (1968) Beyond the Therapeutic Community : Social Learning and Social Psychiatry. New Haven : Yale University Press. (鈴木純一＝訳 (1976) 治療共同体を超えて——社会精神医学の臨床. 岩崎学術出版社)

Kennard, D. (2008) A view of the evolution of therapeutic communities for people suffering from psychosis. In J. Gale, A. Realpe, & E. Pedriali (Eds.) Therapeutic Communities for Psychosis. London : Routledge, pp.3-15.

Kennard, D. (2011) An incomplete history of the association of therapeutic communities. Therapeutic Communities 32-2 ; 97-107.

厚生労働省 (2015) 平成20年6月25日 第5回「今後の精神保健医療福祉のあり方等に関する検討会」配付資料 (抄) 諸外国における地域移行をめぐる動向 (www8.cao.go.jp/shougai/suishin/seisaku_iinkai/ws2/270601/pdf/s3.pdf [2018年9月24日取得]).

厚生労働省 (2017) これからの精神保健医療福祉のあり方に関する検討会 (https://www.mhlw.go.jp/file/05-Shingikai-12201000-Shakaiengokyokushougaihokenfukushibu-Kikakuka/0000152026.pdf [2018年9月25日閲覧]).

古賀恵里子 (2014) The consortium for therapeutic communities (TCTC) annual international conference——Windsor 2013——に参加して. 集団精神療法 30-1 ; 107-108.

古賀恵里子 (2015) 治療共同体の考えに学ぶ. 大阪経済大学人間科学研究 9 ; 111-125.

古賀恵里子 (2018) 精神科病院を覆う集合的防衛に関する考察——Robert Hinshelwoodの組織的現象に関する理論から. 大阪経大論集 68-6 ; 151-160.

古賀恵里子・川合裕子 (2017) 治療環境においてアクションから学ぶために——Learning from Action Working Conferenceの体験を通した考察. 集団精神療法 33-1 ; 68-74.

Lee, J., Haigh, R., Lombardo, A., & Rawlings, B. (2016) Transient therapeutic communities : The "living-learning experience" trainings. Therapeutic Communities 37-2 ; 57-68.

Lombardo, A. (2014) LLE and LfA : Two powerful tools for Tc workers. Therapeutic Communities 35-1 ; 5-9.

Main, T. (1989) The Ailment and Other Psychoanlytical Essays. London : Free Association Books.

Pearce, S., & Haigh, R. (2017a) The Theory and Practice of Democratic Therapeutic Community Treatment. London : Jessica Kingsley Publisher.

Pearce, S., & Haigh, R. (2017b) Milieu approaches and other adaptations of therapeutic community method : Past and future. Therapeutic Communities 38-3 ; 136-146.

Pearce, S., & Oliver, D. (2018) Training for democratic therapeutic community practitioners, and workers in therapeutic and enabling environments. Therapeutic Communities 39-2 ; 93-97.

Rawlings, B. (2016) Learning from action : A description and evaluation of an experiential learning programme. Therapeutic Communities 37-1 ; 27-42.

鈴木純一 (2014) 治療共同体の成り立ち. In：鈴木純一：集団精神療法——理論と実践. 金剛出版, pp.101-110.

鈴木純一 (2015) 集団療法における治療文化と歴史性——個人的な経験から. 集団精神療法 31-2 ; 284-290.

武井麻子 (2017) 集団精神療法の歴史と広がり. In：日本集団精神療法学会編集委員会＝監修：集団精神療法実践事例30——グループ臨床の多様な展開. 創元社, pp.4-24.

武井麻子・鈴木純一＝編 (2006) レトリートとしての精神病院. ゆみる出版.

Whiteley, S. (2004) The evolution of the therapeutic community. Psychiatric Quarterly 75-3 ; 233-248.

第Ⅲ部

[実践篇]

治療共同体アプローチの展開

第1章

トラウマからの回復に治療共同体を生かす

トラウマインフォームド・ケアによる安心・安全な関係性

野坂祐子

はじめに

> たぶん，すごく孤独感を感じていた。見た目の症状がなくなって，でも，孤独感がどんどん増して，それを押し殺してたんだな。孤独感を和らげてもらった。ほかで共有できないことを言ったり，（つらさを）緩和できる経験ができた。すごく大きな体験をさせてもらった。
> ——性被害の女性サバイバーによる治療共同体グループ最終回の感想

　近年，PTSD（心的外傷後ストレス障害）症状に焦点を当てた実証性のある心理療法が確立されつつあり，被害者にとってトラウマによる精神症状は改善が見込めるものとなっている。PTSDは治る病気である，といっても過言ではない。しかし，PTSD症状がなくなることが，すなわち「回復」とは言えない。たしかに，ふいに襲いかかるフラッシュバック（侵入症状）や，できないこと（回避症状）がなくなれば，日常の暮らしはずいぶん送りやすくなる。それらの症状がどれほど生活の妨げになっていたかを考えれば，一見 "元の暮らしに戻る" ことは，本人や被害者にとって回復と感じられるだろう。ところが，それと同時に，麻痺していた感情や感覚が動き出し，否定的な反芻に留め置かれていた思考が機能しはじめることで，被害者は新たな困難に直面する。それは "元

の暮らしには戻れない"という現実であり，トラウマによって失ったものへの気づきである。

冒頭のコメントは，性被害を受けた女性のための治療共同体（Therapeutic Community : TC）グループの参加者による感想である。突然，路地に連れ込まれて頭部と顔面を石で殴打され，重傷を負わされたうえでレイプ被害を受けた彼女がそのグループに参加したのは，事件から約5年を経た時期のことだった。PTSDを発症し，医療機関での薬物療法と並行して，心理臨床機関でPTSD症状に有効とされる持続エクスポージャー療法（Prolonged Exposure）（Foa et al., 2007）に取り組み，「見た目の症状がなくなっ」たのはたしかである。だが，身体的外傷の痕が薄れ，精神的外傷（トラウマ）によるPTSD症状が軽減したあとに残されたのは，「孤独感」であったという。

安全だと感じられていた日常が一転して，死という危険にさらされたことの衝撃，それが人間の行為であったことへの絶望，抵抗の最中に自分自身も相手に殺意を抱いたことへの畏怖，そして，トラウマ後のさまざまな症状を生き抜くことの苦しみ。こうした生と死，人間の業の深淵を覗くようなトラウマ体験は，安全を暗黙の前提として成り立っている日常の関係性では「分かち合えない」ものと感じられるに違いない。我々の社会では，往々にして「過去は水に流して，前向きに生きること」が求められ，「耐えること」や「弱音を吐かないこと」が美徳とみなされやすい。トラウマを否認する社会において，被害者はトラウマ体験はもとより自分の感情すら語れない。そのため，孤独感を「押し殺し」て生きるほかない。

家族や友人，支援者とではなく，TCの関係性だからこそ「共有」できるものとは何なのか。つらさをなくすのではなく「緩和」する経験は，症状の消失を目指す治療とは異なるものなのか。トラウマからの回復にTCはどのような役割を果たすのか。これらの問いについて，トラウマを前提としたアプローチであるトラウマインフォームド・ケアの観点から考える。

I トラウマの実態と影響

① 公衆衛生としてのトラウマと治療共同体

　日本では，トラウマは自然災害の「被災者」や犯罪の「被害者」を理解する概念として用いられることが多いが，疫学調査からいるは，生涯においてトラウマ体験を有する人は少なくないことが明らかにされている（Costello et al., 2002 ; Kessler et al., 1995）。とりわけ対人暴力は国際的に最も深刻な公衆衛生の問題のひとつと認識されている（Koop & Lundberg, 1992 ; U.S. Public Health Service, 2000）。つまり，トラウマは被害者に精神的苦痛をもたらすだけでなく，生活の質（Quality of Life : QOL）の低下や経済的損失とも関連する公衆衛生上の問題と捉えられる（Foa et al., 2007）。

　トラウマが個人の精神健康から公衆衛生上の課題とみなされるようになった背景には，小児期逆境体験に関する研究（Adverse Childhood Experiences study : ACEs）（Felitti et al., 1998）の発展がある。ACEs研究と呼ばれる18歳までの家庭内におけるさまざまな虐待被害や養育機能不全の影響を調べた大規模調査では，さまざまな種類のACEsを重ねるほど，神経発達不全や社会的・情緒的・認知的障害のリスクが高まり，後の生活全般に悪影響を及ぼすことが明らかにされた。そうした幼少期のACEs体験は，情緒面や対人関係の問題を生じさせ，自己治癒的な飲酒・喫煙・薬物使用などによって，社会的不適応や心身の疾患，早すぎる死につながりやすくなる。

　このような個人の行動傾向や関係性は，家族など身近な人々だけでなく，集団や地域といったコミュニティ全体にも影響を及ぼす。家庭での虐待やDV（ドメスティック・バイオレンス），学校や職場でのいじめやハラスメント，地域での犯罪・違法行為が横行すれば，コミュニティの安全や健全さは損なわれていく。すると，個人のみならず集団全体のレジリエンスが低下し，自律的な修復が見込めなくなる。コミュニティにおいて，公正さや責任に対する価値が崩れると，人々は回復よりも報復を求め，対話ではなく不和が日常になる。

　トラウマが公衆衛生の問題とみなされるのは，単にトラウマの発生率が高く，トラウマ症状を有する人が少なくないといった精神医学的なニーズが大きいからではない。トラウマは，個人的な困難にとどまらず，社会全体の安全や価値

を揺るがす脅威になりうるからである。そのため，再トラウマを生み出す社会に介入しない限り，真の回復はありえない。ここに，個人セラピーによるトラウマからの回復の限界がある。集団や社会は，個人の集まりではなく，それ自体が生体システムとして機能している。トラウマティックな共同体（Traumatic Community）から回復の共同体（Therapeutic Community）への変化を目指すことは，トラウマからの回復において欠かせない視点である。

② トラウマとアタッチメント

　自然災害や犯罪による「危険な体験」は，安心・安全の感覚を脅かすものであり，重大な影響をもたらすが，子どもが「危険な体験」とすら認識できない家庭の機能不全や境界線の侵害も，安心・安全の感覚を損なわせるものであり，健全な発達を妨げる。関係性トラウマやアタッチメント・トラウマとも呼ばれる幼少期の関係性に起因するトラウマは，ACEs（Felitti et al., 1998）のほか，多重被害（ポリヴィクティム）（Finkelhor et al., 2007）や蓄積トラウマ（Grasso et al., 2013）の研究としても展開し，複雑性トラウマ（Cook et al., 2005 ; Courtois, 2008 ; Ford, 2009, 2017）の概念は，幼少期にさまざまな逆境的なトラウマティックストレスにどれだけ晒されたかによって，児童・思春期に深刻な心理社会的問題が生じるという「量−反応関係」で説明されている。

　言うまでもなく，アタッチメントの形成は乳幼児期の重要な課題であり，養育者との安定した関係性の体験は，内的作業モデルとして生涯にわたり対人関係の雛形として内在化される（Bowlby, 1969/1982, 1988）。アタッチメントとは，個体がある危機的状況に接し，あるいはまた，そうした危機を予知し，恐れや不安の情動が強く喚起されたときに，特定の他の個体への近接を通して，主観的な安全の感覚を回復・維持しようとする傾性を指す。つまり，（潜在的）危機によって生じたネガティブな情動状態を低減（マイナス方向に転じた情動状態をニュートラルなゼロの状態に戻す）させ，自らが安全であるという主観的意識を個体にもたらすことが，アタッチメントの心理社会的機能と言える（遠藤，2007）。

　乳幼児にとって，空腹や痛み，暑さや寒さといった不快感は生命体としての危機的状況であり，泣いてぐずったり，養育者に視線を向けたりして，アタッチメント行動を示す。大切なのは，子どもが不快さや苦痛を感じないことでは

なく，むしろ程よいネガティブ情動を感じつつ，それが程なく養育者の関わりによって低減される体験を重ねることである。ところが，逆境や複雑性トラウマは，子どもにとって圧倒されるような強度の負荷であり，養育者への接近は役に立たないばかりか，むしろ事態の悪化を招くものとなる。本来，安全を感じるはずの状況や関係性のなかで起こる暴力やマルトリートメント（不適切な養育），養育者や教員など子どもが信頼を寄せている大人による裏切り，境界線の侵害は，いずれも心理的トラウマになりうるが（Ford, 2017），これらは意図的な暴力やネグレクトに限らず，養育者の感受性の低さや，子どもとのチューニング（調子合わせ）のズレに起因するものもある。

　養育者自身が安定したアタッチメントを形成しておらず，トラウマの影響を受けたままでいると，子どもの泣き声や接近に対して，養育者が不安や怒りを覚え，無力感に陥ってしまう。誰でも初めての子育てでは戸惑いや自信のなさを抱くものだが，通常は，「自分を頼ってきた子どものニーズに応じてあげられた」という手応えや喜びを感じ，養育者としての自覚や満足感を高めていく。しかし，自身も虐待やネグレクトを受けて育った養育者は，「自分が得られなかったものを子どもは際限なく求めてくる」と捉え，子どもに対して嫉妬や腹立たしさ，脅威までも感じることが少なくない。

　トラウマを抱えた思春期の子どもが，孤独への対処として性的な関係を求め（あるいは応じて），若年での妊娠や出産に至る例は少なくない。しかし，安定したパートナーシップが築けず，さらにうまく子育てができないことで孤立していくと，再トラウマのリスクはどんどん高まっていくことも多い。関係性トラウマは，どこかで癒やされない限り，世代を超えて悪影響を及ぼしつづける。

③ トラウマの再演と悪循環

　このようにトラウマは生涯にわたって深刻な影響をもたらすが，その影響は目に見えにくい。身体的外傷が「何らかの外部からの衝撃によって生じた損傷」であるとわかりやすいのに対し，精神的外傷（トラウマ）は，「損傷」そのものが見えないうえに，その原因となった「衝撃」も気づかれにくい。こうした二重の不可視化に加え，さらにトラウマに対する社会の否認が重なると，よほど注意深く見なければ，その影響は見過ごされてしまう。そのため，多くのトラウマがケアされないまま，個人と社会に影響を及ぼしつづける。

暴力によって身体的境界線が侵害されたり，自身の考えや感情という心理的境界線を尊重してもらえなかった経験をもつ人は，自身の境界線を守れなくなったり，他者の境界線に踏み込んだりして，自他の安全を損なう行動や関係性に陥りやすい。たとえば，虐待を受けた子どもが学校で他児をいじめたり，性的虐待を受けたり，性情報にさらされたことによる性的トラウマが遊びのなかで表わされたりする。このように，暴力や支配を用いた関係性をもつ傾向や，トラウマにまつわるテーマが言動に表れることをトラウマの再演（reenactment）という。

　再演は，本人も周囲も無自覚なまま繰り返されやすく，再トラウマを招くものだが，本人にとっては馴染みのある一定のパターンとして機能する。親の気分次第で「叱られる」という虐待を受けた子どもが，施設や学校の教職員に対して挑発的な態度を取り，結果的に「また叱られる」ことは，叱責されるというネガティブな体験であるものの，「何が起こるかわからない」という不安に比べれば，本人にとってはずっと安心できるものだ。予測不可能でコントロールができないのがトラウマの本質であることを考えると，再演は，たとえさらに傷つけられることになったとしても，予測可能でコントロールできる（ような気がする）点でトラウマへの対処と言えよう。性的虐待から逃れるために買春相手を見つけて一夜を過ごすことは，「自分で相手を選んでいるだけマシ」と感じられるものだろうし，「どちらにせよ危険なら，お金をもらえるほうを選ぶ」という限られたなかでの選択こそが，自尊心を守る最後の砦であるかもしれない。何も選択できない無力感や一方的に扱われる屈辱感に比べれば，たとえさらなるリスクにさらされるとしても，選択の余地があることは，人の尊厳を保つものであるからだ。

　とはいえ，トラウマの再演という対処は，今ある痛みを別の痛みで紛らわせているにすぎないものであり，傷は癒えるどころか増していく。「支配－被支配」の関係性のなかで自分のコントロールやパワーを取り返そうとしても，パワーゲームのなかであがいているだけで，トラウマティックな関係性から逃れられるわけではない。「また叱られる」「お金をもらえるほうを選ぶ」という選択は，真の自己選択ではない。そして，本人の苦痛や切羽詰まった状態とは裏腹に，そうした行動を取ることで，周囲からはしばしば呆れられ，見下されることもある。この周囲の「蔑み」の反応を引き出すことこそが，まさにトラウ

マの再演なのである。人として大切にされないことが関係性トラウマの中核的な体験であり，結果，再トラウマが重なっていく。

　養育者から守られず，誤解や偏見のまなざしを向けられて育つなかで，果たして人は自分の存在価値を認め，よりよく生きようとする希望がもてるだろうか。他人を信じられず，あてにできなければ，助けを求めることなどできない。何より自分自身を信じることができず，自分には価値がないと思っていたら，再演のパターンからは抜け出せない。自暴自棄による悪循環から事態は一層悪化し，対人関係や社会生活上の問題，心身の疾患やアディクションによって，ACEsが示した「死のピラミッド（Death Pyramid）」（Felitti et al., 1998）のうち，「早すぎる死」を迎える例も稀ではない。

　逆境やトラウマ体験が「死のピラミッド」のリスク要因であるのはたしかだが，レジリエンスを発揮させる保護要因があれば，人は回復し，さらには外傷後成長（Post Traumatic Growth : PTG）を遂げることもできる。そのためには，トラウマの影響に対する本人と周囲の理解が不可欠であり，サポーティブな関係性が必要となる。

Ⅱ ｜ トラウマケアからトラウマインフォームド・ケアへ

1 トラウマを「見える化」する

　前述したように，トラウマは二重三重に不可視化され，しばしば「ないもの」とされたり，別の原因や診断がつけられたりする。トラウマの影響である情動調整不全によって，激しい怒りや不満，抑うつ気分が引き起こされ，それは「すぐキレる人」「クレーマー」「暗い人」といったパーソナリティとしてラベリングされたり，「問題行動」や「不適応」とみなされやすい。あるいは，トラウマ記憶を想起させる刺激であるリマインダーに反応したパニックやフリーズ，混乱や落ち着きのなさがADHD（注意欠如・多動症）と見られたり，解離症状や感情麻痺，対人関係の問題が，解離性パーソナリティ障害や発達障害と診断されたりすることも少なくない。思春期の自傷行為や摂食障害などの背景にトラウマがある可能性は認識されつつあるものの，治療においてトラウマに触れることは「パンドラの箱」を開けるようなものとして回避されがちである。

　このように見過ごされがちなトラウマを「見える化」し，トラウマを安全に

扱うアプローチを，トラウマインフォームド・ケア（Trauma-Informed Care：TIC）という。TICは，ACEs（Felitti et al., 1998）から発展した概念と言われ，1990年代後半から用いられるようになった（Harris & Fallot, 2001；Poole & Greaves, 2012）。TICとは，「トラウマの影響を理解して対応することに基づき，**被害者や支援者の身体**，心理，情緒の安全性を重視する。また，被害者がコントロール感やエンパワメントを回復する契機を見出すストレングスに基づいた取り組み」（Hopper et al., 2010／強調引用者）と定義されているように，TICは心理療法ではなくトラウマ体験のある人への関わり方のアプローチであり，その対象には支援者も含まれる（Bloom & Farragher, 2013；Classen & Clark, 2017）。援助にあたる実践家だけでなく，管理者や受付，清掃業者などを含むすべてのスタッフにトラウマの影響が周知されていることで，利用者に再トラウマを与えることなく，回復を促進させるための一貫した援助が行える（Elliott et al., 2005）。

　従来の「トラウマケア」が，トラウマを主訴とするクライエントへの専門的な支援・治療行為であるのに対して，「トラウマインフォームド・ケア」は，さまざまな立場の人がトラウマの知識や情報に基づいて関わるという間口の広さを有しており，トラウマとは何か，どのような影響をもたらすのかという心理教育を基盤とする。トラウマについて理解する（informed）のは，本人を含むすべての人であり，そこには「専門的観点から診断する人・治療する人」対「診断を下される人・治療される人」という階層や役割の差異はない。トラウマは，脅威にすぎず，恥ではない。トラウマ後に生じたさまざまな問題は，自分の弱さや愚かさによるものではないと理解し，よりよい対処をすれば回復するという前向きで現実的な捉え方ができるようになることを目指す。本人も支援者もトラウマのメガネのレンズを通して現在の行動や問題を理解し，それらがもともとはトラウマへの対処や適応のために発達してきたものだと捉え直す。再演や悪循環といったネガティブな対人関係のパターンを認識し，新たなスキルの習得や関係性を強化することで，ウェルビーイング（well-being）を高めるアプローチである（Levenson, 2014）。

　TICのアプローチを推奨する米国保健福祉省薬物乱用・精神衛生管理局（Substance Abuse and Mental Health Services Administration：SAMHSA）は，TICの実践に向けた臨床的枠組みとして，理解する（Realize），認識する（Recognize），対応する（Respond），再トラウマ体験を防ぐ（Resist re-traumatization）の頭文字からなる4つの"R"を提唱している（SAMHSA, 2014）。トラウマからの回復においては，トラウマの正しい理解と認識，適切な対応を通して，再トラウマを防ぐことが鍵になる。それは，限られた専門家によって行われるものではなく，あらゆる人に求められる取り組みである。人々の安全と健康を守ることは，まさに公衆衛生の目的であり，トラウマが公衆衛生の問題であることからすれば，TICへのパラダイムシフトは当然の流れと言えよう。

　トラウマが，医療モデルから社会モデルとして扱われるようになることで，トラウマは病理から関係性と捉えられ，トラウマの語りは閉ざされた診察室からコミュニティへと開かれる。トラウマティックな関係性から安全な関係性へ──そのシフトのためには，被害者の認知が変わればよいというものではなく，体験そのものが変化する必要がある。

② 安全な関係性を体験するために

　TICは，一般的なトラウマの知識と影響について共有するものであり，トラウマ記憶の暴露（exposure）や処理（processing）は行わない。そうした治療的アプローチは「トラウマに特化したケア（Trauma Specific Care）」と位置づけられ，公衆衛生的な標準対応を行ってもなお医療的ニーズがある場合になされるものである（Bloom & Farragher, 2013 ; 野坂，2018）。このように，トラウマ記憶の詳細を聴くものではないが，TICでは"今まさに起きているトラウマの影響"を丁寧に扱っていく。

　たとえば，トラウマ体験のある人が支援者と二人きりで話すことになっただけで，ある人は落ち着きをなくし，「話すことなんてない」とイライラした態度を取る。別の人は，その状況に色めき立つかもしれない──「特別扱いしてもらえている」「二人きりになるのには性的な意味がある」「何か危険なことが起こるに違いない！」。こうした言動をトラウマのメガネを用いて理解することで，トラウマに触れる話題への回避症状が起きている可能性や，関係性に対する認知の歪みや再演に気づきやすくなる。支援者や職員は「その態度は何だ！」と非難したり，「まだ話せない時期なのだ」と対話をあきらめてしまうのではなく，「イライラしているみたいね」と相手の感情を反射（リフレクション）しながら，「思い出したくないことが頭に浮かんだら，いやな気持ちになるのは当然

です」と，一般的な心理教育を行うチャンスに変えることができる。二人きり
になることが，支援者にとっても安全に感じられないときは，「今は，オープン
で静かな場所で話したいと思いますが，どうでしょう？」と提案してもよいだ
ろう。本人と支援者がともに安全を感じられることが重要であり，いずれかに
負担や犠牲があるならば，それは安全な関係性ではない。

　トラウマ反応を引き起こすリマインダーは，本来，どれも無害なものである。
過去を思い出すことやトラウマを想起させる刺激（人，環境，五感，情報など）
は，それ自体に危険が伴うものではない。そのため，リマインダーによって生
じる生理的反応（動悸，発汗，興奮，脳への血流不足による記憶の欠損など）
と情緒的反応（動揺，恐怖）を自覚し，グラウンディングやリラクセーション
のスキルを用いることによって，トラウマ記憶に圧倒されることなくリマイン
ダーに対処できるようになっていく。重要なのは，リマインダーによるトラウ
マ症状についての心理教育と対処スキルのトレーニングである。その人のリマ
インダーやトラウマ症状を一緒に探しながら，健全で安全な対処法を増やして
いくといったトラウマを念頭においた関わり（TIC）は，安全を高めるもので
あって，危険なものではない。もちろん，こうした介入によって，すぐにトラ
ウマ症状がコントロールできるようになるわけではないが，「呼吸法に限らず，
スポーツでも習い事でも，新しいスキルを身につけるには練習が必要ですね」
と，一般化して励ましていくことができる。つまり，トラウマへの対処は特別
なことではなく，ウェルビーイングを高めるためのごく日常的な取り組みのひ
とつと言える。

　トラウマ記憶を回避したり，トラウマ反応を抑制しようとすることは，一時
的な安全感を得るには有効だが，長期的には恐怖が強化され，制御できないト
ラウマ反応によって無力感が高まってしまう。一方，TICによってリマインダー
の管理や対応に取り組むことは，真の安全を得るための方法であるが，それに
取り組むには不安や恐れを乗り越える必要がある。支援者は，そうした被害者
の心情を理解しながら伴走者として支えつづける。被害者が自分の感情に気づ
き，圧倒されないように調整しながら抱えるスキルを身につけるために，支援
者もともに取り組みながら，ガイドとして導いていく。

　TICは，クライエントの主体性とストレングスを重視するものであり，クライエントのコントロール感を回復させるアプローチである。トラウマはパワーとコントロールの乱用にほかならず，トラウマからの回復においては，権威的・支配的ではなく，民主的でオープンなコミュニケーションが欠かせない（Bloom & Farragher, 2013）。ガイドとしての支援者は，自身のパワーやコントロールの使い方に自覚的であるべきなのは言うまでもないが，被害者がトラウマによって分断されたつながりを取り戻し（あるいは，人生で初めて体験し），閉ざされた未来への展望を開くためには，支援者との二者関係よりも，トラウマを体験した人同士で思いを分かち合い，語り合いを深めるグループが有効である。

　思うに，トラウマからの回復の過程には，被害者にとって少なからぬ理不尽さがつきまとう。トラウマ反応への対処は，たしかに"日常的な取り組みのひとつ"であるが，そもそも「なぜ，私はこれに取り組まなければならないのか」という不条理に答えてくれない。もし被害に遭わなければ，その労力は，その人自身のほかの能力を開花させるのに用いることができたかもしれない。トラウマから回復するために，被害者は大きな犠牲を払っている。トラウマの体験はさまざまであり，当事者といっても多様な存在であり，そうした理不尽さや不条理さ，そして"生と死，人間の業の深淵を覗くような"体験は，それを生き延びてきた人同士だからこそわかりあえるように思う。あるいは，だからこそ，互いにわかりあえないことまでも，受け入れようとするのかもしれない。いずれにせよ，グループでの関係性は，支援者との二者関係とは異なるものとして体験される。

　TC（治療共同体）は，その名の通り，治癒や回復のための意図的なコミュニティであり，そこでは幼少期の逆境をはじめ，さまざまな傷つきや排除といったトラウマが扱われる。しかし，日本の被害者支援においてTCの概念にあまり馴染みがないのは，上述したように本邦のトラウマケアが専門家による「トラウマに特化したケア」を主としており，心理臨床家がグループより個別支援を好む（というより，それしか知らない）ためかもしれない。あるいは，トラウマを「パンドラの箱」として回避・否認するならば，被害者が顔を合わせて語り合うことは非常に危険な行為に見えるからだろう。

　本来のTCは，生活を共にしながら，個人の癒しと変化・成長を目指すもの

表1　TCの特徴と参加体験の意味

TCの特徴	参加体験の意味
メンバー全員の守秘の誓約と実行	責任を担う
メンバーの一員として「支える／支えられる」	主体になる
グループで生じた葛藤を「今ここで」扱う	修復の体験を重ねる
過去を理解し，現在に注目し，未来への視点をもつ	回復への動機が高まる

とされるが（第I部第1章参照），一般社団法人もふもふネットで実施している性被害の女性サバイバーのグループ「たぬきの会」では，プログラムを立ち上げた2015年にTCのアプローチを取り入れたクローズドなグループを行った（野坂ほか，2016）。限定された回数での通所プログラムであり，TCの構造とは異なるものだが，トラウマがもたらした「傷」をテーマに，感情や関係性をキーワードとした語り合いを行い，グループ内での再演や力動を取り扱った。

　TCにおいて安心して被害体験を開示できる場と関係性をつくるには，支援者のみならずメンバー全員の責任と関与が必要となる。メンバーは自分のペースでグループに参加できるが，「被害者」や「被援助者」ではなく，「支える／支えられる」存在というコミュニティの重要な一員として位置づけられる。そして，グループの過程で生じる葛藤を「今ここで」扱うことで，「傷つける／傷つけられる」という再演で終わらない関係修復を体験する。過去のトラウマを振り返りながらも，つねに今ここでの体験に注目することは，肯定的な未来に視点を向けることにつながり，回復への動機づけになる（表1参照）。こうした体験のなかで，メンバーは"孤独感を和らげてもらった"と感じることができたようだ。

　このグループは現在，セミクローズドの語り合いの場へと形を変えて継続している。PTSD症状が消失したとしても，トラウマを体験したことのつらさがなくなるわけではない。しかし，グループのなかで，何度も思い返し，語ることで，安心してつらさを口にできるようになる。その語りは，犠牲者的な自己憐憫ではなく，自分のトラウマ体験を悼み，出来事と自分自身を慈悲的な見方で捉えるセルフコンパッション（self-compassion）となっていく。トラウマに

よる傷つきと喪失を悲しめる関係性は，メンバーの回復とグループそのものの進展を支えるものである。

Ⅲ｜トラウマの影響を受ける支援者と組織

① 支援者の傷つき

被害者のみならず支援者への影響も認識するTICのメガネで見れば，業務においてトラウマの影響を受けているのは，被害者支援の現場だけではなく，あらゆる組織であると言える。なかでも，児童福祉，精神保健，医療，教育，司法といった領域では，トラウマの影響は避けられない。

トラウマの現場を目撃したり，被害の話を詳細に聴いたりすることは，支援者にとって二次的外傷性ストレス（Secondary Traumatic Stress : STS）（Stamm, 1999）になりうるものであり，しばしば被害者と同じようなトラウマ反応やPTSD症状を呈する。こうした間接的なトラウマへの暴露に加え，上記の現場では，対象者からの暴言や暴力といった直接的なトラウマやストレスを受けることも少なくない。しかし，支援のなかで受けたハラスメントや傷害は「被害」とみなされにくく，それどころか支援者の過失や能力の問題と捉えられやすい。

トラウマを受けた子どもや成人の過覚醒や不信感が，攻撃や試し行動として表わされ，支援者を傷つけたり翻弄したりする。度重なる嘘やルール違反に対して，支援者が裏切られたように感じて悲しみや怒りを覚えたり，無力感や不信感に陥ったりすることは少なくない。さらに，自傷行為や自殺企図，暴行，無断外出，病気等の急変といった緊急対応に追われることは，つねに緊張を強いられるものであり，支援者のストレスは高まり，組織も厳戒態勢になる。

このように，トラウマに関わる支援者と組織全体が，過覚醒状態となって安全感を失い，感情の調整がきかなくなった支援者によるトラブルが増加すると，やがて誰も問題を問題と感じなくなるという解離状態に至る。こうした状況をBloom（2014）は，「トラウマに形作られた（Trauma-Organized）支援者・組織」と呼び，支援者の身体的な安全性が脅かされていると同時に，心理的・社会的・道徳的な安全性への脅威に直面していると警告する。社会的な安全とは，すなわち対人関係における安全であり，対象者との威圧的な関係性や，組織における同僚や上司との民主的でも支援的でもないやりとりは，社会的安全が損

なわれた状況である。また，道徳的な安全とは，社会の安全の土台になる価値を表わし，非暴力や公正さ，正義，責任といった価値の尊重を指す。トラウマからの回復を支える現場では，何より安全や安心が重視されるべきであるのに，現実にはさまざまな暴力や葛藤があり，傷ついた支援者で溢れている。組織の不健全さは，支援者の心身の健康を害し，支援の質を低下させる。

　支援者とはいえ，トラウマによって影響を受けるのは，あたりまえのことだ。重要なのは，傷つかないことではなく，その影響を認識していることである。支援者がトラウマを扱えないのは，被害者への配慮ではなく否認・回避であり，ケアではなく放置である。支援者は，トラウマに対する自分の態度を自覚することが求められる。一方，支援者にも何らかのトラウマがあるからこそ，対人援助の道に進んだのかもしれない。支援者自身のトラウマを脆弱性から強みに変えるには，トラウマについて何度でも思い起こす必要がある――トラウマは恥ではない，と。

② 支援者の回復と健全な組織

　こうした支援者の回復は，支援者が個人で取り組むべきものではない。もちろん，セルフケアや自己研鑽の努力は求められるが，集団や組織全体が健全でなければ，個人の強みや能力は生かされない。被害者は，パワーやコントロールに敏感に反応する（過敏さゆえに感情麻痺を起こすほどだ）。たとえ，支援者を「信用に足る理解者」だと思えても，不公正なパワーやコントロールが横行している組織では，安全や安心を感じられず，支援者との不健全な依存関係が生じやすくなる。

　トラウマに対応する組織が健全であるためには，表2の9つのコミットメント（宣誓）が求められる。そして，支援者も感情や考えを言葉で伝えられるようになり，リラクセーションや情動調整といった自分の「安全プラン」をもつことが望まれる（Bloom & Farragher, 2013）。

　いかなる暴力も用いず，責任を分かち合いながら，民主的なやりとりを重ねることは，理想的ではあるが決して容易ではない。そこでは個人の快適さよりも，利他的な（全体にとっての）安全が優先されるため，一定の負担やストレスは免れない。しかし，これこそが“治癒や回復のための意図的なコミュニティ”であり，癒しと変化・成長を目指すTCの関係性と言えよう。TCは，誰

表2　健全な組織のための9つのコミットメント
（Bloom & Farragher, 2013）

非暴力
感情的知性
社会的学習
オープンなコミュニケーション
民主的であること
社会的責任
変化と成長
変化に伴う喪失を受け入れる
ビジョンをもつ

かがもたらしてくれるものでもなければ，受け入れてもらうだけのヒーリング
スポットでもない。よりポジティブな未来のために全員が関与し，互いの経験
から学び，よりよくなるために挑戦するコミュニティである。

　対人援助の組織にTCを生かすことは，被害者の回復に役立つだけではなく，
支援者の健全さを保つためにも有益であるはずだ。組織のあり方を変えようと
することは，たとえよい変化であっても喪失を伴う。今までのやり方を手放す
ことには不安が伴い，支援者自身の安全スキルが身につくまでには時間もかか
る。しかし，その挑戦を経てこそ，「新しいスキルを身につけるには練習が必
要」という支援者の言葉が，実感をもって被害者に伝えられるだろう。

おわりに

　トラウマからの回復には，トラウマインフォームドな視点でトラウマへの影
響を"今ここで"扱い，支援者との二者関係を超えたグループでの安全な関係
性を体験することが役に立つ。そして，そのグループは「集団」であるだけで
は不十分で，回復に取り組むための「共同体」でなければならない。すなわち
TCは，トラウマからの回復のために，あらゆる場面で活用できる可能性がある。
　治癒や回復を必要とする人は，「被害者」だけではない。問題行動やリスクの

ある関係性の多くがトラウマの影響によって生じたものであり，本人なりの対処法であったと理解すれば，犯罪の「加害者」にもトラウマからの回復が不可欠である。そして，被害や加害の領域に関わる「支援者」も，業務のなかでトラウマの話を聴くかどうかにかかわらず，すでにトラウマの影響を受けている。

　トラウマインフォームド・ケアは，被害者や加害者といった一時点でのアイデンティティを前提とすることなく，あらゆる人の困難に対して適切なケアを行うことを可能にする。そして，支援者とクライエントという「分断」から，トラウマの影響を受けている人々という「つながり」をもたらす。つながっているからこそ，互いに健全な境界線を築くことが求められ，そのためには誰もが自分の気持ちや意思を伝えようとする必要がある。このプロセスや体験そのものが，TCが目指すものであり，TCを創り出すものになる。

文献

Bloom, S.L. (2014) Sanctuary model. In : R.M. Reece, R.F. Hanson, & J. Sargent (Ed.) Treatment of Child Abuse : Common Ground for Mental Health, Medical, and Legal Practitioners. 2nd Ed. New York : Johns Hopkins University Press.

Bloom, S.L. (2017) The sanctuary model : Though the lens of moral safety. In : S.N. Gold (Ed.) The Handbook of Trauma Psychology 2 : Trauma Practice. New York : APA, pp.499-513.

Bloom, S.L., & Farragher, B. (2013) Restoring Sanctuary : A New Operating System for Trauma-Informed Systems of Care. New York : Oxford University Press.

Bowlby, J. (1969/1982) Attachment and Loss 1 : Attachment. New York : Basic Books. (黒田実郎ほか＝訳 (1991) 母子関係の理論1 [新版I] ——愛着行動. 岩崎学術出版社)

Bowlby, J. (1988) A Secure Base : Parent-Child Attachment and Healthy Human Development. New York : Basic Books.

Classen, C.C., & Clark. C.S. (2017) Trauma-informed care. In : S.N. Gold (Ed.) The Handbook of Trauma Psychology 2 : Trauma Practice. New York : APA, pp.515-539.

Cook, A. et al. (2005) Complex trauma in children and adolescents. Psychiatric Annals 35-5 ; 390-398.

Costello, E.J., Erkanli, A., Fairbank, J.A., & Angold, A. (2002) The prevalence of child and adolescent exposure to community violence. Clinical Child and Family Psychology Review 6 ; 247-263.

Courtois, C.A. (2008) Complex trauma, complex reactions : Assessment and treatment. Psychological Trauma : Theory, Research, Practice, and Policy, S1 ; 86-100.

Elliott, D.E., Bjelajac, P., Fallot, R.D., Markoff, L.S., & Reed, B.G. (2005) Trauma-informed or trauma-denied : Principles and implementation of trauma-informed services for women.

Journal of Community Psychology 33-4 ; 461-477.

遠藤利彦(2007)アタッチメント理論とその実証研究を俯瞰する. In：数井みゆき・遠藤利彦＝編：アタッチメントと臨床領域. ミネルヴァ書房，pp.1-58.

Felitti, V.J., Anda, R.F., Nordenberg, D., Williamson, D.F., Spitz, A.M., Edwards, V., Koss, M.P., & Marks, J.S. (1998) Relationship of childhood abuse and household dysfunction to many of the leading causes of death in adults : The Adverse Childhood Experiences (ACE) study. American Journal of Preventive Medicine 14-4 ; 245-258.

Finkelhor, D., Ormrod, R.K., & Turner, H.A. (2007) Poly-victimization : A neglected component in child victimization. Child Abuse & Neglect 31 ; 7-26.

Foa, E.B., Hembree, E.A., & Rothbaum, B.O. (2007) Prolonged Exposure Therapy for PTSD : Emotional Processing of Traumatic Experiences Therapist Guide. Oxford : Oxford University Press. (金 吉晴・小西聖子＝監訳 (2009) PTSDの持続エクスポージャー療法──トラウマ体験の情動処理のために. 星和書店)

Ford, J.D. (2009) Dissociation in complex posttraumatic stress disorder or disorders of extreme stress not otherwise specified (DESNOS). In : P.F. Dell, & J.A. O'Neil (Eds.) Dissociation and the Dissociative Disorders : DSM-5 and Beyond. New York : Routledge, pp.471-483.

Ford, J.D. (2017) Complex trauma and complex posttraumatic stress disorder. In : S.N. Gold (Ed.) The Handbook of Trauma Psychology 1 : Foundation in Knowledge. New York : APA, pp.281-297.

Grasso, D., Greene, C., & Ford, J.D. (2013) Cumulative trauma in childhood. In : J.D. Ford & C.A. Courtois (Eds.) Treating Complex Traumatic Stress Disorders in Children and Adolescent : An Evidence-Based Guide. New York : Guilford.

Harris, M., & Fallot, R. (Eds.) (2001) Using Trauma Theory to Design Service Systems : New Directions for Mental Health Services. San Francisco : Jossey-Bass.

Hopper, E., Bassuk, E.L., & Olivet, J. (2010) Shelter from the storm : Trauma-informed care in homelessness services settings. The Open Health Services and Policy Journal 3 ; 80-100.

Kessler, R.C., Sonnega, A., Bromet, E., Hughes, M., & Nelson, C.B. (1995) Posttraumatic stress disorder in the national comorbidity survey. Archives of General Psychiatry 52 ; 1048-1060.

Koop, C.E., & Lundberg, G.B. (1992) Violence in America : A public health emergency. Time to bite the bullet back. Journal of the American Medical Association 267 ; 3075-3076.

Levenson, J.S. (2014) Incorporating trauma-informed care into evidence-based sex offender treatment. Journal of Sexual Aggression 20-1 ; 9-22.

野坂祐子(2018)公衆衛生としてのトラウマインフォームド・ケア. こころの科学203 ; 113-117.

野坂祐子・毛利真弓・藤岡淳子ほか(2016)性暴力被害者の回復における被害性と加害性──女性サバイバーの治療共同体(Therapeutic Community : TC)の実践から. 第15回日本トラウマティック・ストレス学会シンポジウム.

Poole, N., & Greaves, L. (Eds.) (2012) Becoming Trauma-Informed. Tronto : Center for Addiction and Mental Health.

Stamm, B.H. (1999) Secondary Traumatic Stress : Self-Care Issues for Clinicians, Researchers, and Educators. 2nd Ed. Baltimore, MD : Sidran Institute Press.（小西聖子・金田ユリ子＝訳（2003）二次的外傷性ストレス——臨床家，研究者，教育者のためのセルフケアの問題．誠信書房）

Substance Abuse and Mental Health Services Administration (SAMHSA) (2014) Trauma-informed care in behavioral health services. Retrieved from http:/store.samhsa.gov/product/TIP-57-Trauma-Informed-Care-in-Behavioral-Health-Services/SMA14-4816 (Jan 1, 2019.)

U.S. Public Health Service (2000) Report of the surgeon general's conference on children's mental health : A national action agenda. Washington DC : U.S. Department of Health and Human Services.

児童心理治療施設での環境療法

治療共同体的な試みとしての「つばさ方式」

石坂好樹

はじめに

　児童心理治療施設は，2018年4月現在，全国に50カ所ある。この施設は1961年に法制化され，半世紀以上の歴史を有する。発足時には「情緒障碍児短期治療施設」（以下，情短）と命名されていたが，2017年4月1日に「児童心理治療施設」（以下，児心）に改名された。この施設の開設当初の目的は，登校拒否，緘黙，引っ込み思案といった非社会的問題を有する児童や，反抗，怠学，金品持ち出しなどの反社会的行動を有する児童，さらに吃音，夜尿，チックなどの神経性習癖を有する児童を，入所あるいは通所させて心理治療を行うこと，とされた。

　しかし，ここ20年の間に子どもを取り巻く状況が大きく変化した。1998年頃から虐待を受けた子どもが情短に多く入所するようになった。しかもそれらの子どもの約半数が自閉症スペクトラム障碍または注意欠如多動性障碍を合併している。全国情緒障碍児短期治療施設協議会の調査（林ほか，2018）によると，現在の児心に入所している子どもの約70％が虐待を受けた子どもであり，また自閉症スペクトラム障碍が約39％，そして注意欠如多動性障碍が約26％を占める。

　このような事態を前にして，厚生労働省は，情短の定義を変更し，「保護者等による虐待，家庭や学校での人間関係等が原因になって，心理的に不安定な状態に陥ることにより，社会生活が困難になっている児童が短期間入所し，又は

保護者の下から通い，心理面から治療及び指導を受けることを目的とする施設」
（厚生労働省雇用均等・児童家庭局長，2016）とした。

　だが，この局長通知は情短の実態を反映したものとは言いがたい。入所して
いる子どもは心理面だけの治療を受けているのではない。彼らの40％以上が精
神科で処方されている薬物を服用しているとの報告がある（高田，2016）。ま
た彼らの平均在所期間は19.9カ月との報告があり（高田，2016），短期間の入
所とは言えない。

　入所する子ども状態の激変の荒波に飲み込まれて，情短は暴力の多発を含め
たさまざまな問題に直面し，対応に苦難を強いられてきた（たとえば，益田，
2010；山下ほか，2010）。長年情短の運営に携わってきた杉山（2016）は，情
短の歴史を展望しつつ，「今や，情短は保護，育成を越えた治療施設としての確
立……パラダイムの大転換を求められている」（p.233）と述べる。新たな治療
理念が児心に求められているのである。

I　虐待を受けた子どものケアの原則

　児心に入所する子どもの大部分が虐待を受けている。この子どもの病態は，
単発のトラウマストレスを受けて発症する大人の病態とは根本的に異なると言
われている（van der Kolk, 2014）。van der Kolk（2005）は，虐待によってさ
まざまな情緒障碍の症状を示すようになる子どもの状態に対して「発達性トラ
ウマ障碍」という概念を用いることを提唱している。愛着や基本的信頼の対象
であるべき大人から，不意の反復的な心理的，身体的，性的虐待をこうむる子
どもは，慢性的な極度の緊張を強いられる環境下での生活を強いられており，
それに対処するために警戒的過覚醒状態となり，また解離を含めたさまざまな
心理的防衛手段を身につけざるをえない。Herman（1992）によると，虐待を
受けた子どもの虐待環境への主な適応形態は，解離的防衛機制の開発，断片的
自己規定の発達，感情状態の病的制御の3つである。

　Herman（1992）は，心的外傷を体験した人々が回復するためには，心的外
傷体験によって歪められ損なわれた心的能力を治さねばならないが，それは他
の人々との間に新しい関係が蘇ることによって可能であると述べた。そして，
彼女は創り直されるべき心的能力として，「基本的信頼を創る能力」「自己決定

を行う能力」「積極的にことを始める能力」「新しい事態に対応する能力」「自己が何であるかを見定める能力」「他者と親密な関係を創る能力」を挙げている（p.205）。

　ところで虐待を受けた子どもが，心的能力の修復を促進する可能性のある他者との関係を形成するためには，まず他者への根深い不信感，自己への無力感や自己不全感，そして未来の喪失感を克服するといった課題に取り組まなければならない。これらはすぐに達成されるものではなく，トラウマからの回復の展開の第1段階の中心課題は，身体的および心理的安全の確立である（Bloom, 1997 ; Herman, 1992）と言われている。Barton et al.（2012）もまた「なによりも子どもは安全であり，トラウマを受ける危険性がないよう守られる必要がある」（p.64）とし，「治療関係の中心の目的は，子どもがトラウマ体験の未解決の測面を徹底操作し統合できるような安全な関係を提供することである」（pp.77-78）と述べる。児心に入所する子どもは職員との愛着の形成を必要とするとともに，安心でき信頼できる他者との関係のなかで自己像を，それも肯定的な自己像を形成しなければならない。

　ではそれらは，どのようにして形成されるのか。Bloom（1997）は「心的外傷ストレス性障碍は社会的な疾患である」（p.75）と社会的関係を強調し，「治療的環境のもっとも著しい特徴は，コミュニティおよびそれを構成するすべての個人が治療にもっとも強力な影響を与えることである」（p.103）と主張する。さらにRivard et al.（2003）は，虐待を受けた子どもの治療には「非暴力的で共同体志向の枠組みで，組織の文化と，職員および子どもの変化を生じさせる環境が必要である」（p.139）と論じる。これらのコミュニティあるいはグループは，平等主義，寛大さ，正直，開放性，信頼を特徴とせねばならない。過剰な統制，固定したヒエラルキー，不必要な制限は，そのような環境にそぐわない（Bloom, 1997, p.105）。そこには治療共同体の考え方がある。Diamond（2013）は，治療のためには，子どもが養育的で包み込む環境での保護的で共感的関係のなかで生活することが必要であり，それを提供するのが治療共同体の役割であるという。

　治療共同体は，Lees et al.（2004）のメタ分析によると，パーソナリティ障碍や嗜癖の治療に効果的であるようだが，虐待を受けた子どもの示す情緒障碍にも，このアプローチは有効であることが示されている（Bryson et al., 2017 ;

Clough et al., 2006)。

　治療共同体については本書の他の章を参考されたいが，すべての治療共同体が同じ要素と同一の実施計画のもとで運営されているわけではない。治療共同体の定義は困難でありつづけてきた（Lees et al., 2004）。Ward（1998b）は，子どもや若者のための「ただひとつの治療共同体」があるわけではないが，治療共同体的アプローチと呼ぶための実践にはいくつかの共有する核があると述べ，10の特徴を挙げた。そのなかでわれわれの関心を引く特徴は，治療のためにグループケア場面を強調する，治療的コミュニケーションを重視する，および日常のコミュニケーションを使用する，などであろうか。ここではグループに参加する者全員が自由に感情や考えを言語化するミーティング活動が，治療的と想定されている。

　虐待を受けた子どもの対応で，もうひとつ見過ごされてはならない重要な点がある。Ward（2006）は，グループを強調すると個人のニーズがなおざりにされる可能性があるとし，積極的な個別化された支持が重要であり，子どもにとっての特別な時間や特別な大人が必要であるという。Barton et al.（2012）もまた，職員が子どもとの信頼関係を形成するためには，個々の子どもの個別ニーズを満たすような特別の時間枠での関わりを必要とすると述べている。Bloom（1997）は，グループを危機的状態に陥らせないかぎりは，子どものニーズはできるだけ満たさなければならないという。つまり，グループでのミーティングを重視することと，子どもの個別のニーズを満たすという2つの活動が，うまくバランスを保って保障されることによって，子どもの安心感と信頼感と自己感が育まれることになると推測されるのである。

II｜児童心理治療施設ももの木学園での実践

　ももの木学園は2016年4月1日に開園した。まだ3年しか経っていない。そのため入所している子どもの情緒障碍の治療実績を，数量的に報告し論ずる段階にはまだない。ただ，われわれの実践が入所した子どもの情緒障碍の改善に効果的であるとの実感をもっているので，それを報告したい。

　ももの木学園は，児童養護施設つばさ園に併設されて活動を開始した。つばさ園は60年の歴史を有しており，開園から現在に至るまでさまざまな困難を克

服してきた歴史をもっている。その経過のなかで，35年ほど前に，当時の劣悪な施設の設備や管理的な養育姿勢を背景にして，園内で子ども間や子どもから職員への暴力がしばしば生じ，それに対応しようとした職員の厳しい体罰が行われるといった事態が生じていた。この悪循環を断ち切り，子どもの視点に立った養育方法の模索と暴力禁止の風土の醸成のために構築されていったのが，「つばさ方式」である（大江ほか，2013）。「つばさ方式」の基本的な理念は「子どもの養育のために最善をつくす」ことであるが，それを実現するために大別して2つの活動方針が採られている。ひとつは「子どものニーズをできるだけ満たす」ことである。たとえば食事である。以前は子どもと職員が一堂に会して食事をする方式がとられていて，「おかわりも自由でなく，如何に残さず，あるいは好き嫌いなく食べさせるかの指導」（p.174）がおこなわれていた。しかし，これは子どものニーズの尊重ではない。そこで子どもからグループごとに食事をしたいという欲求が出されたとき，その提案を認めた。さらに，週に一度は子どもが食べたいメニューを皆で話し合って決め，買い出しに行って，いっしょに料理をするようになった。日常生活のルールに関しても，大人が子どもをコントロールしやすいために定められたものと認識され，さまざまな生活環境やルールが見直された。

　もうひとつの重要な活動方針は，話し合いを積極的におこなうことであった。子どもと職員が，子どもの生活上で生じるさまざまな事柄に関していっしょに話し合い，互いの思いや気持を共有し，そして必要なことを決めるのである。その話し合いで日常のルールも決まるし，変更されうるし，生活の様式も見直される。

　さて，ももの木学園もこの方式を踏襲して，運営を開始した。ももの木学園の基本ルールは2つである。ひとつは暴力は禁止であり，もうひとつは決められた時間に帰園することである（ただし，これらのルールに違反しても，ペナルティを課せられることはない）。そして子どもに安全・安心な生活環境を提供することが職員の最重要課題とされ，そのための活動方針のひとつが，子どものニーズをできるだけ満たすことである。虐待を受けて育ってきた子どもがまず求めるのは身体的充足感であり，その子が他者との信頼関係を形成する端緒は，その充足感を与えてくれる大人との関係であるからである。

　一例を挙げる。自閉症スペクトラム障碍があり，知的にはIQが70台の小学

年高学年の男子である。家で気に入らないことがあると激しい破壊的行動を呈し，小さいときから母親との間に暴力的な関係が形成されていた。家での養育が困難となり，紆余曲折を経て当園に措置された。当園に入所後も気に入らないことがあるときや，他の子どもの言動に敏感に反応したときに，部屋の壁や扉を蹴って壊す，テレビを投げて壊す，空気調整機の室外機を横倒しにして壊す，ときに職員を蹴るといった暴力行為が絶えなかった。彼はそれまでにいた施設で，子どもの暴力や衝動行為を抑制するための心理教育プログラムである「セカンドステップ」をすでに体験しており，そのプログラムにあることばを完全に暗記しているのだが，その記憶は彼の行動の制御にまったく役立っていなかった。またタイムアウトを試みたり，正の強化子を用いて行動を変えようとしたが，衝動性が強く，これらの方法が効力を発揮することはなかった。

　園内の事例検討会で，「徹底的な個別対応」を実践することになった。本人のニーズを満たし，特定の職員との結びつきを強めることが，本人の情緒的安定をもたらすという仮定のもとでの方針決定であった。狭いホームのなかでは他の子どもの言動がストレス要因となるため，本児と担当の職員はほぼ毎日外出した。彼の希望に沿って，市内のラーメン店を巡り，スーパー銭湯に行き，あるいは車で市内を走った。

　彼の行動がある程度落ち着いてくるまでに約1年かかった。破壊行動の減少と逆比例するように本児は人々に抱きついたり，体をさわるなどの身体的接触を求めるようになった。そして，2年経つと，大きな破壊行動もなくなり，身体的接触の希求も激減し，また担当の職員との外出も必要な物を買いに行く程度になった。彼は字を書くことが苦手ではあるが，スマートフォンのメモ機能を用いて文字を打ち込み，自分の気持の表現を含んだ日記を書くようになった。その後，学校の先生の施設への訪問の際に，短時間ではあれ教科学習をするようになり，ときにはずっと年下の小学生の宿題をみてやることさえするようになった。

　もうひとつの活動方針は話し合いである。ももの木学園では，子どもは入所するとき「話し合いしよ」と題するパンフレットを渡される。そこには子どもの権利が明記されているとともに，話し合うことの大切さが表記されている。話し合いにも以下のようないくつかの層がある。

① 子どもと職員の話し合い

子どもが悩んだり，困ったりしたときに子どもが職員と話をする。そのとき，職員は子どもの言語表現，特に感情の表現を重要と考えており，子どもがそうできるように接する。また困りごとへの具体的な方策を職員は提示はするが，それを押しつけたりはせず，子どもが主体的に判断できるように話し合う。

② 子ども同士と職員の話し合い

日常生活で子ども同士の衝突が生じることがある。職員はそのとき，当事者同士で話し合う場を設定する。それぞれの子どもが自らの思いや考えを表現できるように促し，そのうえで衝突の原因が解消する方策を提案する。職員は自らの気持や思いを子どもに伝えはするが，職員の考えを一方的に押しつけることはない。

③ ホーム会議

ホームのなかで一番重要な定期的に開かれる会である。この会にはホームの子ども全員と，そのホーム担当の職員全員が参加する。その会で話し合われるのは3つの項目，「やりたいこと」「困ってること」「分かち合いたいこと」である。それぞれの項目に関して，全員が自分の思ってることをことばで表現する。その話し合いで，ホームで生活するために必要な計画やルールが決まる。この会議は月に1回開かれるのが原則である。しかし，ホームのなかでトラブルが生じ，誰かが皆で話し合う必要があると判断し，提案すれば，臨時のホーム会議が開かれる。

④ 全体会

この会は，園での安全を脅かしたり，運営の妨げになる事態，たとえば暴力行為や器物破壊行為やきわめて危険な行動が生じたときに，できるだけすみやかに開かれる。この会には，その時間帯にいるすべての職員および参加可能な休みの職員とすべての子どもが参加する。もちろんその事態の当事者も出席すべきなのであるが，子どもの会への参加は促されるが強制はされない。出席しない，あるいはできない子どももときにはいる。会で話される内容は，その事態の具体的な事実と当事者のそれについての考えや思い，およびそれに対する

参加者の思いや意見である。この会の進行の要点は，当事者に対して非難や叱責をしないことである。そして，その会でなされた発言は記録され，後日その会に参加していなかった子どもや職員に伝達される。

　これらの会への参加とその場での発言によって，子どもは自分の意見や感情をことばで表現し，それを他の人に聞いてもらうこと，また他の人の考えや感情を知るといった経験をする。虐待を受けてきた子どもは，一方的に虐待者の考えや感情を押しつけられ，自分の思いや感情を押さえつけられる体験をしてきたと想定できる。これらの会に参加することによって，子どもは個人として尊重されており，自分の意見や感情を大切にあつかってもらえるという思いを抱くようになるであろう。さらに他人の考えや思いがいろいろあることを知り，皆でものごとを決める過程に関わることによって，グループとしての活動への意識をもつようになるのであろう。そして，グループ活動の意味を理解するようになるにつれて，その活動を妨げることなく，かつ皆で決めたことを守ろうとする責任感が育つであろう。さらに何ごとも絶対的ではなく，相対的であり，妥協的にものごとを決めることを学ぶであろう。「真理とは一人一人の人間の頭の中に生まれ存在するものではなく，ともに真理を目指す人間同志が対話的に交流する過程において，人々の間に生まれてくるものだ」(バフチン，1963/1995，p.226) という仮説を，われわれは立てているのである。

　職員にも3つの主要な会議がある。ひとつはそれぞれのホームの職員による職員ホーム会議である。この会議でそれぞれのホームの運営や子どもの様子および対応の仕方について，ホームの職員間で話し合い，情報の共有と必要な事柄の決定がおこなわれる。

　もうひとつは支援会議である。ここには各ホームのチーフ，園の主任，そして副園長と園長が参加し，園の運営とそれに関連する事柄や特定の子どもへの関わり方が話し合われ，確認される。

　そして，3つ目に全職員会議がある。ここにはすべての職員が参加し，職員が必要とする情報が提供される。園の運営とそれに関連する事柄の特定の子どもへの関わりが議題として挙げられ，話し合われ，そして必要な事項の決定がなされる。もちろん話される事項には例外がある。園全体の予算および人事は管理部門が責任をもつ事項である。それゆえ，これらに関する決定内容は，この会で報告されはするが，決定をゆだねられることはない。また，この会議で

の発言は自由であり，それぞれの意見は考慮され，異なった意見は尊重される。

　これらの会議は，なによりも平等で自由で開放的であり，互いに信頼できる立場でなされなければならない。Ward（1998b）は，「組織内の管理構造においては，地位や肩書きよりも，組織内で同意された課題や哲学への個人の役割や貢献」（p.65）を強調することを，治療共同体の中核をなす実践のひとつとして挙げた。Bloom & Farragher（2013）もまた，虐待による精神障碍を治療する組織は，権威主義的であるより民主主義的であるべきことを強調し，「われわれは，民主主義的実践が，人々の小さなあるいは大きなグループが複雑な問題に対する複雑な解決，つまり新しく創造的であり相互に結びついたさまざま人々のグループから生じる解決をもたらすのを助ける唯一の方法であると結論づける」（p.111）と述べる。

　このような方式で2年半，ももの木学園は運営された。当初は物がしばしば壊れ，子ども間での衝突が生じ，また危険な行動もみられた。しかし，半年を過ぎる頃から，子どもはかなり落ち着いて生活できるようになってきた。そして1年後にはちょっとした子ども同士の喧嘩や問題行動がみられるものの，ほとんど大きな問題がみられなくなった。そして2年半経った今，暴力や破壊行動についての全体会は，ほとんど開かれず，生活上の取り決め，たとえばWiFiの使用できる時間帯の取り決めや夜の帰園の遅いことについての皆の思いなどを共有するために開かれるのであった。

Ⅲ │「つばさ方式」は治療共同体的アプローチか

　虐待を受けた子どもの情緒障碍の治療に治療共同体的アプローチが，諸外国で実践されており（Bloom, 1997 ; Barton et al., 2012 ; Diamond, 2013），またその有効性も報告されている（Bryson et al., 2017 ; Clough et al., 2006 ; Diamond, 2013）。ところで治療共同体的アプローチはさまざまでありうる（Ward, 1998b）。Clark（1965）は治療共同体的アプローチと治療共同体そのものを区別した。また，Ward（1998b）は，人々が平等で，互いに援助し治療し合い，他者の発達に貢献する能力がわれわれにあるとするのが，治療共同体モデルの中心にある考えであるとしつつ，しかし，子どもと大人のコミュニティの諸特徴は必ずしも共通ではないと論じている。たとえば彼は，コミュニティ・ミーティングは

毎日である必要はないし，子どもは大人と比べるとより依存的であるし，より多くの身体的ケアや教育や健康のニーズをもっているという。そのうえで彼は治療共同体が共有する考えのひとつとして，「治療哲学の基礎には行動的あるいは認知理論的枠組みよりも精神力動的枠組みの使用」（p.65）を挙げた。Barton et al.（2012）は，治療共同体における重要な概念として投影的同一視を取り上げ，さらに転移や逆転移およびスプリッティングを子どもの行動の理解のための重要な概念としている。この精神分析学的志向はMulberry Bush School（Diamond, 2013）でも強調されている。さらにBloom（1997）もSanctuary Modelでの心理療法は精神分析学的志向のものであるという。

　だが，トラウマの治療には，精神分析学的治療や認知行動療法が役立っていないとの報告がある（van der Kolk, 2014）。また慢性外傷神経症の理解は精神分析学的理論によってなされたものではない（Kardiner, 1947）。Kardinerは「外傷神経症の症状は，人格が傷害された外界接触維持能力をもって，外界世界との接触とそのコントロールを続行するところに生じる」（p.245）と述べ，「外傷神経症の場合には侵される自我局面が別個なので転移神経症と同じにはゆくまい」（p.254）と論じた。またJones et al.（1952）は，治療共同体では，精神療法を受けているものはわずかであり，また精神分析学的治療を受けたものはいないと報告している。さらに，Freeman（1952）は，トラウマを受けた症例では症状がトラウマ状況と関連づけられると症状の改善がみられるのだが，トラウマ神経症と性格上の欠陥は精神療法になじまないと述べる。Ward（2003）は子どもの治療共同体の中核の枠組として精神分析理論の重要性を指摘しつつ，一方で彼は，情緒的障碍を有する子どもの内的世界の表象と社会的影響の関係を考えるためには，さまざまな家族内関係のパターンと子どもが暮らす社会環境のより幅広いパターンと子どもの表象の結びつきを考慮しなければならないと述べた。ところが，彼は精神分析学的理論がこの点で未発達であると指摘する（Ward, 1998a）。だが，この点で精神分析学理論が未発達なのではない。社会環境のパターンや家族内関係のパターンと個人の表象の結びつきは精神分析学の対象ではない。精神分析学的理論は19世紀のヨーロッパの文化のなかで生活している人々の精神世界を理解するために，それも二者間の関係の個人の内的表象を理解するために創り出された理論であって，しかもその理論の多くの側面はすべての文化に普遍的なのではない。「ヒステリーの心的外傷説が廃墟と

化した中から，フロイトは精神分析を創始したのであった」（Herman, 1992, p.15）との指摘もある。治療共同体的アプローチと精神分析学理論は，切り離して考えねばならないのではないか。

コミュニティ・ミーティングの位置づけにもいろいろな考えがある。Clarke & Royes（2014）は，治療共同体のコミュニティ・ミーティングの心理治療作業とSanctuary Modelでのミーティングの区別を，医療行動の譬喩を用いて説明している。すなわち，前者が患者への手術そのものであるのに対して，後者は手術施行の間の定期的な生命徴候チェック手段であるという。「コミュニティ・ミーティングは治療グループではないが，その間に治療的なことが生じやすい」（Bloom et al., 2013, p.122）活動なのである。

あるいはまた，Ward（1998b）は，子どもの場合の治療共同体的アプローチでは，コミュニティ・ミーティングと，さまざまな場面での子どもの感情の表出を支援するための機会に応じた作業（opportunity-led work）を通したコミュニケーションや対話が重要であると指摘する。子どもの場合，コミュニティ・ミーティングのみが治療技法なのではなく，それ以外のさまざまな活動，特に職員との個別の関係の質が大いに治療的なようなのである。

ももの木学園では，子どもや職員がその時々でどのように感じ考えているかを言語的に表現することを重視するし，その意味を考えようとはするが，表現された言動を精神分析学的に解釈はしない。また，治療共同体では日々のミーティングをおこなうことが重要とされているが，ももの木学園では，ホーム会議や全体会が毎日おこなわれているわけではない。さらに日常生活で個々の子どものニーズを満たすことが，きわめて重要と考えられている。これらの特徴を挙げると，ももの木学園は，いわゆる治療共同体とされる活動とは，いささか異なっているようにみえる。

「つばさ方式」は児童養護施設つばさ園が園内の暴力の根絶と子どもに寄り添う支援の実践を目指して長年試行錯誤しつつ築き上げてきた方式である。治療共同体という概念がまずあって，それに基づいて編み出されたものではない。だが民主的で開放的で自由で平等で率直で正直といった特質をもった生活環境のなかで，日常生活の取り決めは子どもといっしょに話し合って決めることと，子どものニーズをできるだけ個別的に満たすというこの方式は，やり方こそいろいろ違いがあるものの，治療共同体の根底にある考え方と大いに共通性があ

ると判断して良いようである。

おわりに

　現在の児童心理治療施設は虐待を受けた子どもがほとんどを占め，さらにそれらの子どもの半数以上が自閉症スペクトラム障碍や注意欠如多動性障碍を合併している。そのため登校拒否を中心とした子どもの心理治療施設として蓄積してきた情短の対処方法や技法では，それらの子どものもたらす諸問題へ適切に対処できず，多くの施設で混乱が生じ，崩壊をきたす施設も出現した。この事態に対応するため，多くの児心は厳格なルールの設定とそれを子どもに遵守させるためのメタルールや，ルールの公正さをはかるための職員間におけるもうひとつのメタルールの設定を余儀なくされたし，そして今もそうである。

　「つばさ方式」の考え方は，この対極にある。子どものニーズをできる限り満たすことと，いろいろな局面で子どもと話し合うという「つばさ方式」は，安全で安心な環境を整えるのに有効であるようで，個々の子どもに個別的に関わりニーズを満たすことが子どもと職員の信頼関係を形成するうえで効果的であるし，それらが組み合わさって，子どもの情緒不安定の軽減に作用しているように思われる。

　だが，この方式が虐待を受けた子どもの情緒障碍の治療に有効なひとつの方法であるとの判断は，まだ仮説の域を出ない。そしてこの方式ですべてが解決するわけではない。この障碍の治療という困難な作業には，他の治療法，たとえば個人的なある種の心理治療や医学的治療としてどのようなものが必要であるのか，そしてそれらをこの環境療法とどのように組み合わせるべきなのかも検討されねばならない。

　今後いろいろな試みを通して，さまざまなデータによってこれらを検証するのが我々の課題である。

文献

ミハイル・バフチン［望月哲雄・鈴木淳一＝訳］（1963/1995）ドストエフスキーの詩学. 筑摩書房.

Barton, S., Gonzalez, R., & Tomlinson, P. (2012) Therapeutic Residential Care for Children and Young People : An Attachment and Trauma-Informed Model for Practice. London : Jessica Kingsley Publisher.

Bloom, S. (1997) Creating Sanctuary : Toward the Evolution of Sane Societies. New York : Routledge.

Bloom, S.L., & Farragher, B. (2013) Restoring Sanctuary : A New Operating System for Trauma-Informed Systems of Care. Oxford : Oxford University Press.

Bryson, S.A., Gauvin, E., Jamieson, A. et al. (2017) What are effective strategies for implementing the trauma-informed care in youth inpatient psychiatric and residential treatment setting? : A realistic systematic review. International Journal of Mental Health Systems 11 ; 36. doi10,1186/s13033-017-0137-3.

Clark, D.H. (1965) The Therapeutic, community, concept, practice and future. British Journal of Psychiatry 111 ; 947-954.

Clarke, A., & Royes, M. (2014) The sanctuary model and community meeting. Therapeutic Communities 35 ; 143-149.

Clough, R., Bullock, R., & Ward, A. (2006) What Works in Residential Child Care : A Review of Research Evidence and the Practical Considerations. London : National Children's Bureau.

Diamond, J. (2013) The Mulberry Bush School and UK therapeutic community practice for children and young people. Therapeutic Communities 34 ; 32-140.

Freeman, T. (1952) Some problems of in-patient psychotherapy in a neurosis unit. In : M. Johns, A. Baker, T. Freeman et al. (Eds.) Social Psychiatry : A Study of Therapeutic Communities. London : Tavistock, pp.69-84.

林佳世子・下高呂陽士・野村亮介ほか（2018）平成28年度全国情緒障碍児短期治療施設における児童の臨床統計. 心理治療と治療教育 29 ; 99-102.

Herman, J.S. (1992) Trauma and Recovery. New York : Basic Books. (中井久夫＝訳 (1996) 心的外傷と回復. みすず書房)

Jones, M., Baker, A. Freeman, T. et al. (1952) Social Psychiatry : A Study of Therapeutic Communities. London : Tavistock.

Kardiner, A. (1947) War Stress and Neurotic Illness. New York : Paul B. Hoeber. (中井久夫・加藤 寛＝訳 (2004) 戦争ストレスと神経症. みすず書房)

厚生労働省雇用均等・児童家庭局長 (2016) 児童福祉法等の一部を改正する法律の公布について (通知). 厚生労働省.

Lees, J., Manning, N., & Rawlings, B. (2004) A culture of enquiry : Research evidence and the therapeutic community. Psychiatric Quarterly 75 ; 279-294.

益田啓裕 (2010) 施設内暴力を起こさない関係をどうしたら作れるか——心理職のたちばから. 心理治療と治療教育 21 ; 23-31.

大江ひろみ・山辺朗子・大塚かおる＝編著 (2013) 子どものニーズをみつめる児童養護施設の

あゆみ──つばさ園のジェネラリスト・ソーシャルワークに基づく支援. ミネルヴァ書房.

Pearce, S., & Haigh, R. (2017)The Theory and Practice of Democratic Therapeutic Community Treatment. London : Jessica Kingsley Publisher.

Rivard, J.C., Bloom, S.L., Abramovitz, R. et al. (2003)Assessing the implementation and effects of a trauma-focused intervention for youths in residential treatment. Psychiatric Quarterly 74 ; 137-154.

杉山信作 (2016) 総合環境療法としての施設臨床──施設治療と「情短」, あゆみと展望. In：滝川一廣・高田 治・谷村雅子ほか＝編：子どもの心をはぐくむ生活──児童心理治療施設の総合環境療法. 東京大学出版会, pp.211-234.

高田 治 (2016) 心をはぐくむ生活の器──調査からみえてくる総合環境療法. In：滝川一廣・高田 治・谷村雅子ほか＝編：子どもの心をはぐくむ生活──児童心理治療施設の総合環境療法. 東京大学出版会, pp.109-183.

van der Kolk, B.A. (2005) Developmental trauma disorder : Towards a rational diagnosis for children with complex trauma histories. Psychiatric Annals 35 ; 401-408.

van der Kolk, B.A. (2014) The Body Keeps the Score : Brain, Mind, and Body in the Healing of Trauma. New York : Viking Penguin.

van der Kolk, B.A., & Greenberg, M.S. (1987) The psychobiology of the trauma response : Hyperarousal, constriction, and addiction to trauma response. In : B.A. van der Kolk (Ed.) Psychological Trauma. Washington DC : American Psychiatric Press, pp.63-87.

Ward, A. (1998a) The inner world and is implications. In : A. Ward, & L. McMahan (Eds.) Intuition Is not Enough : Matching Learning with Practice in Therapeutic Child Care. London : Routledge, pp.11-27.

Ward, A. (1998b) A model for practice : The therapeutic community. In : A. Ward, & L. McMahan (Eds.) Intuition Is not Enough : Matching Learning with Practice in Therapeutic Child Care. London : Routledge, pp.64-71.

Ward, A. (2003) The core framework. In : A. Ward, K. Kasinski, J. Pooley et al. (Eds.) Therapeutic Communities for Children and Young People. London : Jessica Kingsley Publisher, pp.21-42.

Ward, A. (2006)Models of 'ordinary' and 'special' daily living : Matching residential care to the Mental-health needs of looked after children. Child and Family Social Work 11 ; 336-346.

山下望隆・奥山志麻・瀧井由美子ほか (2010) 施設内暴力への対応と予防についての実践報告──暴力を考えるプロジェクトの試み. 心理治療と治療教育 21 ; 32-43.

第3章

生きづらさを抱えた若者支援と「回復的なコミュニティ」

ひきこもり支援を中心に

坂東 希

　北芝のまちづくりには，「誰も排除しない」「見えにくい生きづらさを想像しようとする」「支援する側とされる側の境目がゆるやかで固定的ではない」「役割を持つことで人は元気になる」など多くの理念と暗黙知が潜んでいます。振り返ると，それらのすべての要素が……生きづらさを抱えた人たちが安心して参加し，表現し，つながり，元気になっていくために，必要な要素だったのです。

（暮らしづくりネットワーク北芝，2017）

はじめに

　本稿では，大阪府箕面市にあるNPO法人が取り組む，ひきこもり・若者支援を実践事例として取り上げる。この地域におけるまちづくりと相談支援事業に携わるなかで，多様な生きづらさを抱える若者と彼らを取り巻く困難に出会うとともに，彼らの変化や回復プロセスも垣間見ることとなった。なかでも，ひきこもり・若者支援は本事例地域がまちづくりに取り組むなかで新たに出会ったテーマのひとつであり，何が有効なのかを模索しながらの実践となった。結果，様態もニーズも多様なため支援方策もひとくくりに説明できないが，有効な機能を果たしたと思われる特徴は一定程度見えてきた。それらは個別支援だけではなしえない，居場所やコミュニティに支えられたものである。ひきこも

り・若者支援のなかでコミュニティを活用する視点はいつの間にか欠かせないものとなっていたが，どのような要素が回復や変化を後押ししていたのか，言語化しきれないまま進んできたところがある。

筆者は本地域で相談員を務める傍ら，編著者である藤岡たちとともに，調査研究を通して本書のテーマである治療共同体（Therapeutic Community：TC）の実践に触れてきた。TCとは英国では精神科医療領域で，北米では主に薬物依存の回復領域で50年以上にわたって発展してきた取り組みであり，日本でも精神科医療や刑務所などで取り入れられている。専門家が治すという医療モデルではなく，当事者が主体となり役割と責任をもって行動し，環境全体のなかで癒され回復していくことを可能とする意図的につくられた共同体であり，その実践である（藤岡，2014；引土，2010；毛利，2018；坂上，2002）。筆者は主に島根あさひ社会復帰促進センターでの回復共同体（TC）プログラム（第Ⅲ部第4章参照）や，その基盤となっている北米の民間団体アミティによるTCの実践に接してきた。

本稿の事例地域は箕面市にある北芝というコミュニティである（以下，北芝または北芝地区）。北芝とは地図上に地名としては存在しない人々の呼称で，被差別部落である。1970年代から差別をなくすための解放運動（当事者による社会運動）が進められてきた。2015年に実施された北芝地区の実態調査によると，ひとり親世帯，高齢者だけの世帯，低所得者世帯など，生活に何らかの困難や課題を抱えている層も少なくなく，周辺地域外から移り住む人たちも多く混住している。

北芝地区ではTCという手法を取り入れてはいないものの，社会的，経済的に不利な状況にある人たちが安心して暮らせるコミュニティづくりに住民自らが取り組んできた経験がある。そのなかで育まれた風土や暗黙知が「対人援助」のあり方に反映されており，TCと共有できるところがあると感じてきた。本稿では，北芝におけるひきこもり・若者支援に焦点を当て，TCの理論や実践と照らし合わせて，その特徴を描いてみることで，生きづらさを抱えた若者の支援のあり方と回復を支えるコミュニティについて考えてみたい。なお，本文中の事例は複数の事例を統合し変更を加えている。

I │ 北芝地区における相談支援事業とひきこもり・若者支援

1 北芝におけるまちづくりの概要と背景

　北芝地区では，住民参加型ワークショップの開催，地域内の実態調査や相談事業などを通して，地域住民のニーズを把握し，住民自らの手によりさまざまな地域福祉活動が生まれてきた。2001年に「特定非営利活動法人暮らしづくりネットワーク北芝」（以下，NPO暮らし）が設立されたことで，地域住民によるまちづくり活動が活発化した。具体的な活動内容としては，コミュニティ・レストランの運営，朝市など多様なイベント・祭りの開催，高齢者への見守りを目的とした配食・会食事業，若者ボランティアによる生活支援サービスなど，多世代を対象にした住民による相互扶助の取り組みが実践されている（北芝まんだらくらぶ，2011；福原，2017）。本稿で紹介するNPO暮らしによるひきこもり・若者支援は，こうした多様な活動のなかに位置づけられている。

2 相談事業から見えてきた支援ニーズのある若者の状況

　NPO暮らしは，箕面市立萱野中央人権文化センター・らいとぴあ21（国内における隣保館のひとつ）などを拠点に，教育，文化，福祉の事業を展開するとともに，周辺住民の生活相談にも応じてきた。2011年以降は，パーソナル・サポート・サービス（以下，PSS）や生活困窮者自立支援事業など国の事業を市から受託し，箕面市における相談支援の一部を担ってきた。当法人がPSSを実施した2年間の新規相談ケースは239件であり，そのうち10代から30代の相談が全体の約半数（40代を含めると約7割）を占める結果となり，若年層の相談支援ニーズが高いことが窺えた。若者が抱える困難は多様であり，不就労などの単独要因ではなく，衣食住の欠如，経済的困窮，健康問題，家族関係，DVや虐待の被害，読み書きなど基礎学力の不足，コミュニケーションの課題など，複数の要因が絡み合っていることが多かった。「ひきこもり」を主訴とする相談についてはPSS開始以降，保健所をはじめとする公的機関，民生委員，家族などから多数寄せられた。一口にひきこもりと言っても，自室にこもり家族との接点がまったくない状態もあれば，家族との接点もあり外出もするが家族以外の人との交流がほとんどない状態まで様態は幅広く，相談支援のなかで出会う

内容も，大学受験や就職活動での挫折，学校や就労先での不適応，過去のいじめや差別など対人関係における傷つき，見えにくい障害，幼少期からの家族機能不全，ひきこもりの長期化によって生じる経済的問題，家庭内暴力，精神疾患など多様であった。

③ 相談支援の概要

　本人・家族からの連絡，他機関・住民からの連絡によって相談支援を開始すると，個別面談や訪問などから聞き取りをし，状況に応じて衣食住の確保，同行支援，家計管理，就労支援など生活環境の調整（ケースワーク）を他機関と連携して進める。同時に，必要であれば本人の状態に合わせて，社会的居場所の利用や社会体験・就労体験プログラムなどにつなげる。本人の状態や希望次第で居場所利用を選択しないこともある。いずれにしろ本人が安心できる環境で，自己理解，他者との関係構築，自己選択などのサポートをする。担当相談員は基本2名だが，居場所やプログラムを通して複数のスタッフが関わるなど，多面的なアセスメントと関わりを可能にするため実質的にはチーム支援となっている。

④ 若者の支援機関へのつながりにくさ

　ひきこもっていたり生きづらさを抱えた若者が相談支援につながりにくい要因として，困っていても相談できる機関がない，事態が長期化・深刻化し本人の気力・体力が低下している，家族全体に支援が必要で（本人も支援者も）どこから手を付けていいかわからない，将来への希望や選択肢が見えずどうしたいかわからない（にもかかわらず就労・自立を急かされる），どうせわかってもらえないという大人への不信感や諦め，今の自分を否定されることへの不安・怖れなどが考えられる。特に養育者との安定したアタッチメントが形成しにくかったり，信頼できる大人との出会いがなかったり，虐待やいじめなどの対人トラウマを抱えたりした若者が，なんらかのきっかけで相談窓口に現れたとき，支援者（大人）に対して「きっと助けてくれる」という信頼や希望をもてずに，「どうせわかってくれない」「また傷つけられるのでは」と不信感や警戒心を抱くのは自然なことと理解できるだろう。

　ひきこもり・若者支援の難しさのひとつに，どのように本人とつながる（つ

ながりつづける）か，という課題がある。生きづらさを抱える若者にとって何が安心の一歩となり，回復や変化，成長を後押しするのだろうか。NPO暮らしは，ひきこもり・若者支援を専門的に担う支援機関ではないが，2011年以降，新しいチームで試行錯誤しながら相談支援を進めてきた。以下，事例やエピソードを振り返りながら，ひきこもり・若者支援の鍵となったと思われる要素や特徴を取り上げる。

II │ 北芝地区のひきこもり・若者支援における鍵となった要素

[1] 本人の見ている世界を知ろうとする──関心と尊重

　PSSを始めた頃，親や親戚，支援機関に相談はしてみたものの，現状改善のために助言されたり励まされたりして余計に疲れたという話を，若者たちから何度か耳にした。本人の置かれている状況や不安が，支援者に「聴かれていない」のである。相談支援の開始前には，親や支援機関から本人についての情報が入ってくるが，本人が何を考えているかは本人に聞かなければわからない。本人の話を聞けるような信頼関係をつくりながら，本人の見ている世界を少しでも知ろうとすることが重要である。しかし本人が最初から進んで語らないことのほうが多く，気持ちもストレートには表現されず，一見不可解な要求や態度に現れることもあり，本人の言わんとしていることをきちんと「聴く」のは実は難しいことかもしれない。たとえば，以下のようなことがあった。

　長期の自室でのひきこもり状態から数年ぶりに外に出たAさんは，北芝内にある支援機関に通いはじめた頃，不機嫌な様子で窓口に現れ，職員が首から下げている「ネームプレート」を自分にも用意してほしいと相談員に要求した。この一見不可解な要求は，実は彼の不安の現れであり，安心を得たいという欲求の現れでもあった。数年にわたる訪問のなかで彼から「支援を受けることは恥や屈辱」と聴いていたため，相談員は本人に確認し，「ボランティア」と書いた名札を渡した。支援機関に出入りする自分がどう見られるかという不安が軽減したのか，少しは安心して過ごすことができたようだった。些細なことのようだが，「被支援者」というスティグマを付与されることへの不安や居心地の悪さを見過ごし（または過小評価し），耳を傾けていなければ，Aさんは支援の場に来なくなっていたかもしれない。

② 安心・安全な居場所・コミュニティをともにつくる

(1) 安心できる居場所

　2011年のPSSの運営開始を機に，社会的居場所として「パーソナルサポートセンターあおぞら」（以下，あおぞら）が開設された。2017年3月の閉所に至るまで，相談事業を通じてつながった若者を中心に利用者は200人を超えた。生きづらさを抱える若者が安心して過ごせる居場所づくりを利用者とともに模索するなかで，「就労」や「自立」など事業（行政）が求める目標は一旦脇に置くことにした。本人がまずは安心して過ごし，当事者やスタッフ，来訪者たちとのゆるやかなつながりのなかで，自己や他者への安心・信頼を回復し，そのうえで何をしたいかを見つけるサポートをすることを目指した。結果として「家族や人間関係から一時的に避難する場」「誰かと食事をする場」「人間関係を紡ぎなおす場」「自分のできることを見つけて試す場」など，あおぞらは個々人のニーズに応じて異なる機能を果たすこととなった。閉所時に作成した冊子にある「あなたにとってあおぞらとは？」という問いかけには，以下のような回答が寄せられた。

- 「心の拠りどころ」
- 「ふらっと行ける，つながれる」
- 「（建物のシャッターが）開いているのを見るだけで安心する」
- 「心のオアシス」
- 「リハビリとしての場所」
- 「フラット感がありつつ複雑感もあった場所？」

(2) 不安低減機能としての居場所・関係性

　就職したものの事故に遭い失業の危機にある，上司にきつく叱られた，友だちに裏切られた，彼氏に殴られた，恋人の親から交際を反対された，同居中の親が緊急入院した，親と口論になった，とにかくイライラして何か起こしてしまいそう等々——若者たちからスタッフに，居場所の仲間に，地域の誰かに，これらの言葉がつぶやかれる。なかには聞いたからといって何も手助けできないこともある。

　自分だけでは対応できない出来事に出くわしたり，不安・恐怖・恥など否定

的な感情に圧倒されそうなときに一緒にいてくれる（話せる）誰かがいることは，人生において重要な意味をもつ。遠藤（2016）は，Bowlbyのアタッチメント理論をもとに以下のように説明している。「極度の恐れや不安の状態にある時に，無条件に，かつ一貫して，親などの特定の他者から確実に護ってもらえるという経験の蓄積を通して，子どもはその特定他者はもとより，他者一般に対して，高度な信頼の感覚を獲得することが可能となる」。しかし，幼少期に養育者自身が精神疾患や依存症，DV被害などで具合が悪く，不安なときにケアしてもらえなかったり，不在だったりして，安定的なアタッチメントを形成できずに育ってきた若者たちもいる。自分は人に助けてもらうに値する存在であり（自分への信頼），助けは求めれば得られる（他者・社会への信頼）という感覚がもてず，自分の気持ちを押し殺すか，なかったことにするか，感じないことで生き延びてきた若者がいる。誰かに近くにいてもらいながら自分が不安を感じていることに気づき，問題は解決していなくても，気持ちが少しだけ軽くなれば，不安をもたらしうる社会と出会い，つながるための安全基地の役割を果たす。

(3) コミュニティの一員として認められる——承認・所属・役割

　北芝地区では多様な主体によるイベントが開催されるため，相談支援がきっかけで出会った若者たちをゆるやかに地域につなげることができる。それがこの地域の若者支援の強みとなっている。

　ある寒い朝，Ａさんを朝市に誘うと，相談員が傍を離れないという条件で彼はしぶしぶ了承し，深く帽子を被って出かけた。朝ごはんはいらないと言っていたが，結局は「懐かしい」とつぶやきながら，卵かけごはんと温かい粕汁を食べた。自宅から出て間もない時期だったこともあり，人目につきにくいスペースで食べていたが，朝市の常連でもある5歳と7歳の姉妹が近づいてきて，「誰？見たことない」とＡさんに話しかけてきた。深く被った帽子を妹のほうが取って被り，「一口ちょうだい」と卵かけごはんを半分くらい食べてしまった。しばらくの沈黙の後，Ａさんは「帽子返して」と言って取り戻し，残りのごはんを食べた。それ以降，姉妹は地域内でＡさんを見かけると「遊ぼう」「おんぶして」と話しかけるようになった。彼は困った表情を浮かべながらも時々遊んであげ，スタッフに「どうにかしてくれ」と嘆いていたのも束の間，自分でやんわり断る術も覚えた。姉妹は彼を「支援されている人」とはみなさず，地域に

いるお兄ちゃんの一人として接していた。

　相談員との個別の関係では生まれない関係性が生まれ，被支援者としてではなく，一人の存在として，またはコミュニティの一員として認められる。姉妹がＡさんに気軽に声をかけた背景には，多世代が交じり合う空間・文化があり，その地域で出会う大人（若者）への安心と信頼があったからである。また，北芝地区が開放的なコミュニティを志向していることも影響している。新参者が閉鎖的なコミュニティに入ってくると，違和感や排除が生じやすいが，普段からいろいろな人の出入りを歓迎し，オープンなコミュニティであることを志向する風土が，こうした新参者を招き入れやすい土壌となっている。挨拶代わりの「飯食ったか？」という声かけはあっても，誰なのか，どこで働いているかなど，根掘り葉掘り聞かれることはほぼない。こうした緩やかな出会いとつながりは，自分が脅かされないという安心，ここにいてもいいという感覚を育み，個別の相談員との信頼関係から徐々にコミュニティに対する安心と信頼へと発展していく。

　そうしているうちに，徐々に地域の活動の一員として役割を果たすことが求められる。地域の祭りの手伝い，子どもの社会体験のサポーター，また，カフェでの調理や販売スタッフ，さらには，年間100件以上ある視察や研修で北芝地区の活動をプレゼンする情報提供者の役割を求められることもある。個別支援に限定されると，「支援する側－される側」と関係性が固定化しやすいが，地域の活動に参加することで，その関係性はゆるやかになり，そして提供する側（つまり活動を運営しているメンバーの一員）に転換もし，新たな役割を担うことになる。

③ 傷つきやトラウマの影響を理解しようとする
（1）「問題」を抱えた人をコミュニティから排除しない

　支援者に対する不機嫌な態度，クレーム，支援拒否など，社会福祉サービスの窓口に限らず，多くの人にとって受け入れにくい言動に支援現場で出くわすことは少なくない。北芝でも同様であるが，窓口で騒いでいる人や地域内で荒れている人を見ても，「この人には何か事情があるのかも」と見えていない背景事情に目を向けようとする視点が，ゆるやかに共有されている気がする。その人が見せる一部の症状や特徴だけでその人全体を判断せず，一人の人として関

わろうとする。そうした視点に立った見守り（ケア）システムがこの地域では機能している。たとえば、寒い冬の早朝にセンター付近をうろついていた女子高校生の存在に気づいた警備員さんは、叱ったり追い返したりせず、何らかの事情があるかもしれないと相談員に連絡を取り、開館時間前に館内に入れてあげ、実際それによって必要な支援につなげられた。警備員さんもまたこの地域に住んでいる住民である。

(2) 問題行動や葛藤をコミュニティで受け止める

　社会的居場所や就労体験プログラムを通して、つながりや安心感を体験しながら仲間とともに自己理解を深め、新たな選択肢を得ることは、それまでの傷つきからの回復を支え、新たな対人関係の築き方を学ぶことにつながる。同時に、コミュニティに対しての信頼が生まれ仲間関係がつくられていくと、多かれ少なかれ個人の問題行動（飲酒や暴力、ルール違反など）や対人間葛藤なども生じる。そこには、過去の傷つきや対人トラウマが反映されていることも少なくない。だからこそ、向き合うことができれば回復や成長につながる可能性も秘めているが、扱い方によってはさらなる傷つき体験になってしまう恐れもある。あのとき、どうすればよかったのかと振り返る場面がある。

　Bさん（20代男性）は、同居している父親から前職を辞め無職でいることを日々責められ無力化されていた（家族談）。社会的居場所「あおぞら」に来はじめた頃は「落ち着ける場所がどこにもなかった」とつぶやき、昼食をゆっくり食べることを楽しむうち、徐々に他の利用者とも打ち解けていった。半年以上が経過してから、意見交換の場でスタッフや他の利用者とぶつかるようになった。声を荒げて批判するなど、居場所の安全が損なわれるような言動も現れはじめた。

　スタッフには居場所と利用者の安全を守る責任があると同時に、対人関係でトラブルを起こしてきたメンバーをできる限り排除せず、当人や他の利用者の成長につなげたいという思いもあった。Bさんは個別面談のなかで、感情コントロールが難しく、これまでの就労や友人関係にも影響してきたこと、加えて、幼少期から父親の暴言と威圧に曝されてきたことなどを語った。「人が自分から離れていく残念な状況を変えたい」という主旨の発言もあったが、あおぞらでの話し合いをもちかけると、「（家庭でも学校でも職場でも）いつも自分が悪者

にされてきた」と被害感が強まり，「自分は悪くない」の一点張りとなり，個別面談で語られた気持ちは本人から他の利用者やスタッフに共有されないままとなった。結局，Bさんから見て，担当相談員は自分を認め理解してくれるが，他のスタッフや利用者からは理解されないという認識に至ってしまった。Bさんや他のメンバーとは，自分が感じたことや今後の話し合いを安全に進めるための意見を個別面談のなかで話し合い，集団での話し合いを再開した。葛藤が起きたことでメンバーの気持ちが揺れたことや安心して話し合いを進めるためのルールの再確認などはしたが，その場にいた全員で受け止めて乗り越えたという感覚はもてないまま，別のテーマへと移っていった。

　葛藤や問題行動の扱い方についてはTCから多くを学べる。TCには，それらは回復や成長の鍵となるという認識がある。たとえばアミティのTCでは，過去の（特に幼少期の）逆境的な体験が現在に及ぼしている影響に着目し，それらが安全な場で語り受け止められることに重きを置いている（坂上，2002）。安全に葛藤を抱えることができるような共同体を，スタッフ，メンバーで共につくり，葛藤を起こさせないようにするのではなく，葛藤が起きてもコミュニティで受け止めて扱うことを目指す。すぐ解決する葛藤でない場合は，安易に答えを出さずにもちこたえることも時には必要となる。北芝でも問題が起きないようルールで固めるよりは，コミュニティ内で問題を出してスタッフ・チームで受け止めたほうがいいという認識はある。ただ当時はそれがスタッフ内で緩やかに共有されている程度で，たとえばアミティのように「排除よりも包摂」や「感情の筋肉を鍛える」などの理念を利用者も含めて共有し，普段から話し合っていれば，チームとしての扱い方は少し違っていただろう。

④ 本人主体と自己選択を実践する

　社会的居場所「あおぞら」や就労体験プログラムなどのさまざまな経験を通して，いわゆる「就労」や「経済的自立」に至ったり，それに近づいた人たちも出てきたが，北芝での支援プロセスを振り返ってみると，就労や自立に向かう右肩上がりの直線モデルではなく，行きつ戻りつする円環モデルであり，段階的ではなく循環的であったといえる（図1）。だからこそ北芝での支援モデルとなっている。安心して「一歩進んで二歩下がる」こともできる。試してみて自分に合わなければやめる，別の働き方や生活の仕方を模索する，学び直しも

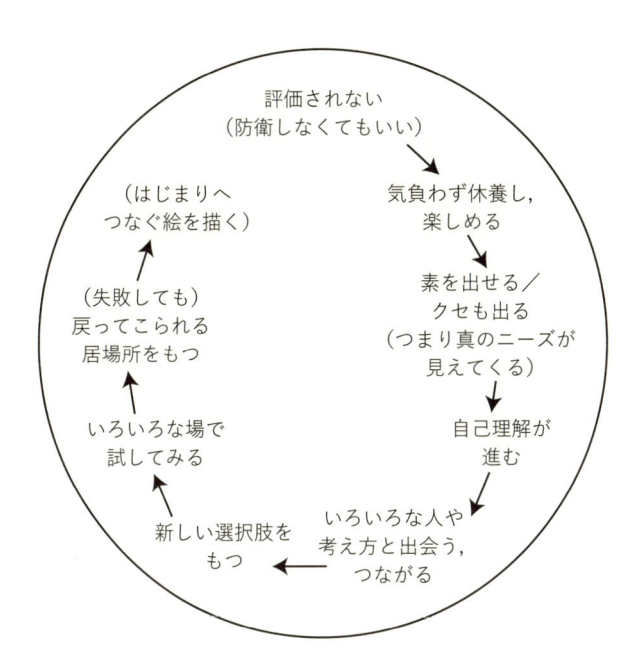

図1 円環モデルとしての支援プロセス

選択肢にある。決めるのは本人だが，「自己責任」として突き放すのではなく，本人が決めたり選択できるようにサポートする。多様な働き方をしている地域住民やスタッフとの接点をつくるなど，できるだけ「一般就労」とは異なる働き方やライフスタイルと出会う機会をつくり，「こうでなければならない」「それ以外は落ちこぼれ」という視点をずらしてみる。相談員が一般就労のみを良しとしているわけではないことは，さまざまなやりとりから感じられると思いながらも，それでも支援者のもつ価値観や規範に当てはめようとしていないか（本人が無理して合わせようとしていないか），チームで注視してきた。

　「あおぞら」で一定期間を過ごしたCさん（30代女性）は，軽作業アルバイトにチャレンジしたことがあった。週3日，1日数時間の頻度で，約半年続けたが，そのなかでさまざまな困難が彼女のストレスとなっていることがわかった。職場内での人間関係や作業手順へのこだわり，出勤日の急な変更が不安と苦痛を引き起こし，仕事を頼まれると断れず，ストレスが高まると自傷して落ち込

んでいた。相談員との面談で話し合い，他の対処方法も試してみたが，一旦ア
ルバイトをやめることにした。やめると自分で決めたことを肯定的に確認し合
い，スタッフもそのためのサポートをした。「あおぞら」で1年ほど休み（と
いっても就労以外の活動には参加し），今度は職場に自分の状態をより明らかに
したうえで働くことにした。スタッフとともに直属の上司に得意と苦手，通院
歴などの説明を行った。自分の生きづらさを人に明かさず「普通」に見られよ
うとして苦しんできたCさんにとっては，大きな変化であった。

　仕事を始めるにしろ，やめるにしろ，自分で決められず何かに圧倒されたり
流されたりしているときは混乱や苦痛が伴うが，上記のように自分で決めるこ
とで自己コントロール感をもつ（取り戻す）ことは回復にとって大きな意味を
もつと気づかされる。そして，決めたり選んだりするのは本人で，相談員はそ
れができるようなサポートをするという役割の合意は，当事者の自己コントロー
ル感の確保とエンパワメントにつながり，当事者とスタッフという立ち位置の
違いはあっても信頼関係を支えるベースになっている。

Ⅲ │ 北芝地区で大事にされている理念と価値—— TCとの類似性

　北芝の実践とTCには，歴史的背景や目的・方法など種々の違いがある。た
とえば，TCにおける「コミュニティ」は地縁を前提とせず課題や生活（寝食）
を共有する意図的につくられた「共同体」であるが，北芝における「コミュニ
ティ」とは地域コミュニティを基盤としており，基本的な差異がある。しかし，
北芝におけるまちづくりや「あおぞら」の実践は，地縁によるつながりのみな
らず，課題の共有を通じたつながり，気遣い合うゆるやかな関係性を，さまざ
まな時間や空間の共有を通して意図的につくってきた実践でもある。そして，
社会のなかで疎外されてきた当事者が関係者とともに安心・安全なコミュニティ
づくりに取り組んできたことと，そのコミュニティをひとつに束ねる核となる
理念や価値があるところに共通点がある。北芝とTC（特にアミティ）とで重な
る，大事にされている視点や理念，価値を以下にいくつか挙げる。

① 当事者が自ら立ち上がること──「一人で」ではなく「仲間とともに」

マイノリティとして社会から抑圧されてきた当事者が，他者から付与されたスティグマを内面化し，「どうせ自分は……」と自らの選択や行動を制限してきた過去から，人から何と言われようとも「自分は自分」「恥じることはない」と言えるようなパラダイムの転換は，当事者が立ち上がることでもたらされてきた。黒人解放運動における "Black is beautiful" という宣言や，部落解放運動の「水平社宣言」にある「吾々がエタである事を誇り得る時が來たのだ」という言葉に見られるような転換である。こうしたパラダイムの転換は一人ではできず，経験を分かち合える仲間とともにストーリーを共有することで可能となる。アミティにも "You can do it, but you can't do it ALONE！"（あなたはできる。でもあなたは1人ではできない）というフレーズがある（Amity Foundation, 2011）。

北芝のひきこもり・若者支援のなかでも，「自分は乗り遅れた」「もう普通の人にはなれない」という語りから，「普通じゃなくていい」「私は私でいい」「自分に合う働き方を見つけられたらいい」という語りへの転換に出会ってきた。「今の生き方も悪くないかもしれない，と思えて初めてやりたいことが見えてきた」と話す人もいた。「あおぞら」や北芝地区内外のイベントを通して，いろいろな人の生き方に触れ，地域内でさまざまな役割を果たすなかで，自己否定，孤立，他者の価値観に縛られて苦しんできた過去から，承認，つながり，自己選択へとストーリーが転換していった。

② コミュニティのなかで役割をもつこと──同情や憐みで人は回復しない

アミティを立ち上げた一人であるナヤさんは，日本での講演でこう語っている（坂上，2002）。「いわば社会の失敗作と言える人々が，自らの手で，前向きに生き直そうとしていたわけです。彼らの多くはこう言いました。『私たちを援助しようと多くの人々が手をつくしてくれた。しかし，うまくいかなかった。今度は，私たちお互いで助け合わせてほしい。共通している問題性がひょっとすると共通する解決法へとつながるかもしれない』」。

これと重なる一節が「水平社宣言」にもある。「人間を勦（いたわ）るかの如き運動は，かえって多くの兄弟を堕落させた事を想へば，此際（このさい）吾等（われら）の中より人間を尊敬する事によって自ら解放せんとする者の集團運動を起せるは，寧ろ必然である」。憐れみや施し，同情のような支援は人を無

力化するという経験から，北芝の実践も当事者が主体となることを重視してきた。今の北芝にも，被支援者という受動的な役割ではなく，若者がコミュニティに受け入れられ，そして今度はコミュニティづくりにおいて能動的な役割を果たす機会がある。アミティにもコミュニティで一緒に暮らしはじめてから徐々に料理係など役割と責任を担うような仕組みがあり，インターン，デモンストレーター（率先して自己開示をしたり仲間に示す役割）などの重要な役割も果たす（引土，2010）。

③ 自分を受け入れてくれるコミュニティに属すること

　何を成すか（doing）に関係なく，存在そのもの（being）が大事だと認めてくれるコミュニティは人間の発達に不可欠である。家族がその機能を果たすこともあるが，家族が機能しないときには，自分が自分でいていいと思えるコミュニティが他に必要となる。これは先に述べた安全基地をもつことであり，アミティではそうした安全な場所のことをサンクチュアリ（聖域）と呼ぶ。一旦サンクチュアリが確保されると，仮にその場にいなくても，その人のなかで機能するようになる。たとえば，社会で決定的な困難に直面して危うく自暴自棄になりそうになったとき，仲間や相談員など誰かの顔が浮かぶ。これまでそうした状況で誰の顔も思い浮かばなかった人にとっては大きな支えとなる。

④ 理念や文化を継承すること

　大事にしたい風土や理念を継承しようとしているところもアミティと北芝は共通している。たとえば北芝地区において，スタッフは被差別体験を生き延びてきた当事者や解放運動をつくってきた人たちの生の体験を聞く機会が折に触れてある。50代以上の解放運動を担ってきた世代から，出自を隠して生きていた若かりし頃のこと，差別的な言葉に出くわした時の身体的感覚，差別や運動から逃げ，何に対しても受身だった自分の変化，それを支えた出会いやつながりなどが語られたりする。そうしたストーリーを通して，貧困や差別，排除や孤立を地域からなくし，誰もが安心して暮らせる地域にしたいという思いが引き継がれている。

　TCでは特に理念の言語化と継承が意図的になされており，新しく入ったメンバーにも共有される仕組みが整えられている。たとえば，アミティにおいてTC

を進めるうえで欠かせない基本的前提として「傍観者より参加者」「排除より包摂」「借り着の権威より個人の威信」など複数のものがあるが，参加しはじめたばかりのメンバーたちは，最初にこれはどういう意味なのかを先にいたメンバーたちと話し合いながら時間をかけて体得していく。教える役割も固定ではなく，持ち回りで替わっていく仕組みが徹底されている。

おわりに

　本稿では，TCというレンズを通して，北芝地区におけるひきこもり・若者支援，ひいては対人援助の特徴とその背景にある理念を，部分的ではあるが言語化することを試みた。なぜひきこもり・若者支援に回復的なコミュニティを活用することが有効なのかという問いへのひとつの解答は，安心・安全な環境で幼少期やモラトリアム期を過ごすことを逸してきた若者にとって，今生きている社会のなかに彼らが安全と感じられるサンクチュアリを存在せしめる必要があるから，というものではないだろうか。これまで彼らは，何かを成さなければ認められないと責め立てられ（もしくは自分で自分を追い込み），何も成し遂げていないと自責感や無力感に圧倒され，ぶつけようのない怒りと焦りを自傷や社会を拒否することで今の社会のあり様への抵抗を表現してきたのかもしれない。そうだとしたら，彼らにとって存在の承認や安全が保障されるサンクチュアリもないままに就労・自立を一方的に促される「支援」は，表現してきたことや存在そのものの否定，もしくは新たな脅威になりかねない。

　いかにして人が承認され，安心し，育つことのできるつながりや場所をつくることができるのか。生きづらさを抱えた若者が，そしてスタッフもが安心して成長できるコミュニティとはどのようなものだろうか。本稿が，立場を超えて人々がそのことを語り合う素材のひとつとなれば幸いである。

文献

Amity Foundation (2011) The therapeutic community as an evidence based practice. (https://cabhp.asu.edu/sites/default/files/session44_tcevidencebased_mullen_faucette.pdf [2018年12月1日取得]

De Leon, G. (1995) The Therapeutic Community : Theory, Model, and Method. New York :

Springer.

遠藤利彦 (2016) アタッチメントとレジリエンスのあわい. 子どもの虐待とネグレクト 17-3；29-339.

藤岡淳子 (2014) 非行・犯罪心理臨床におけるグループの活用――治療教育の実践. 誠信書房.

福原宏幸 (2017) 包摂型地域社会とコレクティブタウン北芝の取り組み. 部落解放研究 207；2-19.

引土絵未 (2010) アディクション回復支援における治療共同体モデル構築――米国治療共同体Amityモデルを中心に. 同志社大学大学院博士論文.

平野隆之ほか (2015) 北芝地域調査報告書.

北芝まんだらくらぶ＝編著 (2011) であいがつながる人権のまちづくり――大阪・北芝まんだら物語. 明石書店.

暮らしづくりネットワーク北芝website：http://www.kitashiba.org [2018年12月1日取得]

暮らしづくりネットワーク北芝 (2017) そらいろ (パーソナルセンターあおぞら活動報告書).

毛利真弓 (2018) 日本の刑務所における治療共同体の可能性――犯罪からの回復を支える「共同体」と「関係性」の構築に関する現状と課題. 大阪大学大学院博士論文.

坂上 香 (2002) アミティ「脱暴力」への挑戦――傷ついた自己とエモーショナル・リテラシー. 日本評論社.

第**4**章

刑務所での加害者支援に
治療共同体を生かす

毛利真弓

はじめに

　本章は「実践篇」のひとつであり，本来であれば筆者が参加していた日本の刑務所内治療共同体（Therapeutic Community：TC）について書いたほうがよいのかもしれない。とはいえTCは「環境づくり」でもあり，特に刑務所では施設設備やスタッフの数，警備の重度に影響を受けるため，ひとつの実践が「これぞ刑務所内TC」と言い切れるわけではない。そして，読者のなかに「今から刑務所でTCを実践する」という方も多くはないだろう。これらを踏まえ，本章では，刑務所という場所でTCを行うことはどういうことなのか，どのような意義があり何が必要なのかをイメージしていただくことに重点を置いて論を進めることとしたい。ここでは割愛するが，世界の刑務所内TCの歴史については毛利（2018b）を，日本の刑務所内TCの実際は，毛利ほか（2014），毛利（2018a），毛利・藤岡（2018）をご参照いただきたい。

I ｜ 刑務所にリカバリーのサンクチュアリはつくれるのか

1 課題──刑務所という「場」の性質

　Kennard & Roberts（1983）は，「刑務所は，治療コミュニティを見つけることが期待される最後の場所かもしれない。刑務所は，伝統的に人々の自由を取

り除き，厳格な規律を課し，社会参加の機会を制限してきている」と述べた。なぜ，刑務所は治療的コミュニティになりづらいのか。あくまで筆者個人の体験に基づく私見であること，男性刑務所に限ったことであると断ったうえで，考えられる要因を整理する。

(1) 動かぬヒエラルキーのなかに位置づけられること

　健康的な機能をもつヒエラルキーは，指揮命令系統としての上下関係がある一方で，時に違う階層同士が意見交換することもあれば，下の者が上に上がっていくこともあるなど流動性や柔軟性をもつだろう。しかし刑務所のヒエラルキーは，刑務官（現場）が刑務官（幹部）になることがある程度で，階級ごとの壁は絶対に超えられない「身分」の差と言っても過言ではないほど風通しに乏しい（図1）。なお，図1に示した「専門職」は，同じ刑務所の国家公務員ではあるが教育プログラムや福祉的な処遇をする専門官たち，官民協働刑務所であれば民間職員，一般刑務所であれば処遇カウンセラー（心理士）や福祉的支援担当者（福祉士）を指す。

　わかりやすくするために誇張して説明しよう。**ルール1：上からの命令は絶対**。意見を言うことは良く言って「出過ぎた真似」，悪くて「反抗／反抗的」とみなされる。同じくヒエラルキーがあっても病院であれば，患者が医者に対して「先生，なんとかしてくださいよ」くらいのことは言えるが，刑務所では，

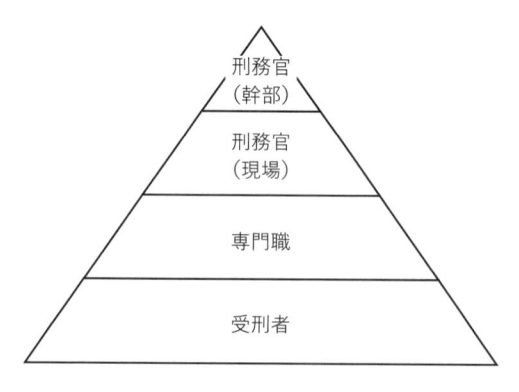

図1　刑務所のヒエラルキー

ヒエラルキーが上の人間と口を利くどころか，姿を見ることすらほとんどない。**ルール2：階層が上の者は下の者の状況（生活態度，仕事ぶり）を評価する。**できていないと評価されれば罰や不利益がある。不満があれば然るべき機関に訴えるしかないが，それはすぐに広まり，場合によっては「好訴性がある（些細なことに不満をもち訴えを出すような人格の偏りがある）」とみなされる。**ルール3：最下層と馴れ合うな。**「肯定的なコミュニケーション？　そんなことをしてどうなる。甘やかすだけだ」と言われる。

　何度も言うが，上記は極端に言えば，である。しかし，こうした環境で何が起きるのか。まず受刑者たちは独自の文化とコミュニティを作り出す。最下層に置かれ，自分たちでは自由に何も決められない生活のなかでどうやって楽しく，楽に過ごすか，もしくは「生き延びるか」ということに知恵を絞る者が多く出てくる。犯罪の種類で優劣を決めてヒエラルキーをつくり，刺激の少ない刑務所内での楽しみとして，弱い者がいれば「いじり」，集団同士が敵対して足を引っ張り合い，「あいつが『飛んだ』（違反行為で調査・懲罰にかかること。元いた場所からいなくなることからこう呼ばれる）」と言っては喜び，嘲笑する。最初はそんなことに興味がなかった者も，生き延びるためには周囲に合わせなければいけなくなる。

　2017年1～3月，日本の刑務所内TCを体験し，出所して2年以上，一定期間刑務所に再入所せずに生活している18名の男性にインタビュー調査を行った際，彼らが表現した刑務所の雰囲気は以下のようなものである――

　　（TCの後仮釈放まで4カ月くらい）一般の工場に入ったったんですよね。（略）「一般はこんなもんなんだなー」っていう。なんか，好き勝手なこと言って，文句ばっかりずっと言ってるなって感じでしたね。（略）（もし長くいたとしたら）合わせていかないとまずい。ずっと愚痴とか悪口とかしか言ってませんから。居室にいるのは嫌だし，人としゃべりたいタイプなんで。しゃべるためには合わせなきゃいけないじゃないですか。ずーっと悪口と愚痴なんですもん。「今度あいつに○○してやろう，えへへ」みたいな。

　　（職業訓練に2つ行ったんですけど）そういうところで学ぶのは，刑務所のなかでの人間関係。その，今社会でも役に立っとるのかもしれんですけ

ど，無駄に空気を読むっていうか，合わせるみたいな，うまい具合に合わせる。TC行く前は，ただ流されとるだけ。うまいこと流されてうまくいくだけなんで，いろいろ悪い話を聞いて「そういう（犯罪で稼ぐ）生活もあるんや，してみよう」と，その人の考えを自分のものにしてそういう思考になっちゃうみたいな。共感してれば向こうは嫌な思いしないから。

Bartol & Bartol（2005）は，このプロセスを「犯罪者化」と「囚人化」と呼んでいる。「犯罪者化」とは，受刑者が互いの知識概念システム・信念・態度・感情を交換し，共有し，支え合うもので，「逸脱的文化」を生み出し，そのなかで受刑者は下位集団を形成し，友情・忠節・約束を作り出す。「囚人化」は，刑務所のなかで受刑者が特殊な規則，普遍的文化，刑務所社会で期待されるものを学習する過程を指す。一般社会としばしば相容れないこの2つの学習過程が作用し，受刑者は刑務所で過ごす期間が長くなればなるほど，「より犯罪者らしく」なる。

では，刑務官はヒエラルキーのなかでどう生き延びているのだろうか。日本の刑務所は受刑者独自の文化に立ち向かうために，長い間，管理と統制のスキルを強化してきた。同じ服を着せ，同じ髪型にし，整列させて番号を言わせ，部屋のなかでは物の置き方・置き場所を決める。統制されたなかで些細な変化や異変を見分けることで保安事故を未然に防ぐ。そのこと自体が問題だとは言わないが，「管理と統制」はパワーを伴うものであり，「抑圧」「支配」と紙一重になるリスクを伴う。2002年，名古屋刑務所で発覚した不適正処遇による受刑者の死亡傷害事件に象徴されるようなパワーの乱用はその一例であろう。

刑務所では十数人から数十人の懲役作業を行う工場を，「担当」と呼ばれる1人の刑務官が管理する仕組みになっており，個別の相談から物品の購入手続きや配布，体調が悪ければ医務課に行く手続きなど，すべてを取りまとめる。担当を任される嬉しさもあるだろうが，すべて任されているということは，そこで起きた不始末の責任を負うというプレッシャーも背負う。階級社会の上層である幹部からつねに見られてもいる。加えて，刑務官は人と接する感情労働の一種であるが，対人援助職と位置づけられることは少なく，ケアされる体制も乏しい。そもそも男性的文化のなかで弱音を吐けない。そして受刑者たちは，一定の信頼をしていたと思ったら裏で不正をしていたり，自分の利益のために

毎日のように要求ばかり訴えてきたりする。刑務官たちも，平等で自由で，感情を表せるコミュニティからは程遠いところで仕事をしている。

　そして受刑者と刑務官の間に，専門職が入る。前述のようなルール1〜3がない柔軟な組織であれば，役割の違う対等な関係として機能できる。しかしながら刑務官たちにとって専門職は「下の立場」「お客さん」である。もちろん正規にそのような位置づけはされていないが，24時間面倒を見ているのは刑務官なのだから，感情的には当然かもしれない。教育だ，心理的・福祉的なサポートだと言っても，現場を必死で守っている刑務官からすれば，「ちょっと1〜2時間来て何ができるのか」「問題が起きたら尻拭いするのはこちらだ」とか，「犯罪者になぜそんなに優しく接する必要があるのか」「そこまでしてやらないといけないのか」といった想いを抱くようである。そして工場作業（懲役刑としての作業）で大事なメンバーだと思っている受刑者を，面接だ教育だと言って連れて行かれては，現実的にも迷惑を被る。文句のひとつでも言ってやりたくなるというものだ。しかし言われるほうは，専門職として必要だと思うことをやりたいだけなので，そこには溝が生じる。筆者は大学で勤務するようになり，刑務所で働く心理士，福祉士の方たちと第三者の視点で接する機会も増えたが，「個別面接をして教育プログラムの補習をしたいのに，施設の都合上できないと言われる」「福祉手続き上，必要な書類を書いてほしいのに，刑務官が必要性を理解してくれなくて，なかなか手続きが進まない」「あいつらにそこまでしなくていいですよと言われた」と，もどかしい気持ちを抱いているという訴えを聴くことは多い。受刑者のために最善を尽くしたいが，施設の事情が許さないジレンマを抱えることになる（もちろん悪意によってできないのではなく本当に仕方ないこともあるが，たいていは「前例がない」ため吟味さえされないこともある）。もちろんこれらの溝は，現場レベルでは，長期間一緒に仕事をしているうちに相手の事情が見えてきて歩み寄り，理解に至って埋まることもある。しかしながら，受刑者に治療的コミュニティを提供するという発想が組織全体に浸透していくまでの道のりは遠い。

(2)「関係性」をつくらないこと／コミュニケーションの断絶

　ヒエラルキーを柔軟性のないものにしているのが，各所にある関係性の断絶（および，それを促進するメッセージ）である。刑務所やその他の矯正施設で

は，入所直後から，「（同じ受刑者などに）自分のことは話すな」と指導されることが多い。もちろんその際，「犯罪の手口の知識が増えたり，犯罪に誘われたり，所内でうっかりもらした個人情報を出所後に悪用され犯罪に巻き込まれたりするおそれを防ぐためなんだよ」という理由を付け加えられる。そして指導する側も本気で受刑者を守る気持ちで伝えているわけだが，その実，「周りは犯罪者だから気をつけろ」「いつ誰が足を引っ張るかわからない」という危険なイメージを無意識に植えつけ，関係性を断ち切っている。だが，「どのような関わりをするのが適切か」は誰も教えてくれない。

　余談であるが，刑務所に限らず，児童福祉施設などでも「互いのことは話さないように」と子どもたちに教えているルールを見かける。もちろんそれは互いを守るために必要なことでもあるのだが，「では何を話すのがよいのか」「どうすれば不必要な個人情報を話さなくても仲良くなれるのか」は教えてくれない。「禁止はするが，どうすればいいかは教えない」のは刑務所だけではないのかもしれない。

　話を戻そう。職員も，受刑者と親しくならないようにと教育を受ける。個人的な感情で処遇をしたり，弱みにつけこまれたりすることを避けるためである。もちろんどんな専門職も，対象者と一定の距離感を保つことは必ず指導される。しかし，刑務所では「必要以上に関わるな」というメッセージが一人歩きし，「会話や対話による理解」「役割をもって接することと，人と人として接することをどう両立させるか」を模索すると，「受刑者に肩入れしている」「自覚が乏しい」というそしりを免れない。

　互いに不信を抱えながら，互いが相手に飲み込まれないようにする。群れることは危険であり，必要以上に関わる必要はない。こうして「コミュニティ」「肯定的な関係性」は定義されないままであるのが，長く刑務所で続いてきた伝統である。

2 重要な概念──動的保安（Dynamic Security）

　ここまで書いてしまうと，刑務所でTCをつくること，ましてやリカバリーのサンクチュアリなんて程遠いと思えてくる。しかし，答えはすぐ足元にある。以下は，国連薬物・犯罪事務所の『動的保安と刑務所知能に関するハンドブック』（*Handbook on Dynamic Security and Prison Intelligence*）（United Nations,

2015）からの引用である。

　　物理的保安と手続き的保安はどの刑務所においても必須の特徴であるが，受刑者が逃げないというだけでは十分でない。保安は，①受刑者と交流し彼らのことをよく知ったスタッフグループ，②肯定的なスタッフ－受刑者関係を発達させているスタッフ，③刑務所で何が起きているのか気づくスタッフ，④公平な処遇がなされていて受刑者間に「ウェルビーイング」の感覚があること，⑤受刑者が，「社会に再統合される未来に向けて建設的で目的のある活動をすることに勤しんでいる」ということを理解しているスタッフに依っている。この概念はしばしば動的保安と呼ばれ，世界中で適用されている〔数字は読みやすいように筆者追記〕。

　刑務所の保安には3種類ある。ひとつは，建物や壁の強度・鉄格子，高いフェンスや監視塔，カメラなど物理的な仕組みで逃走や事故を防ぐ「物理的保安」（Psysical Security），もうひとつは，決められた手続きを通して適正に被収容者を収監する「手続き的保安」（Procedural Security）。そして，目に見えない「関係性」によって互いの安心と安全を守る「動的保安」（Dynamic Security）である。動的保安の概念は，受刑者管理のディレクターをしていた Ian Dunbar が1985年に初めて使用した言葉で，彼は刑務所が適切かつ安全に運営されるための実践的な方法を提唱した（Leggett & Hirons, 2006）。現在は，「ヨーロッパ刑務所原則」（Council of Europe, 2006）の第51条第2項にも動的保安の概念が盛り込まれている。

　「刑務所で肯定的な関係性を作り上げることは，保安のひとつであり，管理と統制の専売特許ではない」──この事実を知るだけで，刑務所は治療的な機能にぐっと傾く。ハンドブックの項目を簡易的にまとめれば，「受刑者のことを（人として）よく知り，肯定的な関係を築き，気と目を配るスタッフがいて，受刑者がウェルビーイングの感覚をもつことができ，スタッフが受刑者の努力と可能性を信じること」ということになる。文字にすると当然のようにも聞こえるが，砂漠のなかでの一滴の水のように貴重である。以下は，出所者へのインタビュー調査での言葉である。

TCで一番大きかったのは，やっぱりTCの職員さんが優しかったことに
びっくりして。「あ！」って，なんかその瞬間に，刑務所っていうことで
張ってたものがなくなって，良い自分にちょっと，優しい自分になれたっ
ていうんかな……この犯罪者なんかの話を聞いてもらえたっていうのが。
（略）（刑務所で職員に）「ん〜」とか頷かれることもないじゃないですか。
「う〜ん」「あー」とTCのスタッフが自分の言うことを聞いてくれる。（略）
「この前までうわーやりながら無茶苦茶やってきた人間に，なんでそんな丁
寧にやってるんや，俺全員バカにしてきたぞ」って。それでもう頭上がら
んようになりますよね。

　なんか広島駅にALSOK（警備会社）さんが迎えに来てくれたとき，ニ
コって微笑んでる顔見て，（逮捕後）人の微笑んでる顔を見てなかったか
ら，ホッとしましたね。「ここやったらいけるかな」みたいな。もうあれが
救われた。

　（TCのスタッフが）「なんでこんな他人のこと考えるの」っていうくらい
考えるじゃないですか。（プログラムの）次の日に「昨日の続きなんですけ
ど」って言われると，「こいつ家帰って考えとったんか！」って思うんです
よ（笑）。「家帰って考えてきやがったこいつ」って（笑）。でもそんくらい
あるもんで，信用できる。（略）そしてなんかすごいズバッと傷つくこと言
うじゃないですか。ショック受けること（笑）。俺的には話して「こういう
答えが返ってくるだろうな」と思うのに，ぜんぜん違う方向から「そうき
た」みたいな。だから考える力は身につく。相談するのは面白かったです
よね。（略）面白いし，勉強になるじゃないですか。

　肯定的な関係性をもつために必要なのは，「コミュニケーションのスキル」で
あろう。ノルウェーでは，刑務官に対してコミュニケーションスキルを重視し
た研修を行っている。研修は採用後2年間に亘り，給与を受け取りながら現場
での実習も絡めた研鑽を重ねてスペシャリストに育て，大学卒業の資格も取れ
る（日本では採用直後の研修は3カ月程度）。試験の段階からコミュニケーショ
ン能力を重点的に査定され，研修中もチームになってさまざまな課題に取り組

む。研修所には，模擬監獄があり，その様子は大講義室に映るようになってい
て，「悲しい手紙が来たのを知らせるとき，どこに立ち，どんな風に話すか」「ど
うすれば，リラックスした雰囲気を保ちながら，安全な立ち位置で受刑者と話
せるか」などを，実践したうえで議論する。もちろん，「プログラムは専門職が
やるもので，自分たちの範疇ではない」と刑務官は言うが，専門職が行う各種
プログラムについても何の目的でどのように行うのか，知識として頭に入って
いる。

　子どもの問題行動に悩む親が心理相談に来て，親が子どもへの関わり方を変
えると家庭の雰囲気ががらっと変わり，治療促進的になるのと同様に，まずス
タッフが変われば，刑務所という場は治療的な方向へと劇的に変わるだろう。
ヒエラルキーにおける暗黙のルールをなくし，すべての人が開かれたコミュニ
ケーションをして「関係性」をつなぐこと。それがTCの要素でもあり，刑務
所の保安にもつながる。

　ちなみに，動的保安の考え方は刑務所以外でも使える。最近では，児童福祉
施設内で性加害・被害が起きている実態が明るみに出ることが増えているが，
その際，「施設の死角を徹底的になくし，（プライベートパーツに触ってはいけ
ないという）境界線のルールを教えていたんですけど……」という嘆きの言葉
を聞くことがある。つまり「物理的保安は完璧だったのに」という嘆きである。
しかし研修で，動的保安，すなわち組織のコミュニケーションと力の行使の問
題が重要であることを伝えて実態を聞くと，男性職員が力で（物理的暴力では
ないにせよ威力で）思春期の男子を抑える処遇が定着していたり，上司が部下
を立たせたまま叱りつけることがあったりと，「職員間」「職員・子ども間」で，
安心できる敬意あるコミュニケーションを欠いていた，ということもままある。
組織を構成するメンバーが肯定的なコミュニケーションを体験すること，それ
が，ヒエラルキーの最下層にいる受刑者，施設で言えば子どもたちに治療的な
場を提供する第一歩となる。

II ｜ 刑務所内治療共同体の要素

　加害者支援にTCを活かすには何が必要なのか。専門的知識については，アメリカの研究者が刊行している，政府主導のプロジェクトにおいて刑務所内TCを行う際のガイドライン（Wexler & Love, 1994）をご参照いただくとして，ここでは，日本のTCを卒業した出所者へのインタビュー調査から，TCの「エッセンス」を考えたい。このインタビュー調査は冒頭にも触れたものであるが，入所当時22〜61歳の刑務所内TCを経験した出所者を対象としている。

① 治療共同体の要素

　彼らに「TCが機能を発揮するための要素は何か」と聞いた回答をまとめると，以下のように4分類された。

(1)「場をつくる責任」を受刑者に返すこと

　最も多かったのが，率直に言い合える雰囲気や，自分の意見を言ってもいいという雰囲気など，「安心できる感覚」という回答であった。コミュニティにおける安全感は，誰か一人が，たとえばリーダーがなんとかすればよいというものではない。ヒエラルキーの最下層で受動的になっている人に対する「あなたたち（自分たち）にしかできない」というメッセージは，エンパワーのためのキラーワードだ。

　　そこには関係性を認め合うだとか，一人ひとりの存在を尊重し合える場っていうのが，どんどんできていたのかなっていう。そのなかでも「この人好き，この人嫌い」っていうのがあったとしても，一人の人として好きでも嫌いでも，この場にいてもらおうじゃないけど，メンバーの一人なんだって言う風にみんなが認められたときに，コミュニティって呼べるようになったのかなって。

　　真面目に主張し合えるし，素直に言うことが正義という空気ができあがってたので，勇気を出して言いやすかったっていうか。ここでこんなこと言っ

ても，外やったら恥ずかしいけど，ここやったら恥ずかしくないっていうのがあって。言ってみたら思った反応と違う反応が返ってくるじゃないですか。思ってたのと違う。そしたら発言したのもよく思えたし。

　一度雰囲気ができれば伝統ができあがるが，最初は簡単ではなかった。初期のメンバーはこう語っている。

　　（TCスタッフに対して）「なんでこの人，人のために一生懸命できんねやろ」「絶対どっかでボロ出るわ」と思って教育もそんな感じで受けとったから，まったく内容も理解できてなかった。（略）すべてにおいて「なんやねん」って。

　　（最初は）もう，ほんと，宇宙人。言いたい放題言って帰りやがって，みたいな。A先生に関してはね（笑）。（略）でも何を言って帰ったのかわかれへんねんけど，でも繰り返すごとに，記憶はないねんけど，「こういうこと言っとってんなー」って（理解できてくる）。

　繰り返し，安全な雰囲気をつくることの意義を伝え，それが「できる」ことをスタッフが諦めない。しかし同時に，先回りして頑張りすぎないことも重要である。彼ら受刑者たちのなかにも，本当なら受刑者文化ではない，安心で安全な場が欲しいという気持ちがある。「枠はつくるが，中身を決めるのはあなたたちだ」と言われれば，頑張るのが人情である。

(2) 役割を担うこと／コミュニティ全体を見る視点をもつこと

　筆者が実施していた刑務所内TCのプログラムは，3カ月に1度，新規メンバーが入ってくるセミクローズド方式であった。通常の受刑者文化では，先輩は上位に置かれる（風呂場で良い椅子の場所を使える，みんなの靴など汚い洗い物はしなくてよいなど）が，むしろTCでは，後輩は新しい風を吹かせてくれる大事な存在として位置づけ，一対一で対話しながら導く役割をつくった。その後も，コミュニティ全体の物品管理をする役割や，グループでカリキュラムを教える役（実際に前に立ってグループを運営する）などを割り振っていった。

あれでしょうね，（オリエンテーションで示された）あの役割のピラミッドの，あれに沿ってやっていくんだなっていうのあったんじゃないですかね。じゃあ上に上がるにはどうしたらいいかっていうのを，よくミーティングしましたよね。（略）（誰か新しい人が入ってくると）そのときやってくれそうな人を一緒にテーブルに着かせて，「俺たちはこうやってきたから，こうしてくれると助かるんだわ」って伝言で伝えていった気がするんです。

　だからもう受け継ぐしかないんじゃないですか。先輩がいるじゃないですか。だんだんTCに染まっていくじゃないですか。そういう人がいたほうが。最初は「こいつらやべぇ」っと思ったりするけど，だんだん自分もそうなっていく（TCに染まっていく）じゃないですか。皆がみんなじゃないですけど，ある程度の人が同じ考えをもてるようになる。「TCとは」みたいな。（略）自分も結局染まったわけじゃないですか。教育を真面目に受ける受けないの違いがあっても向かう方向は一緒かなって。（略）受け継いでいくことが大事かなって。

　もちろん役割を与えてもきちんと果たさない人はいる。だがTCではそれは許されない。周囲がサポートし，全員が責任を果たせることを重視するため，全員に役割を割り当てる。それによって，反社会的なパワーの使い方をしてきた人は，「健全な」先輩としての振る舞い方をしなければ直面化を受け，責任や役割から逃げてきた人は，他人のために動くことを覚えていく。

　筆者が勤務していた刑務所内TCでは，互選で「まとめ役」というリーダーを決めていた。まとめ役は，スタッフには見えていないが今コミュニティで起きていることをスタッフに教え，自分たちで解決できることは解決して，解決できないことは職員に相談をしてくれる。もちろん，スタッフへの苦情が届くこともある。それにスタッフも真摯に耳を傾け，改善できることはする。全員がそれぞれの役割を意識し，果たせるコミュニティは健全である。

(3) 一体感と目的をもつこと

TCとは何か，何を目指しているのか。個々の目標は違っても，コミュニティの目標は同じである。特に，「理念」がはっきりしていることは重要である。

> TCに来てる人が皆，再犯をしたくないと思っているとは思わないし，一般ユニットのなかにも再犯せんとこうっていう人はおるやろうけど，多分その再犯を防ごうって思っている人の割合が多くなるんじゃないかって思うんですけど。（略）やっぱりその再犯しない目的が一致したときに共同体になるんじゃないですかね。（略）あの○○さんでさえ，「ここにいると，なんか真面目になります」「悪いことしてきとるけど」って言ってたくらいやから，なんか訴えかけるものがあったんやと思うんですけどね。

(4) 葛藤があること

水清ければ魚棲まずというように，いざこざがあって，それが何とか乗り越えられる体験こそが，違う価値観の人を理解し，柔軟になっていくための大切な体験となる。

> 僕が入ったときの特徴かもしれないけど，教育でなんか常識的なことを言うのがすごいっていうか，みんな意識してないんでしょうけれども，割と受刑者らしくない発言が多かったように思うんですよ。それが彼（途中から入ってきた発言力の強い受刑者）が入ってきたことで，受刑者としての発言というのがドーンと教育のなかで現れて，同調する人間も，同調しない人間も現れたし。（略）いざこざも増えましたけど（略）ヒエラルキーが変わりましたよね。それまでは素晴らしいことを言える人たちがヒエラルキーの上のほうにいたのが，やっぱりそこは刑務所で，暴力ってわけじゃないけど，本当の意味での力をもった人間がヒエラルキーの上に来るようになったっていう。（略）でも○○さんも，変わりましたよね。（略）いろいろ問題があったのが，その問題がうまく溶け合って，TCも彼を受け入れたし，彼もTCを受け入れて，うまく止揚された雰囲気で。

以前，刑務所内TCの経験者で再犯した人のリストを眺めていて気づいた，印

象レベルの話ではあるが，実はTCが比較的安定していて，何も問題が起きなかったとき（もしくは起きていてもみんなで見て見ぬふりをして流してしまった時期）の人が多かった。適度な葛藤は人を成長させるのだろう。

② ヒエラルキーから双方向循環へ

　同じくインタビュー調査のなかで，一人の出所者が，「刑務官と受刑者と支援員（専門職）は三すくみがいい」と語っていた。

　彼が言うには，以下のようなことになる。専門職はその役割として受刑者に手助けをしてくれる。だから受刑者は専門職を信頼するし，信頼を返す行動をしようとする。刑務官はその役割として受刑者を管理する。刑務官の受刑者に対する態度は「究極の公平」である。優しくすれば「自分は優しくされなかった」と言う人が出てくるし，一定の厳しい態度を取ってみんなが我慢すれば，それは刑務官の態度としては正解である。理不尽ではない厳しさがあれば，受刑者は刑務官を信頼する。だが，専門職に対する信頼と刑務官へのそれはまた少し違う。父親と母親に対する信頼の違いのようなものである。そして刑務官は，専門職が受刑者に近くなりすぎたり親切にしすぎたりしないように見ていて，専門職のほうは刑務官を，権力を濫用しないように見て，互いにバランスを保っている。

　ヒエラルキーなき双方向循環関係（図2）――刑務所には変えられない構造もたくさんあるが，一人ひとりが互いを尊重するという「関係性」は変えられ

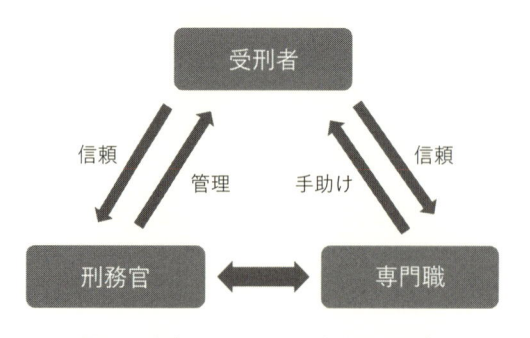

図2　刑務所における双方向循環関係

る。互いが互いに力を発揮して良好な関係を支える「バランス」が必要なのかもしれない。

おわりに

ここまで，刑務所で治療的コミュニティ，リカバリーのサンクチュアリをつくることはできるのではないかという話を進めてきた。しかし，事はそう簡単ではない。彼らは社会に戻っていくし，理想だけではやっていけないところもたくさんある。

TCに関して言うと，すごく必要なものではあるんだけど，そこを聖域にできるかっていうと（難しい）。やっぱり普通の世界で生きてる人はそれが普通とは思ってないんですよ。（略）でも（社会階層の）下から見るとその距離〔注：自分たちと普通の人たちとの距離〕はすごいんですよ。上から見るとそうでもないように見えるんでしょうけど。TCに関して言うと，安心という意味でサンクチュアリを求めてても，聖域にするってなると，それは難しいんじゃないかなって思う部分はあったんですよね。（略）根本的な安心という意味でね。時間がすごいかかる。特に底辺の世界を知っているほど，そういうのがないからここ（刑務所）に来ている可能性があるわけだし。（略）そういう気持ちが根底にあります。それで荒んでいったのに，TCでいきなりそれを全部得られるかというと，（略）TCが社会版でも繋がってて，そこにいる限り仕事と生活が保障されるなかでだったら，そのコミュニティは心の支えになるので大事になるんです。

彼は面接時，出所から5年ほど経っていたが，出所後に勤めた会社で数年に亘り激務に追われていた。それでも将来のためと踏ん張ったものの，仕事の内容をステップアップしたいという交渉を何度も蹴られ，辞めることにしたという。彼は中卒の肩書きでは「社会の底辺」であり，「這い上がれない」と無力感を抱いていた。刑務所のなかでは高校卒業程度認定試験も受け，知的にも高く，物事に熱心に取り組む青年だっただけに，必死に努力してもなかなか這い上がれない社会に，筆者自身もやるせなさを覚えた。

なかには彼に対して「犯罪していない人だって低所得から這い上がるのは大変なんだから仕方ない」とか，「自分だって激務をこなしている」「もう少し踏ん張ればよかった」という感想を抱く方もいるかもしれない。とはいえ，大切なのは，自分より下の人間を見つけて押さえつけることではない。

自らも27年間を刑務所で過ごした南アフリカの大統領Nelson Mandelaの言葉に，以下のようなものがある。「こんな言葉がある。刑務所に入らずして，その国家を真に理解することはできない。国家は，どのように上流階級の市民を扱うかではなく，どのように下流階級を扱うかで判断されるべきだ」。

刑務所に限らず，社会のなかで排除されたり，弱者に位置づけられたりする人をいかに社会が尊重し，包摂できるか。刑務所のなかにリカバリーのサンクチュアリをつくることはもちろん，最終的には私たちの社会の各所でサンクチュアリができていくことが必要であり，それはわれわれ全員の"真の意味での"社会の安全を導く鍵になるだろう。

文献

Bartol, C.R., & Bartol, A.M. (2005) Criminal Behavior : Psychologycal Approach. 7th Ed. New York : Pearson Education. (羽生和紀＝監訳 (2006) 犯罪心理学——行動科学のアプローチ. 北大路書房)

Council of Europe (2006) European Prison Rules. Council of Europe. (https://rm.coe.int/european-prison-rules-978-92-871-5982-3/16806ab9ae [2019年6月18日取得])

Kennard, D., & Roberts, J. (1983) An Introduction to Therapeutic Communities. London : Routledge & Kegan Paul.

Leggett, K., & Hirons, B. (2006) Security and dynamic security in a therapeutic community in prison. In : M. Parker (Ed.) Dynamic Security : The Democratic Therapeutic Community in Prison. London : Jessica Kingsley Publishers, pp.232-241.

毛利真弓 (2016) 語りの場と犯罪行動からの離脱. In：藤岡淳子＝編著：アディクションと加害者臨床——封印された感情と閉ざされた関係. 金剛出版, pp.98-114.

毛利真弓 (2018a) 刑務所内治療共同体の可能性と課題. 集団精神療法 34-1；37-45.

毛利真弓 (2018b) 日本の刑務所における治療共同体の可能性——犯罪からの回復を支える「共同体」と「関係性」の構築に関する現状と課題. 大阪大学大学院博士論文.

毛利真弓・藤岡淳子 (2018) 刑務所内治療共同体の再入所低下効果——傾向スコアによる交絡調整を用いた検証. 犯罪心理学研究 56-1；29-46.

毛利真弓・藤岡淳子・下郷大輔 (2014) 加害行動の背景にある被虐待体験をどのように扱うか？——A刑務所内治療共同体の試みから. 心理臨床学研究 31-6；960-969.

United Nations (2015)Handbook on Dynamic Security and Prison Intelligence (Criminal Justice Handbook Series). (https://www.unodc.org/documents/justice-and-prison-reform/UNODC_Handbook_on_Dynamic_Security_and_Prison_Intelligence.pdf［2019年6月18日取得］)

Wexler, H.K., & Love, C.T. (1994) Therapeutic Communities in Prison. National Institute on Drug Abuse Research Monograph 144. Therapeutic Community : Advances in Research and Application. New York : National Institutes of Health, pp.181-208. (https://archives.drugabuse.gov/pdf/monographs/144.pdf［2019年6月18日取得］)

第4章　刑務所での加害者支援に治療共同体を生かす　197

第 IV 部

［実録篇］
リカバリーの物語
ストーリー

第1章

私にとっての
治療共同体エンカウンター
（エンパワメント）・グループ

［インタビュアー］
引土絵未・喜多村真紀

［インタビュイー］
岡崎重人・加藤 隆・栗栖次郎・山崎明義・山本 大

I ┃ インタビューに際して

　本インタビューは，2019年1月25日に実施したグループインタビュー，および同年1月26日に開催されたワークショップでの体験談をまとめたものである。インタビュー参加者は，治療共同体エンカウンター・グループを実施するダルク施設職員5名である。

　治療共同体エンカウンター・グループは，2010年に関西の民間回復支援施設で始まって以降，2018年よりエンパワメント・グループと名称を変更し，2019年現在，10数カ所で実施中である。インタビュー参加者は，現在までのエンパワメント・グループの活動と普及を担ってきたメンバーである。

Ⅱ│エンパワメント・グループの実施場面

① エンパワメント・グループの独自性

ダルクで日常的に行われている「言いっぱなし，聞きっぱなし」形式のダルク・ミーティングとエンパワメント・グループとの違いについては，以下のように語られた。

ダルク・ミーティングは「安心感が得られやすい」形式であるが，「寝てる人は寝てる」し，「毎日やるからマンネリ化しているところがある」一方で，エンパワメント・グループは「回数が少ないこともあって新鮮な気持ちで取り組める」。また，「一人に焦点を当ててフィードバックしていくってところで大きな違い」があり，「全員が集中する時間になる」「ダルク・ミーティングは自分で拾い上げていくものだけど，エンパワメント・グループは押し出してもらえるイメージ」とも語られた。一方で，エンパワメント・グループは「質問の意味を理解する力が必要」であり，「グループについていくのが大変そうな人も，なかにはいたりするけど，それが，逆にサポーティブに，みんながサポートするっていう環境をつくったりとか，人にわかりやすい言葉を使うとか，そういった配慮になったりすることはある」とのことであった。

② エンパワメント・グループの活用場面

エンパワメント・グループが施設のどのような場面で用いられているのかは，以下のように語られた。

「つねに密度の濃い共同生活をしてると，お互いが逆に気を使いすぎて，なかなか直接的に言えなかったりとかすることが結構あったりするんですよね。エンパワメント・グループを通して，そういうトピックが出たりすると，そういうふうに感じてたんだとか。だから，何か問題があるとき，ちょっとじゃあ，エンパワメント・グループを使ってみようかっていうことも，日常的になってきました」と，人間関係の課題に向き合う機会となっていることが挙げられた。また，「あいつ苦手だなあとか，あいつ，うっとうしいなって，たぶん，入寮してる人たち，みんな思ってるんだけど，そういう人が，エンパワメント・グループでトピックを出すと，あ，本当は，この仲間，こんな人だったんだっていう，

本当にいろんな気づきが出てくる」と，グループを通して相手を知ることで，自身のネガティブな感情に変化が生まれることも語られた。

　また，エンパワメント・グループの形式は，「施設で起きる小さな問題や大きな問題について，施設の職員や先行く仲間だけではなく，みんなで支えていくんだっていう感じ」とされ，「個別に相談しに行くよりも，たくさんのなかで話すって，とっても勇気のいることなんですけど，自分のつらかったときのことをグループで話すことで，一緒にプロセスを共有する」というように，グループで話題を共有することに大きな意味があると語られた。

Ⅲ │ エンパワメント・グループによる変化

1 エンパワメント・グループを通したエモーショナル・リテラシー

　エンパワメント・グループで最も大切にされていることは，「物事の解決ではなく，感情の解決」であり，参加者が自身の感情を理解し，言語化する力であるエモーショナル・リテラシーの獲得が目指されている。感情を表現することについては，以下のように語られた。

　「ミーティングでは，心をせき止めるものを自分で解除しないと泣けないですからね。感情をさらけ出してもいいんだって。ミーティングだと解除しないですね。話ができなくなっちゃうっていうのもあるから」と，通常のミーティングでは感情を抑える一方で，「ミーティングでは我慢できる。でも，エンパワメント・グループは，その先を行けるっていうか，我慢できるときもあるけれども，普通のミーティングに比べたら，開いちゃうっていうか。自然に泣ける感じがする」と，エンパワメント・グループでは自然に感情を表現できると語られた。

　また，感情を表したときのほかの参加者の応答については，「自分が言いづらかったことを（グループで）やったときに，みんな泣きながらフィードバックしてくれたのも，すごく自分にとっては良かった経験ですよね。自分のために，ああ，泣いてくれてんだって，何か感じてくれたんだなって思ったときに，すごく温かったですよね」と，ほかの参加者が一緒に泣いてくれたことに温かさを感じたということが語られた。

　以下にグループを通した個人的な体験に関する感情の変化について，2人の

語りを紹介したい。

　　「僕，いつもイライラしてて，そのイライラを仲間とか周りの人に撒き散らして解消して，ミーティングで話しててても，ずっと怒ってて。僕の人生は怒りがエネルギーだったんですね。それが，グループに出会って，いろんな質問で，過去の父親の関係とか，子どものときに，どんだけ苦しい思いをして，毎日死にそうで，苦しくて，その父親のこと，殺してやるって思うようになったかっていうことを，思い出したんです。僕，生まれて初めて，あんなふうに泣きました。すぐじゃないですけど，それから，父親に対する恨みとか怒りとかが，理解と感謝に変わったんです。結構なスピードで変わっていきました。もともと，僕，父親のことが好きでね，そんなふうになる前は。いつも遊んでほしくて。そのときのことが，また出てきて。まだ生きてるんですけど，やっぱり，憎めない人だなって，思うようになってね。癒やしとかヒーリングとかっていう言葉は，本で読んだことがあるけど，僕に起きたんです。強烈なもんでした」

　　「お酒で死んでいった親父だったり，自殺した妹だったりね。生きてれば，あのとき，ああだったんだって，お互いの気持ちを聞きたい。でも，もういないわけで，じゃあ，もう何もできないのかって，そうではなくて，グループを通して，一人では気づけないことを，仲間に質問してもらって，気づかされることもいっぱいあるのかなと思います」

② エンパワメント・グループによる人間関係の変化

　エンパワメント・グループによる感情の変化が個別の内面的なものであるとすると，集団における変化として，人間関係の変化が付加的にもたらされることが挙げられた。

　「ダルクのミーティングが終わってから，ああでもない，こうでもないっていうのはなかったけど，エンパワメント・グループでは，終わってお風呂に行って，みんなでまた振り返るっていう時間が，たくさんあったから，そういう意味では，すごく心地よいものだったなあとは思うし，みんな一体性があったと思うね」とグループを通した一体性が語られた。

また，「助けを求められるようになった。たぶんグループがなければ，昔のまま強がって，粋がって，誰にも相談しないんだろうなって思う。今は関係性が密になったっていうか，そういうつながりが確実なものとして感じられるようになった。エンカウンターをやったから変わった面もあるかもしれないけれども，エンカウンターやることで，そのつながりができていくみたいなのはありましたよね」と，グループを通してつながりを実感できるようになり，信頼関係が築かれていくことが語られた。ほかのメンバーは彼に対して，「前は仲間のなかでもポツンといなくなる感じだったけど，今は仲間のなかに入ってるような感じは，すごくするね」と表現した。

　また，特殊な形式として，人間関係上の課題を抱える2人を中心にしたグループを実施することがあるが，そのグループの体験について以下のように語られた。

　　「2人じゃ面と向かってできないことを，相手の気持ちだったり，自分の気持ちだったりを，確かめ合うことができるから，ああ，そうだったのかみたいな，腑に落ちる感じ。何か言われたときに，このやろうみたいに思うじゃない。言い合いになるときって，3歳児なんですよ。だから，話にならない。でも，グループを通して，気持ちも聞けるわけだから，納得できるっていうか，腑に落ちた感じ。だから，仲間なんだけど，それ以上，一歩踏み越えちゃいけないみたいな，そういうものが壊れたのかもしれないですよね。そういうお互いの格好悪さみたいなこと，遠慮みたいな，恥ずかしさみたいなものが消えたのかもしれないよね」

　　「20何年間も続いたいろんなこと，その問題をグループに預けた。そこから，出会ったのが20数年前で，一緒に入寮して，殴ったり，傷つけられたりして，本当はおまえのこと怖いんだっていうことを初めて言えて，本当にそれからすごくいい関係になりました」

IV │ エンパワメント・グループの仕組み

1 安全な質問

　以上のような変化をもたらす重要な仕組みのひとつは，安全な質問にある。それは「質問してもらえることで，思い出せなくなってることとか，ああ，なるほどなっていうところも，答えることで考えるんで，そこまで連れて行ってもらえるという感じ」とされる。

　グループに参加するなかでの印象的な質問については，以下のように語られた。

　トピックで過去を振り返る際に，「そのときはどんな髪型でしたか？」「どんな格好でしたか？」「そのとき言いたかったことは何ですか？」「その雰囲気は何色？」など，当時の場面や感情を鮮明に想起する質問が挙げられた。また，過去を振り返ったときに，「今あなたは何歳なの？」という質問によって，「ワーッと泣いて。あれから変わったと思ったんだよね。一生懸命犯罪やりながら生き延びた人が，自分の弱音を話せた瞬間」が訪れるきっかけとなった。

　過去の質問は深い感情を想起する一方で，より配慮も必要となるが，「過去ばっかりではなくて，今のことも，質問したりフィードバックするのがいいと思うんですよね。どうしても，過去の自分を許せない人，自分自身もそうですけど，許せないって思うから。今話してくれたことが素晴らしいとか，肯定できる部分を伝える。今を肯定できるしね」と語られた。

　また，印象的な質問として，「相手の身になって，質問してくれるのって，（他の質問と）全然違う。見てる視点っていうか。質問されたほうも，違う視点で自分のことを見られる」とされ，「そういうときって，ハッと開ける感じ。そういうイレギュラーなものがぐっと入ってくると，グループ自体も変わるし」と，その質問の影響力が表現された。

2 意図した質問

　グループ参加経験が長くなると，より意図的な質問を行うようになる。

　「相手が，どんな感情を抑えつけているんだろうっていうことを，いつも意識して質問する。怒りなのかな，悲しみなのかなって。それを言いやすくするん

だったら，どんな質問がいいんだろうみたいに考えますよね」と，感情を言語化できるようにサポートすることを意図した質問が挙げられた。

　また，グループ全体の動きを意識した質問について以下のように語られた。「場を読むことです。（他の参加者と）同じ質問を言っちゃうのか，それともここは全然違う質問をしてあげるとか，どこに向かってるのかっていうのを，意識しながら質問をします」。その背景には，「ひとつの質問をどんどん掘り下げていくじゃないですか。そうなってくると，その人が開いた答えを出さないと，詰まっていっちゃうから」と，質問を重ねていくことによる負担が挙げられた。また，「質問のひとつの方向が見えるときがグループにあって，みんなで同じような質問をするんだけれども，全然違う質問をしたときにこそ，聞かれたほうは，ああ，そうだったんだと気づくことが多々あると思う」「予想されるような質問っていうのは，予想して質問ができるんだけど，たぶん，意外なところからくると無防備だから」と，グループの方向性と異なる視点の質問を投げかけることの意義についても挙げられた。

　一方で，「気をつけすぎると，言葉が出なくなっちゃう」という葛藤も挙げられた。「傷つけちゃうことを言っちゃいけない」と思うと，「しゃべりながら質問できなくなっちゃう」「そうすると，当たり障りのない質問になる」ことも挙げられた。そのような場面では，「遠慮しなくても，いいんだなって思うこと。時には必要かなっていうのは，思うときはありますね」と自分自身に働きかけることが語られた。

　また，質問の深度については，「グループにもよると思うんですよね。たとえば，初めての人たちとやったりとかすると，普段のその人がわからないと，なかなか切り込んだ質問ってしづらい。でも，わかってる人間であれば，また，ちょっと違った角度でもできるかなって感じはするんですけども」と，参加者による部分も大きいことが語られた。

　質問が内包する危険性として，「俺のことを思って，すごくいい質問してくれてるんだけど，3つ，4つ，続いて質問が来ると考える暇がなくて，引っ張り出される感じするがするから，すごい危険を感じて。それこそマッチョなエンカウンター」と，質問が連続することで，安全感が失われることが指摘された。それに対し，「テンポが速い質問だと，そうなるんじゃないですか。自分のフィードバックも入れられるような質問みたいなのもしてあげると，ちょっとクール

ダウンして」と，質問のテンポも話題提供者の安全な感覚を守るための重要な要素であることが挙げられた。

③ フィードバック

質問の次の段階がフィードバックとなる。フィードバックは，「普段，周りの仲間が，自分のことをどういうふうに思ってるとか，ダイレクトでフィードバックされて，お互いを知る機会がすごく多くなってきた」とされ，通常のダルク・ミーティングでは行われない相互コミュニケーションが有効に機能していることが語られた。また，このようなフィードバックの効果として，「フィードバックしてもらえることで，一体性っていうか，優しさっていうか，そういうの感じました」という声があり，「フィードバックのときに，みんな共感を示してくれるじゃないですか。特に，アファメーションのとき。僕，そのエンパワメントだけじゃなくて全部に使ってます。そっから入るっていうか」と，普段のコミュニケーションに良い影響を与えていることも語られた。

「フィードバックっていうのは，決して相手を批判するものではないので，最初はすごく緊張したり，不安だっていうふうには言うんだけれども，終わった後は，すごくほっこりした温かな気持ちになって終わるんで。最終的には，やってよかったねっていう感じになるっていうところでは，すごく導入してよかったなって思います」と，フィードバックがグループのポジティブな力の源泉になっていることが挙げられた。

④ ファシリテーターの配慮

ファシリテーターをする際に気をつけていることとして，「コントロールしないようにしようかなっていうのは思ってることですけどね。そこにいる人たちと一緒に，そこにいる人たちに任せて」いくことを大切にしていることが語られた。場に委ねることで，「案外，自分がパッと湧いてきたことを，誰かが言ってくれたり」することも挙げられた。

また，グループをファシリテートしていく際に，参加者がどれだけ質問に参加できるかがグループの力動を大きく左右することになるが，質問を躊躇する場面がしばしば見られる。「僕らも勇気をもって質問するっていうのが，その人が困ってることに対して，支え合うよって言ってる意思表示のひとつなんじゃ

ないかなと思う」「その人のために使ってる時間だから。その人が困ってるって言ってきたら，助けてって言ってるわけだから，そこに遠慮するってことは，お互いが尊敬の感覚とか，互いの関係性が未熟だったりする部分はあるのかなと思うし。でも，聞いてほしいわけじゃないですか，自分のことを。出してくれた人に対して，しっかり質問するっていうのは，大切なんだろうなって」と質問することの意味が語られ，ファシリテーターとしては，これらの質問の意味を共有していくことが重要となると思われる。

また，質問することへの躊躇について，「傷つけようとして質問してるわけじゃないから，みんな。だから，そう，自分を信じることも大事だと思いますよ。傷つけないかじゃなくて，傷つける質問をしようとしてるんだったらやめればいいけど，そうじゃないのをしてるでしょ。だから，質問していいのかなとは思ってる」と，自分自身を信じることが重要であると語られた。

続いて，メンバー構成について，「いつもしゃべる人が2人ぐらいいたりすると，もうその人ばっかりがしゃべるようになっちゃって，萎縮してしまって，本当はしゃべれるんだけど，しゃべれなくなっちゃったりとか，そういう人もいるから。なるべく，1人しゃべる人がいて，中間ぐらいしゃべる人がいて，ちょっと初めてだけど，しゃべれそうな人とか，なるべくみんながしゃべれるようなグループ構成っていうのを，最初に考えるようにはしてます」と，人数が多い施設でのメンバー構成の重要性が挙げられた。

このようなエンパワメント・グループのファシリテーターは非常に負担が大きい。そのための工夫として，「振り返り重要だよね。終わって，これでよかったのかなあって思うことは，ダルク・ミーティングより多いと思うんで。共有する人が，多ければ多いほど，ファシリテーターの不安みたいなのは軽減するのかな」と，アフターミーティングの重要性と意義が挙げられた。

また，参加者としてグループに参加する際にもファシリテーターに対して，「自分はいつも，ファシ〔ファシリテーター〕やってる人に，アイコンタクト，目と目で大丈夫ですよみたいなふうにはしてる。誰かが，そういうふうに気にかけてるんだってわかれば，たぶんファシやってる人も，すごく安心だから」と，ファシリテーターをサポートする姿勢についても語られた。

V │ エンパワメント・グループの課題

1 エンパワメント・グループへの不安

　通常のミーティングとはまったく異なるグループに参加することに対して，「最初は，不安のほうが強かったですね。人に質問をされるとか，自分が質問をするっていうのは，ミーティングではないことだから，どこまで言ったらいいのかとか，どういうふうに答えたらいいのかっていうところでは，不安があった」ことや，「はじめの頃は，なんか質問されるっていうのは，責められてるっていう感じだったんですよ。だから，ちょっとつらかったりしたんですけど」と，質問という形式に対する不安感や抵抗感が挙げられた。

　このような不安感や抵抗感については，「エンパワメント・グループをやるなかで周りを見ながら，こういう質問の仕方ができるんだなとか，そういうことがわかってきたから，不安ではなくなってきた」ことや，「慣れていくことで，そういう感覚がなくなって」いったことなど，エンパワメント・グループの形式に慣れていけば軽減していくことが挙げられた。また，「当初は不安もあったんですけど，最初のときから自分のトピックだったんで，癒しのほうが大きかった感覚がありますね」と，トピックを挙げることで，不安感よりもグループによる癒しを感じたことも語られた。「逆に，参加してても不安を感じないとか，それはグループの参加者にもよったりすると思うんですよね。継続的にずっと一緒だったりしたら，逆にすごく力強く感じられたりとかするし，初めてだと，ちょっと緊張したりするし」と，不安感や抵抗感が参加者からの影響を受けることも指摘された。

2 プログラムとしてのエンパワメント・グループ

　「どうしても，施設のプログラムって，ルーティン化してしまうんですよね。だから，そうなったときに，どうやってテコ入れしていくかっていう感じだと思うんですよね」と，プログラムとしてエンパワメント・グループを実施していく際の課題が挙げられた。ルーティン化するという課題として，「ダルク・ミーティングはルーティン化してもできちゃうけど，エンパワメント・グループは，ルーティンになっちゃうと，モチベーションっていうか，それ自体が効

果を発揮しなくなっていってしまう」と指摘された。実際にエンパワメント・グループがルーティン化した経験のある施設では、「提供する側が、どういうふうにグループを提供していくか。もう1回、考えたりっていうことで、多少、復活しつつあるのかなとは思います」と、グループの意味や目的を再確認していく作業について語られた。

また、提供する側のモチベーションを維持するための取り組みとして、「職員の人とかがスタッフ・エンパワメント・グループに参加して、そこでの良かった経験が、必ずしもその通りにならないとは思うんですけど、それをもとにまたモチベーションをもって提供できるというか」と、スタッフとしてではなく、個人として参加できるグループの存在の重要性が挙げられた。

「自分がいいなと思ったからやりたいなって思ったんだけど、果たして、俺がいいと思ったことが、全員にいいのかと思うこともあるし。だから、それがうまいことっていったらあれですけど、同じように感じられるようにするには、どうすりゃあいいのかなっていうのはある」と、みずからの感じたエンパワメント・グループの効果が、施設のプログラムとして有効なのか、そして、有機的に提供するためには何が必要なのかという葛藤が語られた。

VI | インタビューを終えて

本インタビューは、この数年間のひとつの集大成であるように感じる。インタビュー参加者とは、2014年から始まった治療共同体研究会の活動の一環として、エンパワメント・グループに関心がある施設へのワークショップを開催し、全国各地を旅してきた。本インタビューもその一環として鳥取で行われた。インタビューでも語られているように、エンパワメント・グループに参加することによる個人の内面的な変容だけでなく、エンパワメント・グループの活動を通したつながりが、ひとつまたひとつと広がりを見せているように感じる。

筆者（引土）の治療共同体との出会いは、依存症の父親を自殺で亡くした絶望と自責に追い立てられるように就いた、精神科ソーシャルワーカーとしての依存症支援の仕事に、限界を感じたときのことだった。いろいろな縁からアメリカ・アリゾナ州にある治療共同体アミティで、グループに参加する機会を与えられ、それまで8年間、誰にも話せなかった感情に初めて向き合い、新しい

生き方を与えられた。

　筆者が経験した新しい生き方に向き合う場としてのグループを，日本で父親と同じように依存症で苦しんでいる人と共に創っていきたいと思い，これまで実践と研究を続けてきた。この間，インタビュー参加者のみなさんと数えきれないほどグループを囲んできた。それまで一人では向き合うことができなかった過去の経験や，今抱えている苦しさやもどかしさに真摯に向き合う姿に感銘を受け，希望を与えられた。そして，グループを通した絶対的な安心感と信頼感によって，自分では受け入れられない感情や現実に向き合う勇気と機会をもらってきた。

　父親を亡くした19歳の頃，筆者は親になるのが怖かった。「自分は子どもに悪い影響を与えてしまう」という漠然とした不安だった。二児の母となった今，子どもたちの母親であることに喜びを感じることができる。一つひとつのグループの経験やグループを通した人と人とのつながりから感じる希望が，不安や生きづらさを一つひとつ消していってくれたように感じている。

　最後に，インタビュー参加者のみなさんと，これまで一緒にグループに参加してくれたみなさんに，心から感謝を伝えたい。

第2章

島根回復共同体出身者への
インタビュー

藤岡淳子

　本インタビューは，2018年に島根あさひ社会復帰促進センターの
釈放前教育DVD作成のため，藤岡により聴取された（以下，Fは藤
岡，Aは島根回復共同体メンバー）。

出所後の日々

F　こんにちは，Aさん。今日はいらしてくれてありがとうござい
　ます。Aさんは出てからどれくらいになりますか？

A　ちょうど6年を過ぎたところですね。

F　6年ですか～。長いような短いような……。この6年間を振り
　返って，今どんな風に暮らしているのか，まず，そのあたりをお
　話しいただけますか？

A　今はようやく仕事も安定して，生活も結構安定してきて，生活
　とかで困ることは少なくなくなってきて，最近はちょっと仕事に
　対してのいろんな鬱憤とかそういうのが溜まって，それがお酒の
　つまみになっているような……。

F　むしろ安定しているので，日々のストレスが溜まってきてるっ
　て感じですかね？

A　はい。

F　今はどんな仕事をされてるんですか？

A　高齢者の方の再就職とまではなかなか行きませんが，仕事をもう一回やっていただくというリスタートの手助けをする，そんな仕事ですね。

F　高齢者のリスタートのお手伝いをする支援の役みたいな感じですか？

A　そうですね。一応，会社というかNPO法人で，まあ，もともと中にいたときからNPO法人に携わりたいという思ってたんで……。だからまあ，今その夢が叶ったというか，そういったお手伝いをさせていただいているという感じですかね。

F　中にいるときから，何かそういう支援者になりたいという気持ちだったんですか？

A　そうですね。支援員さんとかを見てて，やっぱり人を助けられる仕事がしたいと……。自分の勝手な興味本位で犯罪を起こしてきたんだけども，でもその興味本位って犯罪を起こすこともできれば，人を助けることもできるという，そっちの面もあるんだなあということを，中で勉強できたという感じですかね。

F　Aさんのもっている力を犯罪に使うこともできるし，いいことにも使えて，その良いことに力を使ってる人たちをセンターのなかで見てて，自分もこっちに行こうかなあと思ったんですね？　それが今できている感じですか？

A　そうですね。自分で言うとちょっと恥ずかしいところがありますけど……。まあでも，う～ん，できてるのかなあ⁉っていう感じはなんとなくします。

F　なるほどね。でも日々ストレスが溜まるって言ってましたけど，どんなことでストレスが溜まってるんですか？

A　そうですね～。最近ちょっとある人がやめるとかやめないとかで……まあそれは職員の方の話だったんですけど，（そういうのが）あったりとか……。あと，まあ，すごい力を入れて支援をしている方が亡くなったりとかすると……なんか今までもうちょっと違うやり方があったんじゃないかなあと，自分に対する怒りというか……その仕事の怒りとかストレスといっても，外に向かう外的要因と周りが悪いんだと決めつけてしまうものと，あと自分がもっと何かできたんじゃないかなあという内側……その両方が

今あるような感じですかね。

F　内側のは，もうちょっとできたんじゃないかっていう自分に対する気持ちで，外側のは，やっぱり職員関係みたいなものなんですか？

A　そうですね〜。職員関係もそうですし，あとはあの〜やっぱりその〜，僕が生活してるのが昼間っから酔っ払いが多い街ですので，結構その，酔っ払いの人たちに絡まれてしまうことが結構多いんですね。つい先日も酔っ払いの方に絡まれて，それで，最初はちょっと怒らずに対応しようと思ってたんですけど，あまりにもしつこいんで，ちょっと血が回ってしまって，言ってしまったということはありましたけど……。

F　何を言ったんですか？

A　まあ，僕がこういう図体（とても大柄）なんで，「お前がそこに立ってたら通れへんやないか！」って言ってきたんですね。そらあんたらそう言うけど，こうやって話をしてる間に何人もこの間通ってるやんって……。あなたと僕がいて，その間を通ってて，2人いて通れてんのに，なぜあなた，1人が通れないんですか？……という話をずっとしてたんですけど，もうあからさまにしつこいんで……お前刑務所に入るん怖いのか〜とかわけのわからんこと言ってきたんで……そんなん入ったことあるし〜って思いながら……。最初はちょっと自分のなかで笑いながら対応してたんですけど，なんかすごい，しつこくて，「やかまっしゃ〜！　何ぼでもいうとけ〜！」みたいな感じで，ちょっと切れてしまったんですけど……。

F　で，どうなったんですか？

A　まあ最終的には，相手が謝ってくれて……。ちょっと俺も悪い酒飲んでしもたわ！って，僕は飲んでないんですけど，相手の方が飲んでて……。「自分がちょっと悪い酒飲んで，悪酔いしてしまって，ちょっと兄ちゃんに絡みついてしもた。ごめんな〜。仕事がんばってな〜！」って，最後は別れて終わったんですけど……。

F　そういう日々ちょっとしたイライラやストレスはあるけども，まあ6年間住むところも安定して，仕事も安定して落ち着いた暮らしになってきてるなあって感じですかね？

A　そうですね〜。出た当時はそういう怒りとか，そういうのも，もうダークなものっていう感じで，今表面化してはいけないんだと思ってたんですけど，でもまあ，6年のその過程のなかで，ああ別にそんなんを隠すことが変な話，自分への抑圧になってしまって，逆にそれが違うストレスを生んでしまうということに気づけて，ようやく，頭に来たときには頭に来たで，それを発散するのもひとつの方法だなあっていう形で……最近は考えるようになりました。だから，出た頃に比べたら，すごいいろんなことの考え方が変わってきましたね。

F　怒ったりしちゃいけないって思ってたんだけど，そのダークな面を出しちゃいけないって思ってたんだけど，最近はそういうのも自然なものだとして認めるようになって，表現できたりするようになってきてるんだと。で，出た頃と今とはずいぶん違う感じがするんですね。

A　そうですね。全然違う……もう180度違うと言ったら言いすぎかもしれませんけど，でも本当に変わったなあと自分でも思いますね。

変化の兆し

F　もう少し，具体的に教えてくれますか？　どこがどういう風に変わったのか？

A　最近起きたことのなかで，自分自身で衝撃を受けたのが，もう本当に……5年ぶりぐらいに実家に帰省したんですけど，そのときに……初めて父親と自分がなぜ犯罪を犯したのか，どういう心理状態で，犯罪をしてしまっていう話をしたことでした。そのなかで，その刑務所にいたときにTCという場所を得ることができて，そこの仲間たちと幼少期の経験，トラウマというのが加害行動に結びつくんだという，結びつく場合が多いということを勉強させてもらったんだと。で，その加害行動を起こした理由は，父親に性的虐待を受けたりだとか，育児放棄という形で，結構今までぶっちゃけ正直に対息子っていう感じじゃなかったよね！って。

だから俺は，その居場所を探して，親戚の家に行って，その親戚の家でちょっとした悪いこと，たとえばその当時やってたのが，車のディーラーさんの展示している車のカギが付いてるものがあって，それを夜中に勝手に乗り回して，その敷地内だけですけども，そこから出ることはなかったんですけども，おじさんとそんないろんなことを，僕からしたら従兄弟とそういうことをやってて。そうすることを賞賛されてて，そこで僕は居場所を，ああこれが居場所なんだみたいな感じで勘違いしてしまって。それで，まあどんどんそういったものから大きくなっていって，自分が実際に今回捕まったことでも周りから加害行動が賞賛されて受け入れてもらえると思ったから，そういう風になってしまった……と，そういう話を初めて父親にできて……。

F　へぇ，すごいね〜。

A　でそのとき，不思議と父親もその話を否定もせずに怒りもせずに聞いてくれて，あれはすごい自分のなかで最近……出た当時は親父のこと嫌いだったし，今でもあまり好きではないですけども，でも，そうやって……何か，あっこれでひとつ肩の荷が下りたじゃないですけど，自分が抱え込んでいたものが，ようやく一個，一件落着かどうかわかんないけど，まあある程度の成果が見られたかなと……それには，6年という期間が必要だったと思うし，実際に面会に来て，刑務所のなかに面会にも来てくれましたけども，そのときも出てすぐのときも，それから電話とか，メールとかで話したときもそういう話が一切できなくて，実際にあなたとは縁を切りますという手紙を送ったことがあったんです。そういう形でしか表現できなかったけれど，今そうやってきちんと向き合えて話ができたというのは，あ〜なんか俺って変わったのかなあって〔F：素晴らしいね〜〕思いましたね。

F　刑務所を出てからもずーっと「なんで犯罪をしたんだろう？」とか自分のことを考えつづけていて，それを一番本当はわかってほしいお父さんに話すことができて，しかもある程度受け入れてもらった感じがして，自分のこれまでの過去のことを言って整理がつきつつある……って感じなんですかね〜。

A　そうですね。

F　それがなんか自分がすごい変わったなあって感じのもとにあるんでしょうね。そうすると，でも，ご家族とお父さんとそうやって折り合いが悪かったってことは，帰るときは親元には帰られなかったんですね？

A　そうですね。親元に帰ることは再犯に結びつくような感じがして，だから帰らなかったですね。

F　あ〜そうなんですか。引き受けてくれるってことは言っておられたんですか？

A　はい，実際に裁判にも情状証人で来ていただいたし，まあそれも1回は考えましたけど，なんか違うなというのを拘置所にいるときに……思って，選択肢から外しました。

F　あえて保護施設に帰られたんですね？

A　はい，そうですね。

自由と迷い

F　その出所……釈前に入って出所するときっていうのは，どんな気持ちだったんですか？

A　なんか，いきなり野に放たれたって感じでした。今まではすごい，ある意味がんじがらめで，ある程度は自由を与えていただいてはいるんですけども，でもその施設のルールであったり，規則であったりのなかで生活をしてたし，別に仕事をしなくてもご飯をいただくことはできたし，それがいきなり，もう自分でお金を稼いで，その稼いだお金でやりくりをしないといけないっていうところに，いきなり変わったんで，それがすごい。だから，まあとりあえず，僕の場合はバスに……高速バスに乗せていただいて，広島行きの高速バスに乗るまでは，刑務官の方に見送っていただいたんですけど，でも，バスを降りた途端に，ああどうしたらいいねん俺，みたいな……。とりあえず帰住先に帰らないといけないっていうのと，保護観察所には2日以内に出頭しなさいっていうものがあったんで，行かなきゃいけないっていうのはわかってたんですけど，ああ，何しよう……っていうのがすごい大きかっ

たです。

F　なんかこう……なんだろう……どうしていいかわかんない，というような感じですか？

A　ああそうですね。今までは変な話，これをしなさいあれをしなさいで，全部言っていただいて，それをやっとけば……すごい悪い言い方かもしれないけど，それでよかったんですよね。でも，それを言ってくれる人はいないし，自分のことをずっと見てくれる人もいないんで，だからそれがすごい不安に思いました。変な話，中にいたら，きちんと言われることを守っておけば怒られないで済むし，もしかしたらそれでちょっとは，仮釈放ももらえるかもしれないということが頭にあったんですけど，でも，別にいいことをしたって誰もほめてくれないし……ふふふ，当たり前の話ですけど，もちろん犯罪をする前もそうなんですけど……だから犯罪をする前にできていたことは急にできなくなってしまったっていう感じですかね。

F　やっぱり誰にも関心をもたれていない感じ，もう誰ともつながっていないみたいな感じですかね？

A　そうですね，それをちょっと感じましたね。

F　ああ，親とはうまくいってなかったしね……。

A　そこでもし親とつながりがあれば，そこまでは思わなかったかもしれないんだけど，本当に行ったこともないところで生活をしなきゃいけないっていう，会ったこともない人に今日からよろしくお願いしますって言わなきゃいけないっていうのがあったんで，それがすごい心許なかったですね。

F　それでどうしたんですか？

A　まあとりあえず，中でも規則を守ってたほうだと思うんで，まあ，一応その決められた通りに……まあ，帰るっていうか，まあ，行って……大阪まで行って，それで電話をして，そしたらまあ，その……事務所までの行き方を教えていただいたんで，それで，言われるままに事務所に行ったっていう感じですね……。

訪れた転機

F　最初はなんかいろいろ大変なこととかもあったんですか？　困ったこととかヤバかったこととか？

A　あ〜〜もう一番うわ〜やってしまったって思ったのが，人身事故を起こしてしまったことですね。もう，本当に出所して2カ月か3カ月で……人身事故をしてしまって。で，まず真っ先に思ったのが，「逃げなきゃ！」っていうことですね。

F　仮釈中ですもんね。

A　そうなんですよ。仮釈中で，まあ当時の僕が無知だったんで，その人身事故でも捕まってしまうと，また仮釈放規定違反で再収監されてしまうというふうに思ってしまってたんで……だから逃げなきゃって思ったんですね。

F　で，逃げたんですか？

A　いや，逃げれなかったです。あの，結果を言うと……不思議とそのときにやっぱり被害者の方を見てしまって，道路のど真ん中で，もう，倒れてはったんで，とりあえずこれは，後ろ向いたら車来てるし，とりあえず隅に寄せなきゃって思って，それでとりあえず隅に寄せて，そしたら，向こう側から，お母さんなんでしょうね，子どもを乗せる乳母車みたいなものを押した方が，女性の方が歩いてこられて，「大丈夫ですか？　警察には電話されたんですか？」って言われて，ああ，こりゃ逃げちゃだめだってそこで思って……それで，まあ，電話をして，救急車はその方に呼んでいただいて，「私，救急車を呼びますんで，すみませんが，警察に電話してもらえますか？」って逆にその方に言っていただいて。もう本当に名前を知りませんし，それからもう再会もできてないんですけど，本当にあの方には感謝ですね。あの人がいなければ，今，僕ここにいないと思いますもん。

F　なるほどね〜。声かけてくれた人がいたんですね。しかも叱られたわけじゃなくて手助けをしてくれたわけですね。で，そのあとどうなったんですか？　大怪我だったんですか？

A　それが結局，その方はまあ命には別条がなくて，病院にはちょっと入院されてたんですけども，まあ，でもその方が自転車に乗っ

てらっしゃったということと，あとその方が，赤信号で交差点に進入をしていたってことが，のちのち防犯カメラに写っていて，僕が介助している姿も防犯カメラに写っていて，それでまあ，あなたはもう別に何も悪いことはしてないということで，点数を加点されることなく，もう無罪というとまあ裁判したわけじゃないんでおかしいですけど，何もなく……はい。検察（警察）のほうにも行って取り調べも受けましたけども，何もなく，はい。

F　逃げなくてよかったですね。

A　逃げなくてよかったですね。本当にのちのち逃げなくてよかったなあと。

踏みとどまる力

F　そのあとも何かヤバかったことや困ったことはありましたか？

A　そうですね。まあ，結構その当時，出張仕事が多くて，あの〜，その出張仕事に追われている自分がすごいなんか嫌になってきて，で，夜道でなんか女性を襲いそうになったことも，ありましたけど，う〜ん，まあでも，そのときも，ああ，支えてくれた回復共同体（Therapeutic Community：TC）の訓練生の人々や，支えてくださった職員の皆さんを裏切ったらあかんなあって思えたんで，踏みとどまりましたけど……。

F　出張仕事が嫌になっちゃったんだ……。

A　嫌になりましたね……なんか出張仕事って，その当時僕が思ったのは，結局自分にとって安住の地ってないんだなあって〔F：ああ，なるほど〕。まあ，のちのち発覚するんですけど，そこの社長も元暴力団の組員だった人だっていうんで，その後に暴力事件が起きて，まあ，社員を殴って，しかも殴ったぐらい話じゃなく，ぼっこぼこにしてて，それ見た瞬間に，ああここは僕の居場所じゃねえってやめたんですけど……。

F　ちょっとブラック企業みたいな感じだったんですかねえ？

A　そんな感じでしたね。だから言うことを聞かなければ力で制圧するっていう。なんかこれだったら，もうなんか……再犯してる

のと同じだなあとか，思っちゃったんですよね。なんかそれを黙認してしまっている自分が……。

F　ああ，こういうのが嫌だなあなんて思いながらも……どうしようもない感じだったんですね。そして，あちこち転々としてると俺の居場所はどこにもないなあと，実際職場も嫌だから居場所じゃないし，そのときに一瞬昔の方法で悪いことをしてって，思ったんですね？

A　そうですね〜。だからある意味，1回悪いことをしてしまうと，そのときの自分にとってのメリットの部分を思い出してしまって，また，あれを得たいなあっていう……。

F　そうね〜。そういう誘惑があるのかもしれないですね〜。で，その本当に踏みとどまったっていうのは，TCの仲間とか世話になった人の顔が思い浮かんだのですか？

A　ああ，本当にそのときは思い浮かびましたね。

F　しょっちゅう思い浮かぶんですか？　それとも，そのときだけだったんですか？

A　それまではそんなにしょっちゅう思い浮かばなかったんですけど，でもそのときはふと思い浮かびましたね。

F　ヤバいときを何回か乗り越えてるんですね？

A　そうですね。結構経験してしまってますね。

F　いつ頃までヤバかったんですか？

A　ああ，2年ぐらいはヤバかったと思います。

F　それが2年くらい経って落ち着いてきたのは，何か理由とかあるんですか？

A　まあその，ちょうどその2年くらい経ったところで，今の仕事を見つけて，まあ，そこでそのひとつの目標であったNPOの仕事をしたいという，その目標が叶ったということと，はじめてそこで自分が希望する家に住めて，まあそれだけ生活も安定してきたというのもあったんですけど，やっぱりその生活が安定するまでは，結構犯罪的思考にはなりやすかったのは事実ですね。

F　なるほどね。ちゃんと自分の住む家があって，やりたい仕事があって，そうやって生活が安定するまではなかなかヤバいこともあったんですね〜。

成長しつづけること

F　でも，そのお父さん……親の支援とか受けられなかったら結構大変じゃないですか？

A　そうですね。なんか困ったことがあったら，やっぱり脳裏には浮かぶんですよ。でもなんか俺はしょせんこんな人間だし，もう家族も親戚も助けてくれないし，未だにおじさん家族には会えてないですからね，事件以後一度も……。もうあることないこと言われているらしいです。この前，父親に聞いたら……。

F　そんななかでAさんは何を考え，どういう風に自分を支えてきたんですか？

A　まあでも一番は，やっぱり受刑って辛いんですよ……。う～ん，たしかに，言い方がちょっと違うのかもしれないけど，束縛されてある意味楽なんです。楽なんですけど，やっぱり辛いんです。自分の好きなところに行けないし，行けるとこってすごい限られてるし，自由のある島根あさひでも，やっぱりそれはね。決められたところしか，決められた方法でしか，移動はできないんで……。だからそれを思うと……しかも，確実に今度はあんなに優しい刑務所じゃないんですよ。唯一わかってることとして，それはまあ実際に拘置所のなかで聞いたり，まあ，人の話でしかないですけど……。厳しいんだなっていうなかで，果たして今の自分〔左手をかかげて〕とそういう再入してしまったときの自分〔右手をかかげて〕を秤にかけて，それは断然こっちが勝つんですよ〔左手を挙げて〕。

F　なるほど……先のこととか結果を考えられるってことでもあるんですか？

A　まあそうですね～。だからそれはやっぱり，中にいたときに，考える癖を付けることができたからだと思うんですね。僕にとってのTCって，その考える癖を付ける練習場所でもあったんですよね。

F　それは役に立つんですか？　考える癖っていうのは？

A　ああ，結構何気にふとしたときでも，今自分どうなんやろうってすぐに考えるっていうのがあるんで，今の自分にとって有効活

用されていますね。今本当に犯罪的思考は，ほぼないですけど，それでもやっぱり大丈夫かなあ，大丈夫かなあって……うん，それを考えるっていうことは……ただ，その……出てしばらくは，自分に慢心してる部分があって，俺は仮釈放で出所できたんだし，俺は大丈夫だ〜みたいに思ってたから，考えることをちょっと忘れてしまってた時期もあったんですね。やっぱりそういうときって，人身事故を起こして逃げようと思ったり，夜道で女性を襲おうかなあって思ったりしたんですけど，いちいち考えてたら，そんなことを考える暇がないっていうか，それが結構今の僕にとってはストレスでもないし，うん，もう日常生活のその過程のひとつみたいになって……。

F　考えることが？　それは結果を考えるとか，相手のことを考えるとかですか？　自分のことも考えるとか……？

A　だから中で学んで一番覚えてるのが，認知行動療法なんですけど，その認知行動療法で「でかこけモデル」（ABCDE モデル）ってTC では言ってましたけど，「でかこけモデル」をそのときの自分に当てはめて，いろんな形で，いろんな視点で自分を見ることによって，自分がまず再犯をしないように気をつけていくことを考えていました。やっぱりそのたぶん今……別に島根あさひを経験していない人でも再犯をしていない人は，本人はそうは考えていないかもしれないけど，必然的にそういうことを考えているんじゃないかなあ，みたいなことは思ってます。

F　なるほどね〜。そうですよね〜，考えつづけてお父さんにもそういうことを話すようになったわけで……出た後もずーっと考えつづけて，ずーっと成長してるみたいな感じなんですかね？

A　う〜ん，そんな感じですかね。

F　そして出て2年くらい経ってからようやく生活が落ち着いて，自分がちょっと変わってきたみたいな……感じなんですね〜。今は何を楽しみに……何が関心ですか？

A　今はまあ，でも，街中でその……支援をさせていただいている方々と会って，街中でおはようとか……まあ，向こうから言っていただくこともあるし，なんやお前，この前声かけたのに気づかへんかったやろうとか……後日談として言われたりして……そう

いう人と人との交流っていうのが，今僕生きてて一番うれしいこ
とだし，一番やりがいを感じてるところですね。

F　人とのつながりですね？〔A：そうですね〕自分の安定した暮
らせる家と，仕事とそして自分のことを考え，人ともつながって
るって感じですかね？

A　それだけ余裕ができてるっていうことかもしれませんけどね。

受刑生活から現在へ

F　今あの〜，島根での受刑生活のことなんかを考えると，まあさっ
きからもいろいろお話聞かせてくれてましたけど，どんなことが
印象に残ってますか？

A　そうですね〜。結構僕のなかで問題児っていうか，本当に懲罰
すれすれの……喧嘩をしたりとか……そういうこともあったんで，
でもやっぱり僕ってまあ，人に依存するところがあるなあって，
TCのなかで思ったんですけども，人に囲まれるのが好きなやつや
なあって，今自分で思ってて。だから，やっぱり中にいたときも，
訓練生だったり職員のみなさんなんかに，そのいろんな人と話を
して，そこから得られるいろんな知識だとか，感情だとか，そう
いったものになんかその〜，思いを馳せるといったらかっこいい
言い方になりますけど，そういったところに気を配っていくこと
が，なんか自分にとって，もう受刑生活だったなあって。で，そ
の過程のなかで，TCで学んだ一つひとつのことだったり，まあ，
これまでの話のなかで言った，認知行動療法だとか，あるいはそ
の，考えることだとかそういったことも，人と人とのつながりの
なかで学ぶことができたんで。う〜ん，だからそれはそれで……
まあ，確かに受刑っていうあってはならない形なんですけど，で
も，そうやって中にいたときは喧嘩をしたりとかして，自分の感
情を表に出したりするっていう，ひとつの練習でもあったと思う
し，それをたぶん，当時の担当職員さんは酌んでくれて，懲罰に
上げずに見守ってくれたのかなあっていう思いもありますね。だ
から本当に，中での一番の財産は，いろんな人にまあ，再会でき

ない人がほとんどですけど，でも，その人たちに出会えたことが，僕にとっての今ですね。

F　なるほど……。入る前までは人とのつながりなんて……と思ってたんですか？

A　うん，思ってました。人に依存なんてまったくしてるつもりがなかったし，結局はその父親とか母親からの愛情をまったく受けてなかったんで，それが欲しかっただろうけど，でもそのこともなんかダサいとか格好悪いとかっていうので否定しつづけてきたんですよね。でもそれって別にダサいことでも何でもないし，人ってやっぱり誰かから受け入れてもらえることが，一番の喜びであり，幸せだと思うんですよ。まあそれがたとえば，行く行くは恋人だとか家庭をもつことにつながっていくっていう，そういうこともやっぱりその，要はその誰かから自分を受け入れてほしいというその延長線上にあるような気がしていて。うん，だからそれをなんか……そんないろんな……ちょっと考えれば，そんなの当たり前だよって言われるようなことなんだけど……でもその当たり前だよって思われるようなことが，再確認できて，自分のなかでそれは当たり前じゃないって思えたっていうことが，僕にとっての受刑生活だったような気がします。

F　まあ一人で生きられるとか，そんな風に強がって生きてきたけども，中に入って，いろいろぶつかりもしたけど，そのなかで自分は人とつながるのが好きなんだってことを受け入れることができて，いろんな練習ができて，それが一番の財産だったなあみたいな感じなんですね？　そしてそれが今もNPOに勤めて，街で人に挨拶してもらったりすると，つながってる感じがもてるってことなんですね？　Aさんが今島根あさひにいる訓練生たちに言いたいこととか伝えたいことがあったら，ぜひお願いします。

A　一つひとつのことを格好悪いとかダサいと思わないでほしいです。自分にとっては，格好悪い，ダサいことかもしれないけど，でもそれは，絶対にのちのち今訓練生として頑張っているみなさんの将来の糧に絶対になりますからね。だから僕は本当に，受刑っていう形は悪いんだけども，ある意味，そのもう1個……小中高大学とはまた違う別の大学に入れたんだっていう……〔F：無理

矢理……〕無理矢理，フフフ……強制的に……まあそれって，ひとつのある意味チャンスを国から与えてもらえたんですよ……だからその無理に，ポジティブに考えなくてもいいんだけど，でもちょっとしたことをポジティブに考えてみてはどうかな!?っていう……。うん……でそれを，一つひとつをまずは受け入れる，自分のなかに1回受け入れてみて，違うと思ったらそれは別に排除してもいいことだと思うし……。だから，TCにいる人だけじゃなくて，すべての訓練生，受刑者の方々に言いたいのは，「今までの人生は人生だったんだから，もうここからじゃん！　くよくよすんなよお前ら！」みたいな感じですかね。

F　さっき言ってたダサいとか格好悪いってやっぱり思うんだ!?

A　思いましたね〜。

F　それはどういうことですか？

A　だからその，なんやろ……まあたとえば，涙もろいとか，感情移入しやすいとか，あるいはその……悪いことをしている人たちって，たぶん徒党を組むのが好きな人たちで，そこから逸れることが，なんか世の中のルールから削がれるみたいなことまで感じてる……まあ，僕の場合は感じてたんですね。だからそういったことをしない生き方が，俺にとっては格好悪かったんですよ。

F　むしろ非行とか犯罪やってるほうが格好良かった？

A　だから変な話，もう10代からタバコを……高校生とか中学生とかあるいは小学生とかで，たばこを吸ったりとか，シンナーを吸ったり，そういう非行行動をする人たちが，これって格好いいじゃんって言うのと同じで……うん。

F　なんか，ちょっと違ってたんですね？　何が格好いいのかが……。

A　何が格好いいのかっていうのも，もう1回考え直すきっかけだよ！って。今までの自分の定規を見つめなおして，新たな定規をつくるチャンスだと思うんですよね，服役するっていうことは……。

F　今，Aさんにとって何が格好いいことなんですか？

A　ん？　別に格好いいことなんて別にないですね〜。

F　あ〜，もう格好いいってことがどうでもいいんだ。

A　そうそうそう。だから別にこんな人って言われても別に何とも思わないし，自分のなかでは……〔F：ちょっと強がりが入ってるかと思うけど……〕。強がりかもしれませんけどね……。でも本当になんか……いい服を着たいとも思わなくなったし……。

F　じゃあ何が大切なんだろう？

A　今は，う～ん，なんですかね？　平穏無事に暗い部屋で寝ることですかね?!〔刑務所の居室は常夜灯がついていて真暗にならない〕

F＋A　ハハハハハ。

F　一日働いて……ほっとして寝られる……。

A　疲れた～！って言って……やっぱり受刑中っていうか留置場に入ったときから，犯罪者って暗い部屋では寝られないですから……。だからその暗い部屋で寝れるっていう，その……一番の……僕にとっての幸福の時間はそれかもしれないですね。

F　自分で稼いで，自分でアパート，マンションを借りられて，ここに居場所がある……ってことですね？

A　そうですね～。

F　なるほどね～。誰にも文句を言われることもなく……。

第3章

被害者の治療共同体

「もふもふネット・たぬきの会」

藤岡淳子・野坂祐子

「たぬきの会」について

　一般社団法人「もふもふネット」における性被害者のグループ活動，通称「たぬきの会」は，2015年8月から3週間ごとに5回，休憩をはさんで1回3時間で行ったのを始まりとする。きっかけは，島根あさひ社会復帰促進センターにおける治療共同体プログラムの話を，性暴力被害者であるカズミさんに話したところ，「加害者だけにやるのはずるい。被害者も受けたい」と言われ，「それもそうか」とプログラムを試行することにした。

　プログラムは，アメリカの治療共同体「アミティ」の女性向けワークブック "Tending the Heart's Garden" をもとに，毛利真弓と藤岡とで，5回分のワークブックを作成し，それに沿って実施した。第1回「春を信じますか？」，第2回「役割の発展」，第3回「傷について語る」，第4回「心の庭を手入れする」，第5回「まとめ」である。2人は，男性加害者のグループ運営の専門家であったため，女性の性被害者支援の専門家として野坂祐子も加わり，3人で運営することにした。島根あさひ治療共同体卒業生の集いが「くまの会」という名称であることもあって，こちらはかわいく，とぼけた感じの「たぬきの会」と名づけ，「た**く**ましく，**ぬ**けてるくらいがちょうどいい，**きっ**とうまくいく」とこじつけた。

　当初のメンバーは，関西から4人，関東から2人であったが，関東からのメンバーのうちの1名は転職して，開催日である日曜日に仕事を抜けられなくなっ

たとのことで，1回で参加を中断した。残りの5名は全5回を修了した。今回の座談会には，関西在住メンバー4名が参加した。

　内容については，座談会記録を読んでもらったほうがよいと思うが，ものすごいエネルギーを感じる，言葉を換えて言うと「荒れた」グループとなった。そして，その影響は長く続き，文字通りコミュニティとして広がっているように思う。1つ目には，プログラム終了後，「たぬきの会」という月1回2時間のグループとして有料で継続されて今に至り，現在では新メンバーも加入し，少ないときで数名，多いときでは10名近くのメンバーに分かち合いの場を提供している。2つ目には，ここから「ひまわり（性被害を受けた娘をもつ母親の会）」をもふもふネットで受託運営するようになった。関東から来ていたメンバーであるジュンさんの母親が始めた会を引き継いで運営している，月1回2時間の有料のグループである。3つ目には，メンバーたちが外の人たちに向けて体験を語る会を開催しはじめた。初回は，支援者など少数の人に声をかけて，もふもふネットのオフィスでこじんまりと実施し，その後も機会を重ねて，2018年には，豊中で性暴力被害者と加害者のリフレクティング・トークを「えんたく」として実施するなど，メンバーが少しずつ語れるようになり，つながりも増えてきていることを実感する。彼女たちの勇気と知恵とユーモラスかつ真摯に生きる姿勢には，いつも励まされ，感嘆させられている。

　当初は数名で始まった治療共同体のコミュニティが少しずつ広がり，さらに確かなものとなり，その存在とその声とが，今苦しんでいる人々に届いていくようになることを願っている。

「たぬきの会」座談会記録

「たぬきの会」との出会い

藤岡　今日はお集まりいただいてありがとうございます。治療共同体を標榜したグループ「たぬきの会」を開催したのは，2015年の夏からだったと思います。もうずいぶん経ちましたが，今回，“当事者たちの経験は本人たちの視点から見て，どんな経験だったのか”という語りを座談会記録として掲載したいと思い，集まっていただきました。

　　まずは，覚えていること，印象に残っているのはどんな体験だったかというのを，一人ずつお話しいただいて，そこから思い出すままに自由に話してもらえたらと思います。どなたからでも結構です。

キヨミ　印象に残っているのは「春の話」です。“しんどい冬……地味な冬を我慢して，春が待ってるよ”というのを，たぶん私が言い出したのでは，と思うのですが，「なんでですか？」と言ったら，みなさんが「そうだ，そうだ」と。私は，ほっとしたんですね。私だけかもしれないと思っていたから。でも，これは言わなければと思うほど，それを聞いてカッとなっていた。「この場は（私には）合わないかもしれない」くらいの気持ちでしたね。それまでずっと……“長い冬の先に春があるなんて簡単に言うな”的に感じていたので。そのときみんなが「そうだ」って言ってくれたのを聞いて，「お，みんなの話を聴いてみたいな」って，そう思った記憶があります。どうですか，みなさんは？

カズミ　私はぶっちゃけ，あのグループに参加するまでに，そこそこ自分のなかでは解決したっていうか……ある程度「収まりきった」と思っていたので，参加することに対して，めちゃくちゃなめてかかっていて。ところが，蓋を開けたらあれですわ（笑）。す

ごく揺さぶられる体験だった。そもそも、それまで自助グループは探したりしていたけど、まったく参加したいと思わなくて。なんでかっていうと、自分の被害の話を暗く、悲しく、どんより話すのなんて、そんなの聞きたくもねえ、みたいな。それで"回復"という言葉にこだわっていたんだけれど、それも面倒くさいみたいな。でも、今回の「たぬきの会」には野坂先生と藤岡先生がいるっていう、そもそもの安心感があって、当事者だけでワイワイ言うんじゃないっていう安心感があったんだけど、私はある意味、きっと俯瞰した状態でいられるんだろうなと思っていたら……それまでは自分の被害について「あった、あった」と言っていたんだけれど、自分の加害性とか、その記憶と、なんかね……「あれ（自分が弟にしたこと）は、加害やったやん」って気づけたのは、あの「たぬきの会」だったからこそだと思うし。

　すごく、なんか……"責められグセ"みたいなのは出るなぁって。「みんな、私のことを責めてる！」って。「私のこと、気持ち悪いって思ってる」「なんで、被害者の会なのに、加害者のお前がいるんだよって思われてる」って。もう、なんやろう、「冷静さってどこ？」っていう感じで。あのときずっと、私は一日一食生活っていうのを始めていて、毎日体重を記録していたんですが、あの頃の「たぬきの会」のときに、ご飯も食べられなくなって、一気に体重も2kgくらい減って、「あー、もう嫌だ」って。本当に、来るの、しんどかったし。それこそ、行こうか行くまいか、家ですごく迷っていたのを今も覚えてて。台所とダイニングをウロウロして、「行こうか、どうしようか」「酒でも飲んで、勢いつけて行くか」みたいに思いながら（笑）。「来る途中で、電車が止まったらいいのに」と思いながら、スイスイ来たやんか、みたいな。グアーッと出してしまったことで、しばらくは「ほんとに、みなさん、ごめんなさい」っていう気持ちばっかりで。「もう、みんなに会えない」とか……なんか、こう……"被害にあった私"だけではなく、"加害もした私"っていうのをそこで初めて受け入れて。そのときに気がついたのは、加害をするほうが苦しいんだっていう……うーん、言い方、違うなぁ、なんやろう……。「本来、加害なんてしたくないんだ」って思ったときに、私に加害をした従兄

弟だったり，隣のおっさんだったり，彼らを「サイコパスだ」と言ったらそれでおしまいなんだけど，人間の根源的な部分，本音の部分は，本当はみんな人間はよりよく生きたいって思っているのに，よりよく生きる方法を知らなくって，まずは自分を大事にするっていう機会がないから他人のことも大事にできないとか，そういうことを伝えていけたらいいなって。なんか，「性被害は大変だ」っていうのから，そういうことを伝えていきたいなって感じるようになったかな。

とりとめなくてすみません。でも，私にとってのあれ（「たぬきの会」）は，すごく衝撃的だった。今まで生きてきたなかで，一番衝撃的だったし，きつかった。でも，よかったなと思っています。

ヨウコ　（「たぬきの会」に）行きはじめたときは，本当に体力的にもすごく弱っていたときだったし，そもそも「こんな遠くまで外出できる体力があるのか」というような状態で来て，やっぱり内容的にも，当時まだ話すのも「やっと外で言えるようになったかな」というくらいの段階だったから，帰るときも一旦休憩しないと家に帰れないくらい，結構しんどかった時期もあって。でも，「行ったらしんどいな」って思うのに，「翌月も楽しみ」みたいな。みんな回を重ねるごとに，やっぱり，いろいろ出てくるものがあるけど，ちょっと薄皮をはぐように，良くなってきている感じがあって。だから，行くのはしんどいけど，翌月の予定は必ず空けている，みたいな。何か，どこか楽しみ，みたいな感じでした。それで，そこから時間が経過して，この時間（夜）にみんなが集まれるくらい，みんなが元気になっているっていうのがすごくうれしい。今日も，昼間にヨガをやって，ここまで来るっていうのは（以前だったら）無理だったなと思うんだけど，こうして来られる体力もあるし，みんなにも会いたいって思えるくらいまで元気になっているっていうのは，あの会に大きな意味があったんだと思っています。

マナミ　私は，性被害のことを話すのが初めての場でした。それまでに，21……22歳のときに，うつ病を発症して，パニック障害とかいろんなのが出てきちゃって，カウンセリングっていうのはすごく近い存在だったんだけど，ずっとカウンセリングで心の傷み

たいなところをやってきたり，「そのとき，どうだった？」とか聴かれていたんだけれども，性被害のことは言ったことがなかったんです。だから，初めてだった，この場が。だから，すごく緊張してた。毎回，緊張してた。メンバーがいて，一人ひとりがいて……なんか，意識が外側に行っていたみたいな。自助グループって，自分を助けるグループじゃないですか。自分を助けるために来ているのに，なんか自分の意識が内側に向いていなくて。自分がここからよりよく生きるために来ているっていうよりも，なんか「この人，こうなんや」「あの人，そうなんか」みたいな，外側の意識ばかりだった。

藤岡　自助グループが？

マナミ　いえ，ここのグループが。そんな体験をしていたんです。

藤岡　へぇー。

マナミ　「そんなふうに話すんだ」とか。あと，「この会の前に使っているのは……」と思ったり。

藤岡　あぁ，「男性（加害者）が来るんですね」って，言ってましたね。

マナミ　そう。「じゃあ，どうしますか？」「（除菌）シートで拭きますか？」みたいな。そんな発想するんや，とか。自分のためにっていうより，勝手に，自分の意識が外側に行っていたなぁって思うんですよね。おおざっぱに言うと，最初から最後まで，そんなだったかな。でも，そこからだったかもしれません。そこから何年か経って，自分を生きる……自分を生きるっていうことをやっていくうちに，この会のことが振り返りとして出てくるんですね。

　たとえば，カズミさんがバーッてなって，さっき言っていたような，なんか投げやりなことを言ってたんですね。「こんな私でも，カウンセラーとして必要としてくれる人がおるんやからーっ！」みたいなことを言ってたのね。そんなことをふと思い出して。私はいつも「こんな私ではダメ。もっと勉強して，ちゃんとした人になってからでないと進んではダメ」みたいなブレーキがいつもあったから。あのカズミさんの発言っていうのは，自分を認めてるわけですよね。「こういう弱い自分も全部ひっくるめて，そんな私を必要としてくれるクライエントもいるんだ」っていうのを聴

いて，あー，なるほどなぁと。そのときの夏には思えなかったけど，数年後，自分が成長していくにつれて，あの1年のことを振り返ることがちょいちょいあって。

藤岡　あぁー。

マナミ　たとえば，最後の回で，この花（造花）を持ちながら，一人ずつ感想を言いましたよね。今の私だったら，もし，そのときに乗り気じゃなかったら，「気が乗りません，言いません」って言えるんですよね。でも，あのときの私は，"みんな持ってるし，私も持とう"みたいな。そういうこと，一つひとつが（思い出されて）"あぁ，自分は成長したな"って思える。"あぁ，言えるようになったな"って。だから，当時よりも，何年か経って振り返ったときに，あの「たぬきの会」で過ごした1年間が，私には意味があったと思う。

仲間との関係から自分を学ぶ

藤岡　そうすると，自分のなかをじっくり見るというよりも，むしろ同じような立場にある人が，どんなふうに考えて，どんなふうに振る舞うのかを見て，そのときには入らなかったけれども，自分に対して何か影響があって……そこから，繰り返し学ぶことができたっていう感じですかねぇ？

マナミ　そうそう，そんな感じです。

藤岡　ほかの人がそこにいて，ほかの人とのつながりがちゃんとあるっていうのが，すごく重要だってことですかね？　いろんな人がいて，その人たちの体験に自分が関心をもてて，つながれる。自分一人よりも，その人たちとの関係のなかで，いっぱい学ぶことができたっていうことなんですかね？

マナミ　うん，そうですね。

藤岡　そうすると，一対一のカウンセリングで，カウンセラーに「ふん，ふん」って聴いてもらうよりも，ほかの人たちの体験から，あるいは一緒にいるっていうことから，学べたり，支えを得ることができるっていう感じですかね？

マナミ　そう。自分なんかも，すごく"責めグセ"があって。すぐ自分を責めちゃう。でも，この会でカズミさんが「私を責めてよっ！」みたいに言っていたことが，今度，自分が自分を責めてしまったときに，"あ，こういうことか"と。

一同　（笑）

マナミ　"あぁ，私，自分を責めてるなぁ"と。私は周りは責めないし，周りは傷つけたくないと思っているんだけど，ただ，その"責めグセ"っていう，自分を責めるクセっていうのを見せてもらったから。自分以外の人で，"あぁ，こうやって責めグセって出るよね"っていうのを，ふだんはあんまり見る機会がないよね。

一同　（笑）

カズミ　なかなか見ないよね。

マナミ　「自分を責めることってあるよねー」っていう話を口頭で聞くことはあるけど，ほんまにそれを見る，体感するっていうのはね。

カズミ　すげーな，私（笑）。

マナミ　そういうのをまた振り返って，"人ってこうやって自分を責めるんや。私も自分を責めている"ってわかった。振り返ってからが大きいな，私。

反発と「弱さ」と居場所

野坂　すごく時間をかけて，「たぬきの会」の体験がずーっと取り入れられて，沁み込んでいったんだなって。あのグループの間，マナミさんはずっと最後まで「自分の気持ちはわかりません」って言っていて。みんながいろいろ話せるようになるなかで，ずっと「わからへん」って。でも，簡単に自分の気持ちをわかった気にならないっていうのは，すごい人だなって思ったんです。そういう強さも感じた。それは，ほかにも最初に「春を信じますか」っていうお題に対して，みんなが「はぁ!?」みたいな反応だったときや，「違うんだ！」って言ったときにも感じました。強いなとも感じたけど，でも，その裏にある弱さも。その一言だけで，すぐに闘いモードになっちゃうのを見て，"あぁ，すごく傷ついているの

かな"と感じていたのを思い出します。すごくパワーのある人たちだけど，パワーを失っちゃっているような感じ。

キヨミ あれって，最初のほうでしたっけ？

藤岡 第1回ですね。

野坂 初回から，あんなふうにパーンと反応が出てきたので，印象に残っています。

藤岡 私も（印象に残っているのは）初回の「春を信じますか」だったんですけど，その前に，説明会みたいな顔合わせがあって，正規のプログラムとしては第1回でした。あんなに反発を食らうと思わずに「春を信じますか」の詩を出したんですけど，ものすごい反発が来て，私としては"おぉ，こんなふうに来るんだ"って，びっくりしたのを覚えています。それを言えるっていうのは，すごいなと思いました。それから，さっき，ちょっと話題に出ていた「ここ，性加害をした男の人も座るんですよね」みたいな話が出たときも，"あぁ，そうか（そこまで気になるのか）"と思って，勉強になりました。そこで，「じゃあ，どうすればいいか」って話して，「（除菌シートで）拭けばいいじゃないか」とか「（消臭スプレーで）シュッシュしたらいいんじゃないか」とかいろいろ試みを提案したら，みんなが「じゃあ，いいか」みたいになったので，内心はほっとしました（笑）。

野坂 結局，誰も使わなかったですね。

藤岡 そうそう。買ったんですけど，結局使わなかったですね。

キヨミ 最初は，過敏でしたね。自分の思い込みなんですけど，私は野坂先生のことは知っていたけど，ほかは知らなくて，みなさんは仲間で，私だけが新参者だって思い込んでいたから。"合わなかったら，出なければいいんだ。でも，（参加したらと）言ってくれたってことは，何か得るものがあると思ってくれているのかな"と考えてきたので，何かにつけて，すごく過敏でしたね。期待も大きいから……こういう場所を探していたから。自助グループは探していたんだけれど，"ちょっと違うんじゃないか"とも思っていたり。ここみたいなのじゃなくて，お互いに話すけど，誰もまとめないっていうのは，すごく疲れそうで避けていた。"今じゃない"って思って先延ばしにしていたけど，"みんなどうしてるんや

ろ”と。被害に遭う人はいっぱいいるって聞くけど，誰にも会ったことないし，どうやってるんやろう，と。こんなふうに，真っ暗のなかにいるような気分なんやろか，とか，もしみんな道を見つけているのなら聴きに行きたいな，とか。そういうのを感じていたので，「春を信じますか」のときに，ステレオタイプのように感じたんですよ。"ふつうの話!?"みたいな。"こんな話なんですか!?"と。期待が大きかったんでしょうね，反応してしまいました。

野坂　ベタなことを言われた感じ？

キヨミ　なんとなくね。「しんどいけど，春が来るんですよ」みたいに。当時，考える幅をあまりもっていなかったので。そのあと，それぞれがそんなに仲間同士でもないんだとわかったり，初めてここで（性被害について）しゃべる人もいるんだと，何回か経ってからわかったりして。みんなの名前も知らなかったし。すごく探り探り聴いていたんだけど，ただ，"ここに来るのだけでも，みんなしんどいのは一緒なんや"って。それがわかっただけでも，私はすごくうれしかった。「ここに来るために，昨日は寝ていた」とか「ここに来るために，今週はがんばる1週間」とか。ここに来るために調整して，いつ倒れて，どうやって来るか，とか（笑）。"あぁ，みんな一緒なんや！"って。それがわかって，すごくうれしかった。

ヨウコ　前後，調整するっていうね。

キヨミ　みんな強そうに見えていて，"もう，そのへんは超えてきましたよ"みたいな先輩に見えていたけど，みんながんばっているんだって。それで"みんなでがんばりましょうね"って。それで前半に，来てよかったなぁって。（プログラムの）中身もよかったですけど，中身のことより，居心地ですね。スタッフもそうなんですけど，なんかこう，「回復の仕方を教えます」みたいな感じだったら合わへんやろうなっていう感覚があったんですけど，当事者がどうなのかをすごく気にしてくれているのがわかって。言葉が合っているかわからないですけど，結局，回復について「自分の足で立つのはあなただよ」って考えるスタンスが，私には心地よかったです。補助具が欲しかったわけでもないし，何か与えてもらうんじゃなくて，場をつくってもらうこと。そこをシンプ

ルにずっとやっている感じが，"あ，ここ，なんかいいかも"と思った人たち同士なんじゃないかと感じたんです。

藤岡　今までみなさんが発言してくださったことは，それこそ治療共同体の真髄みたいな感じです。当事者の力を発揮できるようなつながりと場をつくるっていうところが目標なので，"あぁ，効くんだな"と（笑）。

一同　（笑）

誰も責めない「安全空間」

キヨミ　全員が来られない回もあったじゃなかったですか。あれ，プログラムはみんな来たんだっけ？

藤岡　おひとりは，1回のみ参加でした。

ヨウコ　私は，1回休みました。当時は，本当に具合が悪くて。アトピーもひどかったし。

野坂　夏の間も「寒い，寒い」と，ずっと毛布をかぶってましたもんね。

ヨウコ　本当に大変でしたね。私も虐待……性虐待だけじゃなくて，親の……"毒親"の話ができたとき，カズミさんの話を聴いたら「あるある」ってすごく思ったし，あんまり，ほかの人がそういう状況で育ってきた話を聴くことはないし，そういう状況で育った人がどういう悩みをもっているのかも知らないし。みんな，同じような悩みをもっていたり，"責めグセ"があったりして。私も，萎縮してしまって自分を責め裁いてしまうことがあるとか。"そういう環境で育ったからかなぁ"と客観視できたのもよかったです。私は，病院には行っていたんですけど，カウンセリングとかは一切受けてなくて。そんな一対一で，自分のことなんて話せないと思っていたし，しゃべる気にもならなくて。かたくなに「何がわかんねん」みたいな感じだったので，（カウンセリングに）行ったこともなくて。それを勧められたこともなくて。たぶん，先生（主治医）もわかっていたと思うんですけど。だから，ここで人の体験を聴きながら，自分も話しながらっていう経験ができたのは，

すごくありがたかったです。

マナミ 「何がわかんねん」って，わかる！「ぬくぬくと医者になったくせに」みたいな。

一同 （笑）

マナミ 高校，大学……お医者さんになるまでの経過のなかで，親が教育資金を支えてくれて。一方，私は，高校3年生でホームレス生活をしたり，ちょっと違う人生で。それを知りもせん先生が，知ったかぶりを言うのを聞くと「お前に何がわかんねん」ってなります。だけど，ここのメンバーに言われると，それ，一切ないよね。逆になんか，「すごい」って。私，「よく生き残ってくれたね」とかってよく言われるんだけど，みんなを見ててそう思う。それで，みんなが私に言ってくれることは，そういうことかって。私が，たとえばヨウコさんを見て，「うわ，すごいな」とか「生き残ってすごいな」って思うことが，みんなが私に言ってくれていることなんだって，（言葉が）入ってくる。そうね，どっかで思っていたもんね，カウンセラーさんとかにも。「あなたにはわかんないわよ」みたいな。ここには，それがない。

ヨウコ なんか，同志って感じ。同じ立場というのが，気づきだったり，学びだったり。

カズミ それで言ったら，私は"ここにおってすみません"みたいな感じがしていた。だって，マナミちゃんの人生からすると，私なんて，「7歳のときに性被害にあって……」とか，自分の経験ってなんやねん，みたいな。しょぼい，みたいな。"自分，何を偉そうに，これまで（講演などで）しゃべっていたんだろう"みたいな。逆に，私は同志感がもてなかった。"ここにおってごめんなさい"みたいな。

キヨミ （グループのなかでも）そう言ってたよ。

マナミ すごく伝わってたよ（笑）。

カズミ "なんかごめん"って。ふさわしくない気がしていた。特に，（講演などで）人前で話していたから余計に「何様やねん」って，自分で自分にね。「偉そうに」って。今，言ってて思い出したけど，たぬきの会の4回目……いや，2回目くらいのときからかな，この場のことが，ずっと頭から離れなかった。

キヨミ　家におってもってこと？

カズミ　うん。家にいても。特に，ウワーッてなってからは，寝ても覚めてもっていう感じで，何も手につかなかった。

藤岡　すごい濃いねぇ。3週間に1度だったじゃないですか。なんでそんなに，毎日，頭から離れなかったんですか？

カズミ　自分でもわかんなかったです。なんで，私，こんなことずっと考えているんだろうって。"やだやだ"って思っているんだけど，自転車に乗っていたり，車を運転しているときとか。とにかく，誰とも会話していないときとか，一人でいるときに，ずっと考えていた。吐き気がするくらい。"もう，嫌や！"って。

一同　（笑）

カズミ　料理をしていても，「今，マナミちゃんに，どう思われているやろう」とか，「藤岡先生に，どう思われているだろう」……「ごめんなさい，ごめんなさい」って。「（グループを）しっちゃかめっちゃにしてしまって，ごめんなさい」みたいな。

キヨミ　そこまでしんどかったら，来られへんのはわかるんだけど，しんどくて，逆に，なんで来れたの？　そんなに怖いんだったら，私だったら，足が止まって来れないと思うんやけど。

カズミ　それは，確認したかったから。要は，「私のおらんところで，私のこと，悪く言われるのが怖い」って。監視しに来たみたいな感じ。

一同　（笑）

カズミ　しんどくても行かんと，「どうせ，カズミさんは」と言われるくらいなら，ちゃんと聞かないとって。

キヨミ　確認しに来てたんだ。「そう思ってるんやろーっ！」って（笑）。

一同　（笑）

カズミ　旦那とのやりとりでも，よくあったんだけどね。今はだいぶなくなったけど，「私のこと，面倒くさいって思っとるやろう？」「思ってるって言え！」みたいな。

マナミ　そんなふうにカズミさんが「責めてよ，私のこと！」って，さんざん言ってるんだけど，誰も（カズミさんを）責めへんかった。そういう場だった。それを私は確認してた。誰も，責めない

んだって。

キヨミ　だって，責める事実がないもん。

マナミ　“そうか，ここは責められない空間なんだ”って。これもまた，遠目で見ていた感じ。

ヨウコ　“安全空間なんだ”って？

マナミ　うん，空間の確認。

カズミ　だからもう，私は1回目から「来るんじゃなかった」って思ってた。だったら，確認せんでいけたのにって。早く終わらんかなと，すごく思っていた。

野坂　確認に来てみて，どうでしたか？

カズミ　“みんな，本当のことを言ってない”って（笑）。今はわかるよ，「カズミさん，大変」って思われていたんだろうなって，今はわかる。でも，私はみんなに（本当のことを）言わせない雰囲気を出しているのかなって。

マナミ　あぁ，その心理はわかる。

カズミ　私が言わせていない。責めればいいやんって思っても，「この人（私）に言っても，火に油を注ぐようなもので面倒くさいから，だから言わないでおこう」って思っているんだろうなって。

マナミ　そんなにこころが疲弊して，それをどうしたの？　どうやって持ち直したの？　一応，修了ってなったやん？

カズミ　立て直してないと思う。しばらく，「やっと終わった」って感じだったし，「あー，もう嫌だ」と思ってた。「当分，誘われても行かない」って（笑）。

それぞれのペースで

キヨミ　なんか，スピードがすごく速すぎて。カズミさんの回転が。あんまりそれについていけなかった感じがするな，私は。カズミさんが加害をしていた自分の話をしているときにも，「みんなにどう思われているのか？」とか考えていたなんて，考えるスピードがすごく速いよね。

カズミ　たぶん，みんなに言わせないように，防御していたんだと

思う。バーッと言うことで。スピードっていうよりは、「キャン キャンキャンキャン」（子犬の鳴き声）のような。

キヨミ　そうだね。イメージ、そんな感じ。

カズミ　沈黙がすごく怖いので、とりあえず音を出しておこう、み たいな。何を言われるかわからないから。やっぱり、父親に殴ら れたり、蹴られたりしていたときの感じがすごく……同じような 感じかな。沈黙のあとに来たから。

キヨミ　ヨウコさんとジュンさんは、2人とも、わりと論理的にしゃ べっていたような気がするんだけど、私は、みんなの話を聴くこ とでいっぱいいっぱいというか。それも、さっきしゃべってたこ とを理解しようとしているから、全部理解できたと思えたときは、 そんなになかったです。しゃべり方も、みんな違ったから、すご くそれを見ていた。特に、（講演活動で）しゃべり慣れているカズ ミさんやジュンさん、それから、マナミさんも独特な……“話が そこに行って、ここに帰ってくるんだ⁉”って話し方。

一同　（笑）

キヨミ　みんな賢いし。そんなふうに、いつかなれるんかなって。

マナミ　私も思ってた。ジュンちゃんもカズミさんも、ヨウコちゃ んも……。

キヨミ　言葉選びが上手。

ヨウコ　えー、ほんと？　だいぶ苦手やけどな。

マナミ　上手に話すのがいいわけじゃない。それも、外向きの意識。 自分でいうところの。だって、表現して、誰かの評価をもらいに 来ている場じゃないのに、自分のために話す場なのに、上手に話 すのがいいと思っちゃう。それも年数が経ってわかった。あのと きの私は、“みんなみたいに上手に話せない私”って思っていた。 そもそも、上手に話す、話せないじゃなくて、自分をよりよくす るための話なのに。でも、当時は、上手に話せない自分を責めて いたり、上手に話せることを目指していた。でも、それはよりよ く生きることとは接点がなかった。その当時は、わからなかった。 野坂先生がさっきおっしゃったように、自分の気持ちも全然わか らなかった。なんか……悲しいとかはわかっていたんだけど、自 分の気持ちはよくわからなかった。わからへん、わからないから、

みんなを見ていて，そこばっかり意識が行っていた。観察みたいなのをずっとしていた。それは違ったな，ということを学んだ。

藤岡　おもしろいですね。いろんなありかた，ありようでここにいて，そして，それぞれ自分なりに勝手に学んだ，みたいな。私からすると，すごい荒れたグループで，3週間おきの，たった5回の，在宅での通いのグループなのに，ものすごい毎回毎回，ワーッとなって。こっちも，わからないから教えてもらうつもりでいたけど，最後はまぁ，一応，終わって。ただ，途中，外で（メンバー同士が）連絡を取ったりとか，ルール違反もあったじゃないですか。あのあたりも，こっちとしては心配したというか。大変だったんですよ，とにかく。だけど，逆に言うと，あれだけエネルギーがぶつかったからこそ荒れたけども，それだけ何かみんなのなかに動くものがあったのかなぁという気がしているんですけど。

ルールとバウンダリー（境界線）

野坂　今の「外で連絡を取らない」とかのルールについて，みなさんはどう思っていましたか？　こちらはフォローしたり対応したけれど，そもそもバウンダリー（境界線）を破っているという感じがなかったのかな。

カズミ　もともとマナミちゃんとは知り合いで，参加にも声をかけたから。

マナミ　カズミちゃんは，私のネイルのお客さんでもあり，私のカウンセラーでもあったから。その間に，ネイルの予約を受けるとか，そんなのはあったけど，でも，グループでバーンとなったことがあってからは，私も怖かったし，「次のネイル，やっぱ行かない」っていう連絡もあって，途切れたというのはありました。

ヨウコ　「LINEの既読がつかないから，マナミちゃんにブロックされた」って，カズミちゃんが言っていたことがあったよね。

カズミ　そのへんが，初めましての関係じゃなかったから……。

キヨミ　連絡を取っちゃいけなかったのか，ここ（「たぬきの会」）でことは話さないっていうのか，どっちでしたっけ？

藤岡　ここでのことは話さない。

野坂　グループ外でも，いろいろやりとりがあったようでしたが。

藤岡　あのとき，私とマナミさん，個別に会いましたよね？

マナミ　会った。

藤岡　ここ（「たぬきの会」）での関係のことでの訴えもあって，話をお聴きしたんでした。そういうのも含めて，いろいろあったなって。

マナミ　あのとき，私なりにカズミさんを想う気持ちがあったのに，全然それを受け取ってもらえなくて。それで私，傷ついて，「もう，来ないでおこうと思う」って藤岡先生に伝えた。「いろいろ思うことがあるし」って。それで，気になることとか，自分が怖かったこと，責められたこと，私は何もしていないのにという自分の不満とか思いとか，そういうのをひとつずつ出して説明して，「だから，もう来ません」と。でも，藤岡先生に「でも，今までも，そうやってやってきたんじゃないの？」って言われたんですよね。そうやって，自分が我慢して，「私だって，そんなふうに思っていないわ！」って言うんじゃなくて，自分が我慢して去っていく。「自分の思いを言えずに去っていくっていうのは，これまでもやってきたんだったら，この『たぬきの会』では違うやり方をしてみたら？　私もいるから，自分の思いを言うのをチャレンジしてみたら？」って。

藤岡　いいこと言うね，私（笑）。

マナミ　「それがカズミさんのためにもなるんだ」って。

藤岡　あー，言った気がする。

マナミ　それ聞いて，自分のためだったら動けないけど，私，カズミさんのためなら動けるって思ったんですよね，3年前は。それがカズミさんのためになるって聞いて，「そうなんや」って。

カズミ　いやー，私，愛されてる（笑）。

マナミ　それで，次の回にも来たんですよね。勇気を振り絞って来たら，そしたらドッカーンって。

一同　（笑）

マナミ　せっかく，一生懸命，整えて来たのに，ドッカーン，ドッカーンと言われて。「あぁ，言うんじゃなかった」って。「あぁ，

やっぱり，こういうふうになるやん……」って，すっごい落ち込んで。それが最後の回だったから，こころ，ボロボロなのに，それなのに，この花（造花）を持って，「来てよかったです」って。

カズミ　嘘，言ってるやん（笑）。

一同　（笑）

マナミ　想いがあるから言ったのに，それが届かなかったんだよね，当時は。ドーンって言われたから，余計，傷ついちゃって。「こういう場面では，もう二度と言わない」って思った。

キヨミ　すごく堂々と言っていた印象だった。外から見ていると。あえて言ってる感じがしていたから，そんなこころがビクビクしているなんて思ってなくて，すごい強いこころで言ってるんだと思ってた。

マナミ　全然。前日まで「どうしよう〜」と。来たら藤岡先生は「来ると思った」って言っていたけど，当日まで「怖い，怖い」って。もう傷つくようなことは嫌だって。私，何もしていないのにって。全然，堂々としていない。

藤岡　そして，あのとき5回で終わって，必ずしもきれいに終わったわけじゃないですから，「たぬきの会」を続けようかっていう話になって，続けて来てくれたのはキヨミさんとヨウコさんの2人。だから，2人（カズミ・マナミ）は来なかったわけですけど，でも，こうしてまた集まっているわけじゃないですか。3年半経って，私たちからすると，みんなすごくキレイになって，元気になってっていう気がするんですけど，何かあったんですかねぇ？

キヨミ　外で集まってはないですよね。ここ（「たぬきの会」）で会ったり……。

カズミ　私がだいぶ，こもっておったからな。

キヨミ　でも，うっすらつながっている感じはしていた。

カズミ　私は，"マナミちゃんを傷つけてしまった。やってもうたー"という，また"自分責め"よね。私から誘っておきながら。今でこそ，集まると「何が出るか，楽しみー」って笑い話になるけど，当時は「どうしたら許してもらえるだろう」「いや，許してもらおうとか考えたらあかん。いなくなろう」とか。だから，「たぬきの会」が継続ってなったときも，"うーん……行けん"って思ってい

た。みんなにも嫌な思いをさせちゃったし。

キヨミ　それ，前にも言っていたよね。「全然，そんなこと思っていないよ」って答えたと思うけど。私は，「プログラムを修了したから来ないんだろう」って思っていた。私は逆に，（修了後に）始まった感じだから。

カズミ　また，何が出るかわからない怖さもあった。「もう，嫌だ」があって，なんか……余計に，加害者になるのは嫌だっていうのが自分のなかにあって。それもすごく強くなって。「親子で性教育」っていう講座をつくってやりはじめていたし。もうひとつは，「たぬきの会」のときに，みんながすごく美しく見えたんよね。みんな，美しいなぁって。なんていうの，見た目の美しさじゃなくて，大げさに言うと，魂の美しさみたいなのをすごく感じて。そのなかで，「私は汚れている」みたいな。

一同　（笑）

カズミ　「私はドス黒い」みたいな。でも，「たぬきの会」のあとに，私もみんなみたいになりたいっていう気持ちがブワーッと出てきて。私もボロ雑巾みたいやけど，みんなみたいに美しくなりたいって。とりあえず見た目から入るかって。

キヨミ　それで，スカートはいたり（笑）。

カズミ　スカートはいたり，髪伸ばしてみたり，メイクしてみたり，そういうのをやりだしてから，あぁ，自分はずっと……いとこからの性被害を母に言ったときに「大変やったね」とかじゃなくて，いとこに対する怒りを私にぶつけてくるっていうか。そのときに，奴が捨て台詞のように「かわいく産んでやったから，そんなことになった！」って。そのときから，私は"かわいい"っていうものにすごく抵抗があって。でも，あのとき，いろんなものが剝がれ落ちた気がした。「でも，私，かわいいの好きやん」「フリフリとかヒラヒラとか，かわいいの好きやん」「スカートとかはきたいやん」って。

藤岡　自分のなかの黒いものとかに，自分が一番傷ついていたから，みんなに非難されているっていう。それは自分を自分で非難していたわけだけど，それをドカーンと出してしまったあとに，ちょっと憑き物が落ちたみたいな感じになるのかなぁ。

カズミ　あー，それ，今，すごくヒットしていますねぇ（涙ぐむ）。そもそも，夫以外の前で，あんな口調で，あんな言葉で出すって，本当になかったし。あとにも先にも，あれが最初で最後だと思うけど。たぶん，自分が一番抑え込んでいたことが，あの場だからこそ出たのかなっていう。一番見たくないものを見て……バーンと（笑）。そこで，やっと，自分に目を向けられるようになった気がする。

キヨミ　すごくフィット感が出てきた気がする。顔が変わったもんね。

一同　うん。

カズミ　それ，めっちゃ言われる。自分ではわからんのやけど，それこそ「たぬきの会」後にすごく言われる。「顔が変わったね」って。改めて写真を見たら，以前の自分は戦っている顔をしている。

ヨウコ　一生懸命，ガードしていたものがとれて，中のカズミさんがにじみ出てきた感じがする。

藤岡　自分のなかの葛藤や，誰か他者との葛藤を，この場に出して，表すことによって，結局は2人の葛藤を乗り越えられた。2人（カズミ・マナミ）の葛藤も，出してそれを修復したことで，乗り越えられたわけですよね。

カズミ　逆に，あの5回で終わってしまって，マナミちゃんとは以前からの関係があったから，あの場でああいう形で出たのかもしれないけれども，あのあとに「絶対に連絡を取りあってはいけない」みたいになっていたら，それはそれで苦しかったかなと。いつかどこかで，会って話がしたいなって思っていたから。でも，最初の数カ月間はマナミちゃんもしんどかっただろうし，私も怖かった。

藤岡　でも，自慢しますけど，私は，2人は大丈夫だと思っていたんですよ。お互いに気にかけているし，お互いに求めているところがあるので，最終的には大丈夫だろうと思っていました。自慢ですけど。

一同　（笑）

カズミ　そういう意味では，私はマナミちゃんをリスペクトしている。「あんな体験で，よく生きてきたな」っていう。体験自体が半

端ないっていうか。よくそれで今，結婚して，子育てまでしていて。尋常じゃない。マナミちゃんが生きてきたこと自体がすごいなぁと思っていたから，だから余計に，「私の被害，しょぼ」って思っちゃって。

マナミ　それは，私がそう思わせてしまったのもあるかも。私の体験を聞いて「がんばろう」と思う人と，「自分は悩むほどじゃないんだ，くじけちゃいけないんだ」って思う人がいることに，最近，気づいて。でも，その人が傷ついたのなら，その人の傷つきなんだけど。比較することじゃないのに，私と比べてしまう人がいる。「こんなことくらいで，メソメソしている私ではいけない」って思う人がいる。

カズミ　カウンセラーとして「自分が傷ついたと感じたのなら，比べる必要はない」って言っていたのに，自分自身はできてなかった。「自分はたいしたことはない」って思ってた。

マナミ　それを言われると悲しいねん。だって，その人にとってそれがしんどいことなら，しんどいわけだし。

カズミ　「たぬきの会」以降，しんどいことはしんどいんだって思えるようになった。比べる必要はないんだって思えるようになった。マナミちゃんとの連絡が復活してから，特にそう思えるようになった。それはマナミちゃんの人生だし，私は私でしんどかったんだしって。「たぬきの会」の間に，マナミちゃんが勇気をもって言ってくれたのに，ドッカーンとなってしまった。マナミちゃんが「傷ついた」というのを聞いて，最初は「傷つかんといて〜」って思ってしまった瞬間があった。おかしいですよね，自分はさんざん「傷ついた」と言いながら，自分が傷つけた人が「傷ついた」と言うと「そんなん言わんといて」と。そんなことにも気づいた。自分は怒るけど，人が怒るのはいや，とか。そういうのってあるなぁっていうのが見えてきた。今，中2の子どもが思春期で不機嫌なとき，それに対して「怒ってんの？」「なんなん，その態度！」「イラついているなら言えよ！」と思うんだけど，いや，不機嫌になる権利もあるよね，と。なんで私は，人が「傷ついた」って言ったり，不機嫌になったりすると許せなくなるのかっていうと，自分が親父にずっとそうされてきたから。私は，家で「傷ついた」っ

て言ってはいけなかったし，不機嫌になったりしてはいけなかった。親父にどやされるから。だから，3年前に，マナミちゃんが「カズミさんにバーッと言われて，傷ついた」と言ったときに申し訳なく思ったけど，今は，「マナミちゃんが傷ついたんだな。すまないな」っていう程度。こう言ったら悪いけど，そんな感じ。

葛藤を乗り越える

藤岡　ここは，2人（カズミ・マナミ）の間での葛藤がいろいろあったようですけど，おふたり（ヨウコ・キヨミ）はどうでしたか？

ヨウコ　さっきマナミさんの話を聴いて思い出したんですけど，私はマナミさんのすごい体験を聴いて，「私なんてたいしたことない」とネガティブにはとらえずに，「そんな環境でも，がんばっている人がいるんや」とプラスに思えた。私自身も，人から「そんなにすごい体験を？」と言われるほうやし，それは比べるようなものじゃないと思うんやけど，そんななかで，がんばっている人がいるというのはすごくよかった。へこむんじゃなくて，プラスに思えた。当時は，自分のことを話しはじめたばかりで，"悲劇のヒロイン感"がすごかったんです（笑）。「私はこんな大変な目に遭っている」「私ばっかり」って思っていたけど，でも，全然そうじゃないって。いろんな人がいるんだーとか。私もずっと，体調悪いって言えなかった。どんなにしんどくても，背筋はちゃんと伸ばしておくとか。そうじゃないと，また怒られて，何時間もあれこれ父親にグチャグチャ言われるから，そうなるくらいなら父親が出かけるまで無理をする。最近になって，虐待だけじゃなくて，「感情を出させない」とか「言葉を言わせない」というのもあったんだなーと気づくようになって。そういうことがあったから，こうなるんやなぁとか。一歩引いて自分のことが見られるようになって，そういうのも回復のステップのひとつかなぁ。

キヨミ　3年前にプログラムが終わってから，それまでは片足だけ入れて，ちょっと入りながらもいつでも抜けられるようなスタンスでプログラムに参加していて。最終回で，飲み会がありましたよ

ね。そのときに「やっと普通にしゃべれた」という感じだったんですよね，私は。そのときに初めて連絡先とか聞いたり，名刺を渡したりして。それまで，ここでの関係で，すごく影響も受けていたけど，1回1回「大丈夫かな」と確認しながらがんばってくるんだけど，片足はいつでも撤退できる状態にしていた。私にとっては，終わってから初めて「ここ，来れるわ」と。だから，（継続的な「たぬきの会」に）「あれ，みんな，来ぃへんの⁉」みたいな。

一同　（笑）

キヨミ　ヨウコさんはその後の会にも来てくれて，私が本名で参加するようになったのも，プログラムが終わってからです。自分の本当の名前で話をする。話す内容もちょっとずつ増えた。みなさんがしゃべることを聴いているだけやったら，なんか申し訳ないなと。もらってばっかりで。自分は，時間がかかったけど，出せるものを出したい。自分のなかにある黒いもの，ちょっと汚いと思っているものを出したいなって。さわりだけプログラムで話した気がするけど，その後の会から話せるようになったんです。それが必要で。そこから始まったんですよ，マイ・プログラムは。

一同　（笑）

キヨミ　みなさんが話した経験とか，プログラムのことは，あとから思い出したりして。みなさん，お父さんや身近な人からの被害があって，時期も子どもの頃からずっとで。私はちょっと孤独感があったんです。私のなかでは，「同じような人もいるんだろう」と思って来たんですけど，1回だけの性被害なんて，それこそ「私なんて……」って。

カズミ　おった，ここにも（笑）。

キヨミ　「1回だけなんだから，立ち直っておけよ」みたいな（笑）。でも，ちょっと，いさせてほしいなと。いい意味で刺激になって，がんばろうと思えたし。みんな，そんな長期間，しんどいことが続いて，同じくらいの年齢になってからようやく話せる，とか。こんなに時間がかかるのか，とか。だったら自分はどうなんだろう，とか。一方で，ここの場所があることで，当時，結婚はしていなくて，一人暮らしも長かったから，一人で対処することがすごく多くて。病院に行ったり，仕事に行ったり。「一人で死ぬんか

な」と思ったときもあった。電話を，家族や友だちにかけていたんですよ。「ちゃんと生きているよ」という確認電話をたびたびしていたんだけど，ここに来てから最近は少なくなったかな。"迷惑かけているやろな"と思いながら，精神安定剤を飲んでビール飲んでパーンとなっているときに電話とかして，嫌がられていたり。「どうしたん？」って言ってくれるけど，「私がこの電話で死んだら怖いから，優しいのかな」と，私の黒いこころが……（笑）。

一同 （笑）

カズミ あるあるやね。

キヨミ そういう黒いこころを聴くと，「みんなもあるんだ」って安心するのもあって（笑）。そういうのもあっていいんだって，認められるんですよね。「自分はこれでいいんだ」って，自分のなかで会話をしている。どうしようもなくて，ぐうたらで，病院にも行けないときに比べたら，「今日もここに来られた」「みんなの話が聴けた」っていうのは，すごく自分の成長が感じられることなんです。私，事件に遭ったのが9年前なんですけど，そのときのどうしようもない状態に比べたら，1カ月に1回しか会わないのに，自分が変わっていくことがわかる。気持ちも思考も。まず，安心して話せるようになったことが大きいのかな，と思うんですけど。前は，自分が事件でどんなふうに傷ついたりしたのか，見ないようにしていた。しんどい自分を置き去りにしていた。「働こうと思えば，働けんねん」って，そうやってつらい気持ちを置き去りにしていた。「生きていたらえぇんやろ」みたいな。「いつ死んでもいいけど」みたいな感じで（笑）。正しく生きたいとか，少しだけ，よりよく生きたいとか，自分を大事にするとか，薬を飲んだらビールを飲まないとか，そういうちっちゃいことが前よりできるようになった。そのままでいたいな，みんながいるからって一人だけだと，戻ってしまうこともあると思う。みんなに会ったら元気になれるし，「一緒のステージなのかな」とか言いながら。一緒にスタートしたメンバーのうち，1人2人は変わらないってことがあってもおかしくないのに，みんな元気でやっている。今日の「たぬきの会」に来てくれた新人……新人って言ったらおかしいけど（笑），いろんな場を欲してるんだと思う。一人でずっと暗闇で

いる人がもっといるんやと思うと，この本を読んで，何か役に立てばいいなと思います。私はすごくありがたかった。

マナミ 私はこの場だけじゃなくて，初めて大学で外の人に話を伝えたりするっていうことも，この空間だけじゃなくて，ここを飛び出してアクションを起こしたのも，私にはすごく大きかった。あそこで得たものは，すごく大きくて。それこそ，魂が震えるような体験，いい意味で。キヨミさんと一緒の思い，熱量で「伝えるんだ」っていう。当日まで，伝えたいことをまとめる作業をして，しんどくなって，でも，キヨミさんに「わかる，わかる」って言ってもらって。支え合って進んでいって，当日が来て，学生さんの前で話して。あれ，何なんだろうなぁ。キヨミさんの体験を詳しく聴いたのは初めてだったので，びっくりしたし，そこを超えてきたんだと思ったら，余計，尊敬した。一緒に何かを目の前の学生さんに伝える作業をしているときの……それは何か，魂の震えるような，すごくいい経験をさせてもらった。

藤岡 こうして「たぬきの会」のコミュティをつないでくれて，今日は新しい人も何人か入ってきてくれて，みなさんがいろいろ話題を振ってくれたり，話を引き出してくれて，すばらしいなと思いました。それに，ここ（もふもふネット）でも，ヨウコさんとキヨミさんが，内輪の人に体験談を話してくれたりもしましたね。大学でも話してもらったり，「えんたく」でも話してもらって，そうして少しずつコミュニティをつないでくださって，縁をいただいて，一緒にやっていけて，すごくありがたいなと思っています。お互いのリスペクトがすごくいいのかなと，私としては思っています。

治療共同体の経験を振り返る

藤岡 そろそろ時間なので，最後に一言ずつ，感想や今のお気持ちを教えていただけますか？

ヨウコ 私は最初，全然わからないまま来たのですが，プログラムっていう形がよかったんだと思います。あれが，最初，プログラム

じゃなくて今みたいなスタイルでやったら，ちょっと違ったかな。しんどさも軽かっただろうけど，進化の仕方も遅かったかなと。ここまでのみんなとの絆はたぶんできていなかったと思うと，プログラムっていう形でスタートできたのがよかったんだと思う。それで卒業しても，こうやって続いていて。私も最初のプログラムで元気になれたから，だから今も，お休みしていた時期もあったけど，こうして来られたりして，すごくありがたいです。

カズミ　そういう点では，私もプログラム形式だったのがよかった。テーマやキーワードが決まっていて。あれがあったから，すごく引き出されたと思う。今，現状の「たぬきの会」もすごくいいんだけど，「どうぞ，思うことを」と言われても，引っ込み思案だと「話していいんですか」って思うし，言いすぎても ADHD とか言われるし。ああいうプログラムだったから，自分で言うのも何だけど，ダイナミックな会になれたのかなって。最後に，キレイな着地ではなくて，ズッコケた着地ではあったけれど，会を締められた。詩だったり，キーワードだったりが散りばめられていたりしたのが，すごくよかった。今でも，最初にいただいたメッセージが……あれは，誰が？

藤岡　毛利さんだと思います。アミティのやり方で，テキストに献辞を入れるやり方で，それはやっぱり，こころに残るので。

カズミ　そのメッセージに，ロベルト・バッジョさんの言葉があって，ゴールを外すことができるのは，ゴールを決めようとした者だけだ，みたいな（藤岡注：「PK を外すことができるのは，PK を蹴る勇気を持った者だけだ」）。

藤岡　あぁ，毛利さんだ。

カズミ　要は，数うちゃ当たる，みたいな。それが，すごくこころに刺さるメッセージだった。いい意味で，まんまと乗っけられた（笑）。バッジョのメッセージなんだって聞いて，私と同じ宗派だったので，それもうれしくて。私はいつもゴールを外してばかりだけれど，それでもいいんだって思えました。

キヨミ　こうして話していると，いろいろ思い出してきますね。今日みたいに初めて来た人は，「どう話したらいいんだろう」って思うかも，自分に置き換えてみたら。スタートにプログラムがある

と，一緒にやっている感というか，切磋琢磨的な。ああいう治療共同体のプログラムを，長期的とか，あるいは一定の期間一緒にやるというのが，この関係をつくっているのかなと改めて思いますね。日常であまり話せていない人なんかは，特に，みんなが知り合いのなかでは話しにくいでしょうし。今，気づきました（笑）。今，そういうふうに振り返ると，新しく来ている人はしゃべりにくいかなという心配があります。半歩置いていた自分からすると，初めて参加する人同士のプログラムがあってもいいかもしれません。それから，さっき連絡先に関するルールの話があって，思い出しましたが，私はそのとき誰の連絡先も知らなかった。みんなはもともと知り合いだから連絡先を知っているんだろうとは思っていたけど，その頃はすごく過敏だったから，「私のいないところで，私の話をしてるんちゃうかな」と心配になりました。そんな興味はないでしょうけど（笑）。ただ，私は知らないし，できない。そんな疑心暗鬼になるようなこともあるので，そこは改善を考えたほうがいいかなって思いました。

マナミ　私は当時は，様子をうかがっていたっていう感じでした。「どんな場なんだろう」って。トラウマとか虐待とかは，カウンセリグとかでたくさん表現してきたけれど，性虐待を話すのは初めてだったので，口にするのがしんどかったんだろうなと。みんなの話を聴くのが精一杯で。でも，それすらしんどい。みんなの体験がわかるから。だから，さらに自分の話をするエネルギーはなかったのかな，と思う。だから，場の観察だったり，人のことばっかり考えていたのかも。途中でドカーンとあったりしたけど，自分を見つめるタイミングではまだなかったのかもしれない。でも，その後の2，3年のなかで，自分を見つめる材料として，ここでやったプログラムの内容が必要だったって。それが必要だったし，勉強になったと思います。

野坂　性被害からの回復って，何をもって回復と言えるのかは人それぞれだと思うんですけど，こうしてみんなが元気でいること，語れること，お互いを大事に思えて，自分を大事に思えること，自分の黒いところも愛せることは，回復なんじゃないかなって。みなさんの体験をお聴きして，単に「話してスッキリした」とい

うようなものではなくて，まわりを見ていたり，聴いていたり，そのあともずーっと考えつづけたりすることが血肉となって，何年もかけて，その人自身をつくっていく。そして，それを見た人がまた影響を受けていく。そういうことなんだなと，すごく感じた。ただ，治療共同体（TC）を実施する側からすると，テキストがあって，それが刺激になっていろんなものが引き出されて，時にバーンと出たりする。それをどうやって受け止めて扱うのかっていうのは，簡単じゃないし，すごく重要。ただ気持ちを受け止めて，「そうなんですね。怒ってるんですね」，そして「気持ちを落ち着かせてみましょう」と言うんじゃなくって，葛藤そのもの……しかも，その人が解決できる程度の葛藤をみんなで体験していくっていう動きができるかどうか。それを目の当たりにして，すごいなと思った。3人のスタッフでやれたことがよかったし，私一人ではできなかった。みんなで，いかに葛藤をモノにするか。何より，葛藤を解決するのは，セラピストじゃなくて，本人。その力を信じられるかどうか。そういう，ちょっとギリギリのところを経験するっていうのが，TCの難しさでもあり，TCの醍醐味でもあるなと感じました。

藤岡　あのプログラムは，"Tending the Heart's Garden（こころの庭を手入れする）"［註1］というテーマで，アミティでは半年かけて

やるものを，ここでは5回にキュッとまとめて再構成しました。やっぱり，すごく刺激的ですよね。「こころの庭を手入れする」っていうコンセプトからして，自分で自分のこころを手入れして，花を咲かせるんだっていう。なんか，いいなと。自分のこころの庭を手入れして，花を咲かせて，お互いの花を「キレイだね」って言えたら楽しいなって，思いました。今日はどうもありがとうございました。

（2019年2月9日）

［註1］Tending the heart' s garden. Curriculum for Teaching and Therapeutic Communities © Extensions 2000

［索引］

執筆者一覧 [50音順]

石坂好樹　京都桂病院精神科／児童心理治療施設ももの木学園　[第Ⅲ部第2章]

岡崎重人　NPO法人川崎ダルク支援会　[第Ⅳ部第1章]

加藤 隆　NPO法人八王子ダルク　[第Ⅳ部第1章]

加藤直人　特定非営利活動法人フォロ代表理事／不登校さぽねっとコーディネーター
　[第Ⅰ部第2章]

喜多村真紀　国立精神・神経医療研究センター／国際医療福祉大学大学院　[第Ⅳ部第1章]

栗栖次郎　湘南ダルク　[第Ⅳ部第1章]

古賀恵里子　大阪経済大学人間科学部　[第Ⅱ部第4章]

野坂祐子　大阪大学大学院人間科学研究科　[第Ⅲ部第1章／第Ⅳ部第3章]

坂東 希　大阪大学大学院連合小児発達学研究科　[第Ⅰ部第2章／第Ⅲ部第3章]

引土絵未　国立精神・神経医療研究センター／日本学術振興会特別研究員RDP
　[第Ⅰ部第2章／第Ⅱ部第3章／第Ⅳ部第1章]

藤岡淳子　大阪大学大学院人間科学研究科
　[序文／第Ⅰ部第1・2章／第Ⅱ部第2章／第Ⅳ部第2・3章]

毛利真弓　同志社大学心理学部　[第Ⅰ部第2章／第Ⅱ部第1章／第Ⅲ部第4章]

山崎明義　NPO法人東京ダルク　[第Ⅳ部第1章]

山本 大　NPO法人アパリ／藤岡ダルク　[第Ⅳ部第1章]

編著者略歴

藤岡淳子（ふじおか・じゅんこ）

大阪大学大学院人間科学研究科教授，臨床心理士，博士（人間科学）。

上智大学文学部卒業，同大学大学院博士前期課程修了。法務省矯正局，府中刑務所分類審議室首席矯正処遇官，宇都宮少年鑑別所鑑別部門首席専門官，多摩少年院教育調査官などを経て現職。

主要著書 『非行少年の加害と被害——非行心理臨床の現場から』（単著｜誠信書房［2001］），『性暴力の理解と治療教育』（単著｜誠信書房［2006］），『非行・犯罪心理臨床におけるグループの活用——治療教育の実践』（単著｜誠信書房［2014］），『アディクションと加害者臨床——封印された感情と閉ざされた関係』（編著｜金剛出版［2016］），『非行・犯罪の心理臨床』（単著｜日本評論社［2017］）ほか多数。

主要訳書 パメラ・M・イエイツ＋デビッド・S・プレスコット『グッドライフ・モデル——性犯罪からの立ち直りとより良い人生のためのワークブック』（監訳｜誠信書房［2013］），ボビー・プリント『性加害行動のある少年少女のためのグッドライフ・モデル』（監訳｜誠信書房［2015］），クリストファー・ワグナーほか『グループにおける動機づけ面接』（監訳｜誠信書房［2017］）ほか多数。

治療共同体実践ガイド
トラウマティックな共同体から回復の共同体へ

2019年 9 月 30 日　印刷
2019年 10 月 10 日　発行

編著者 —— 藤岡淳子

発行者 —— 立石正信

発行所 —— 株式会社 金剛出版
　　　　　　〒112-0005 東京都文京区水道1-5-16　電話 03-3815-6661　振替 00120-6-34848

装幀◉戸塚泰雄(nu)
本文組版◉石倉康次
印刷・製本◉シナノ印刷

ISBN978-4-7724-1722-8 C3011　　©2019 Printed in Japan

アディクションと加害者臨床

藤岡淳子
編著

封印された
感情と
閉ざされた
関係

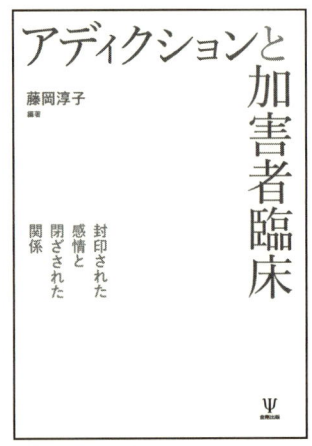

A5版　240頁　本体3,200円＋税

親密な関係を閉ざされ, 否定的感情を封印し,

恐れと不安と孤独のなかで,

アディクション／犯罪加害に一瞬の救いを求めた当事者たち。

彼／彼女たちの回復と償いの可能性を探る

迫真の臨床ケースレポート。

彼／彼女たちは
何を恐れたのか？